대원불교
학술총서

22

대원불교
학술총서

22

선과 유식

禪と唯識

. . .

깨달음의 구조

. . .

다케무라 마키오 지음
권서용 옮김

. . .

운주사

権瑞容先生が私の〈禪と唯識-悟りの構造〉の本を韓国語で翻訳してくださつたとのことを聞いて嬉しく思っています。私の本が韓国の仏教徒に有盆になること期待します。そして著者として翻訳書が出版されること承諾します。何卒無事翻訳書が出版されること望んでいます。

발간사

오늘날 인류 사회는 4차 산업혁명을 통해 완전히 새로운 세상을 맞이하고 있습니다. 전통적인 인간관과 세계관이 크게 흔들리면서, 종교계에도 새로운 변혁이 불가피하게 되었습니다. 이런 상황에서 대한불교진흥원은 다음과 같은 취지로 대원불교총서를 발간하려고 합니다.

첫째로, 현대 과학의 발전을 토대로 불교를 현대적으로 재해석할 필요가 있습니다. 불교는 어느 종교보다도 과학과 가장 잘 조화될 수 있는 종교입니다. 이런 평가에 걸맞게 불교를 현대적 용어로 새롭게 이해할 수 있도록 하려고 합니다.

둘째로, 현대 생활에 맞게 불교를 이해할 필요가 있습니다. 불교가 형성되던 시대 상황과 오늘날의 상황은 너무나 많이 변했습니다. 이런 변화된 상황에서 부처님의 가르침을 제대로 이해할 수 있도록 하려고 합니다.

셋째로, 불교의 발전과정을 종합적으로 이해할 필요가 있습니다. 북방불교, 남방불교, 티베트불교, 현대 서구불교 등은 같은 뿌리에서 다른 꽃들을 피웠습니다. 세계화 시대에 부응하여 이들 발전을 한데 묶어 불교에 대한 총체적 이해가 가능하도록 하려고 합니다.

대원불교총서는 대한불교진흥원의 장기 프로젝트의 하나로서 두 종류로 출간될 예정입니다. 하나는 대원불교학술총서이고 다른 하나는 대원불교문화총서입니다. 학술총서는 학술성과 대중성 양 측면을 모두 갖추려고 하며, 문화총서는 젊은 세대의 관심과 감각에 맞추려고 합니다.

　본 총서 발간이 한국불교 중흥에 조금이나마 기여할 수 있기를 바랍니다.

불기 2568년(서기 2024년) 11월
(재)대한불교진흥원

시작하며

선禪의 세계는 우리 현대인들에게는 어딘가 그리운 세계이다. 그 정신은 다양한 동아시아 문화에서 나타난다. 다도, 수묵화 등 정겨운 정신 속에, 생명의 심오함 속에 숨겨진 진리가 개시되어 있는 것 같아, 우리를 어딘가로 끌리게 하는 것이다. 가마쿠라의 엔가꾸지(圓覺寺)나 켄조우지(建長寺), 교토의 난젠지(南禪寺)나 덴료지(天龍寺) 등 그 전문 승당의 먼지 하나 없는 모습은, 우리에게 수행의 마음이 있는가를 말없는 가운데서 보여주고 있다. 료안지(龍安寺)의 자갈이나 바위 등 돌로만 꾸민 정원(石庭)은 그 최고의 상징일 것이다.

선이 불교의 하나라는 것은 틀림없는 사실이지만, 다른 불교에 비교하면 상당히 특수한 성격을 지닌다. 선문답은 이해하기 어려운 것의 대명사처럼 여겨진다. '불립문자不立文字, 교외별전教外別傳'을 표방하지만, 전혀 교리를 설한 적은 없다. 선승의 어록이 많이 남아 있지만, 그 내용은 역시 곧바로 이해할 수 있는 것도 아니다. 이심전심以心傳心으로 스승에서 제자에게로 목숨을 건 수행 속에서 진리를 전할 뿐이다. 실제 선의 원래 시작은 석존이 꽃을 들어 올리자 그 곁에 있었던 제자들 중 오직 한 사람, 마하가섭만이 빙그레 미소를 지었을 때 법의 전수가 이루어졌다고 한다. 그 뒤 보리달마(菩提達磨, Bodhidharma, A.D. 520년 入中)가 이것을 중국에 전하고, 나아가 광막한 대지를 거느린 중국에서 선불교는 꽃을 피운다.

그런데 선은 불교라고 해도 주로 중국의 민족성에서 성장한 불교이다. 중국에서는 당에서 송에 이르기까지 황제나 관료층을 필두로 많은 민중에게도 선이 확대되었다. 그것이 한국과 일본에도 전해져, 관료 및 선비 층을 비롯하여 광범위하게 침투되었던 것이다.

선은 그와 같이 언어를 회피하여 진리를 개시하려고 한다. 왜냐하면 선은 깨달음의 한복판을 그대로 전하려고 하기 때문이다. 그렇기 때문에 다른 불교를 교종敎宗이라 부르는데, 사실 거기에는 진리가 숨을 쉬고 있지 않다는 비난의 뜻이 숨어 있다. 다만 '직지인심直指人心, 견성성불見性成佛'을 취지로 하는 것이다. 그것이 선이다. 한편 여기 함께 언급하는 유식唯識은 저 교종의 끝이라 할 수 있다. 그것은 소위 인도 대승불교의 정통을 따르는 가르침이다. 왜냐하면 그때까지 부파불교·아비달마의 번쇄한 교학을, 대승·공관을 근거로 재해석하면서 정치하고 또한 장대한 이론체계 속에서 불교사상의 모든 것을 논하고 있기 때문이다.

유식사상은 일반적으로 미륵彌勒·무착無著·세친世親에 의해 대성되었다고 말해진다. 무착은 395~470년경, 세친은 400~480년경의 인물이라고 말해진다. 뒤에 현장(玄奘, 602~664)이 인도에 들어가 당시 최신의 유식철학을 수학하고, 그것을 중국에 가지고 돌아와 『성유식론成唯識論』을 번역하기에 이르렀다. 나아가 그의 제자인 자은 대사 규기窺基에 의해 중국 법상종法相宗이 성립하고, 일본의 남도육종 南都六宗의 하나로도 된다. 즉 나라현奈良縣의 고우후쿠지(興福寺)나야쿠시지(藥師寺)가 법상종의 본산이다.

이 『성유식론』을 펼쳐보면 알 수 있지만, 유식사상은 다양한 주제와 맞닿아 있으면서 실로 치밀한 논의가 전개되고 있다. 아뢰야식이라는 의식 아래 세계의 존재에 관해 대단히 상세하게 논증하기도 하며, 마음을 구성하는 많은 개별의 마음(마음의 주체〔심왕〕와 마음 작용〔심소유법〕)을 60여 개로 분석하여, 그 각각의 특질에 관해서도 엄밀하게 기술한다. 더구나 논하고 있는 문제는 무릇 불도佛道에 관한 모든 문제에 걸쳐 있다. 우리 범부들로부터 멀리 벗어나 있다고 생각되는 불신佛身과 불사론佛事論에 관해서도 유식은 자세하게 규명하고 있다.

그런데 선禪과 유식唯識은 같은 불교라고 하지만 상당히 성격이 다르다. 지금 그 차이의 예를 하나나 둘 정도 들어보자. 우선 선 쪽에서 언급한 부처이다.

묻는다.
"무엇이 석가의 몸인가?"
답한다.
"마른 똥 막대기!"

여기에는 부처를 '마른 똥 막대기'라고 하여, 실로 퉁명스럽게 말한다. 부처라고 하면 금색으로 빛나고 우아하며, 아름답고 단아하여 적멸한 분인 것처럼 생각되는데, 다만 말라비틀어진 똥 막대기라고 말한 것이다. 참으로 선은 독특하다.

유식은 부처에 관해 자성신自性身·수용신受用身·변화신變化身의 삼신三身을 제시한다. 가령 수용신에 관해서는 대원경지大圓鏡智·평등성지平等成智·묘관찰지妙觀察智·성소작지成所作智라는 네 개의 지혜로 설명한다. 나아가 수용신에 관해서는 자수용신自受用身·타수용신他受用身으로 나누고, 그 각각에 관해 사지四智와의 관계를 규명하는 것이다. 자성신에 관해서는 진여眞如나 법성法性과 같다고 하며, 변화신에 관해서는 오히려 우리 마음 안에 드러나는 영상이라고 해명한다.

또한 선에는 돈오頓悟라는 언어가 있는 것처럼, 이 세계에서 곧바로 깨닫는 것이 있다고 말한다. 이에 반해 유식은 어떠한 수행자도 초발심에서 부처가 되기까지는 삼대아승기三大阿僧祇의 시간이 걸린다고 주장한다. 일대아승기겁이란 사방 800리나 되는 바위를 하늘의 시간으로 3년에 한 번 부드러운 천으로 스쳐서 그 바위가 다 닳아 없어지기까지 걸리는 시간이다. 이것만으로도 정신이 아득해져 헤아릴 수 없는 길고 아득한 시간인데, 이것을 세 번 거듭할 때 비로소 성불할 수 있다는 것이다. 선은 "용맹한 중생은 성불일념成佛一念에 있고, 게으른 중생은 열반삼기涅槃三祇에 이른다"고 한다. 이 하나만을 취한다고 해도 선과 유식은 같은 불교라고 하지만, 전혀 반대의 입장에 있다.

나아가, 유식에서 불도는 신심信心으로 시작하는데, 선은 대의단大疑團을 일으키라고 말한다. 사정이 그와 같다면 선과 유식은 전혀 대조적이자 대극적이며, 오히려 서로 허용할 수 없는 것이기조차 하다. 과연 이 두 불교를 비교하고 참조하여 무엇인가를 얻을 수 있을까?

그러나 나는 이 두 불교가 반드시 다른 것을 말하고 있는 것은 아니라고 느낀다. 첫째로 이 둘은 진실한 자기를 규명하는 길이라는 측면에서는 결코 다른 것이 아니다. 선은 "삶과 죽음은 중대사이며(生死事大), 무상하고 신속하다(無常迅速)"를 직시하고, 자기 자신이 도대체 누구인가를 추구하고 자각하여 편안하고 평온(安穩)한 경지에 이르는 길이다. 자기에 대한 깊은 위기의식은 수행의 엄격함과 모순이 된다. '부모로부터 태어나기 이전, 자기 본래면목(父母未生前, 自己本來面目)'을 철저히 파고들어 가는 것이 선의 길이다. 혹은 보는 자는 누구인가, 듣는 자는 누구인가? 라고 묻고 염불을 외면서 '그 외는 자는 누구인가' 라고 물어간다. 참으로 기사구명己事究明, 즉 자기의 일을 규명하는 것이야말로 선의 진수였던 것이다.

한편 유식도 또한 생사윤회로 괴로워하는 자기 본래의 존재방식을 배우고 무아無我와 공空을 신심으로 이해하고, 나아가 수행을 통해 진실한 자기를 실현해 가는 길이다. 거기서는 자기가 의식 아래의 세계에 감추어져 있다는 것을 배우게 된다. 또한 자아에 대한 집착(我執)·존재에 대한 집착(法執)이 생기게 되는 구조에 대한 설명을 통해, 주관과 객관으로 분열하기 이전의 자기에 관해 이해하게 될 뿐만 아니라, 유식관唯識觀을 통해 소위 자기의 본래 모습을 보는 것(見性)을 완수하는 것이다. 거기에 이르기 위해 철학적인 언어체계를 통과해야 하지만, 역시 자기 규명의 길인 것이다.

그래서 유식은 '일체가 다만 식에 현현한 영상일 뿐'이라고 설한다. 그것은 일반적으로는 유심론이라 생각된다. 선도 또한 삼계유심三界唯心과 만법유식萬法唯識을 언급한다. 그 취지는 나아가 주의 깊게 천착해 들어가야 하지만, 하여간 사물(物)과 마음(心)의 대립 분열 이전의 세계에서 진실을 보아야 할 것이다.

원래 유식학파의 인도 명칭은 '유가행파瑜伽行派'이다. 유가행이란 불교에서 지관행止觀行에 다름 아니다. 그 순수한 형태가 좌선坐禪이라 할 수 있다. 유식도 선종도 원래는 같은 좌선인 것이다. 따라서 근본에서는 다를 수가 없다. 돈오점수頓悟漸修를 표방하고 견성한 뒤에 더욱 수행해 가는 길을 말하는 선과, 견도의 지위에서 무분별지無分別智를 실현한 뒤 십지十地의 수행을 완수하여 부처(佛)가 되는 길을 설하는 유식은 본질에 있어 결코 다른 것이 아니다.

물론, 앞에서 언급한 바와 같이 양자의 성격은 상당히 다르다. 특히 유식은 언어를 다하여 세계를 설명하고, 수행의 과정에 관해 상세히 해명한다. 유식의 식識 하나만을 보아도『성유식론』은 상분相分·견분見分·자증분自證分·증자증분證自證分의 4분을 가지고 설명한다. 그리고 보이는 대상에는 친소연연親所緣緣과 소소연연疎所緣緣, 즉 영상상분影像相分과 본질상분本質相分으로 나눈다. 그러나 선은 간단명료하다. 참새는 쩍쩍, 까마귀는 까악까악, 거기서 모든 것이 끝난다. 그 대비는 소위 '체험'과 '논리'의 차이라고 볼 수 있다. 선은 체험을 중시하고 그 체험의 한가운데서 언어를 발화한다. 체험을 체험 그대로 무엇인가 표현하려고 한다. 한편 유식은 체험한 세계를 논리적으로 정합적인 설명을 하고, 나아가 전체적으로 체계화하려고 한다. 거기서 논리적 객관성을 추구하여 만인이 수긍하는 불도를 수립하고자 한다. 그러나 선은 체험의 직접성을 중시하고, 설명으로 이행되게 되면 그 핵심에서 멀어지리라는 것을 우려하여 피하려고 한다. 무분별지를 무분별의 세계 그대로 직접 전하고 체험하려는 것이다. 기본적으로 그러한 차이가 양자 사이에 가로놓여 있다.

실은 그렇기 때문에 양자는 본래 타자를 필요로 하는 것이다. 가령 선은 체험만이 있고 그 의미나 의의에 관해 자각할 수 없는 자를 '어두움을 증득하려는 무리'라 부른다. 체험이 있다면 거기에 그 의미에 관해 명확하게 이해하여 그것을 표현하지 않으면 안 된다. 그렇지 않으면 단순한 심리적인 비일상적 경험을 통과하는 것이 되어 '기사구명'에도, 그 어떤 것으로도 되지 않게 된다. 선은 비일상 체험을 추구한다거나 혹은 자기의 단련을 위한다거나 하는 것이 아니다. 그것이 종교라면 어디까지나 '나는 누구인가?'라는 근본적인 의문에 대해 수긍하지 않으면 안 된다. 그렇기 때문에 선(緇門)은 "밝은 창 앞에서 몸과 마음을 편안히 하고, 옛 스님들의 가르침을 보고 배워 마음을 반조해 보라(明窓精安, 古教照心)"라고 말해진다. 체험을 얻은 자는 그 체험이 보편적인 진실에 합치하는가의 여부를 잘 점검해 보지 않으면 안 된다. 거기에는 스승의 존재도 큰 역할을 담당한다. 임제종臨濟宗의 공안公案의 체계에 근거한 참선수행은 그 보증의 길이다. 동시에 고래의 정통적인 불교경론에 비추어 자기를 돌아보는 것도 극히 중요하다. 더구나 유가행에 근거한 유식의 교리가 선과 양식이 많이 다르다고 해도 크게 참고가 될 것이다.

이것에 대해 유식은 논리적인 설명에 의해 구성되어 있고 그것을 천착해 들어가면 하여튼 이해할 수 있을 것 같지만, 역시 유가행의 체험이 있게 되면 더욱 적확하게 바른 이해를 획득할 수 있을 것이다. 가령 유식은 식을 네 가지 부분(四分)으로 나누어 설명하고, 적어도 상분과 견분(하나의 식 가운데 대상의 측면과 주관의 측면)을 세웠던 것이다. 이때 다만 소박한 입장에 있는 것만으로는, 어떤 식으로든 거기에 주관과 객관의 분열이 있는 것은 아닌가라고 생각해 버린다. 그러나 선의 수행을 체득한 자라면, 오감의 세계(안식·이식·비식·설식·신식)에서는 범부의 경우라고 해도, 반드시 거기에 대상적 인식이 있는 것이 아니라 오히려 직접경험에 다름 아닌 지각의 세계인데, 거기에 굳이 상분과 견분의 2분을 세운다는 것(은 억지라는 것을) 선의 수습을 체득한 자라면 바로 이해할 것이다.

　이와 같이 유식은 단지 이론을 추적하면 그걸로 이해할 수 있는 것도 아니며, 체험을 토대로 해독함으로써 깊은 이해를 얻을 수 있는 것도 있다. 선도 또한 단순히 앉기만 하면 거기서 모든 것이 해결되는 것이 아니며, 거기의 체험을 논리적으로 반성하여 그 의미에 관해 적절하게 직접적으로 파악해야 할 것이다. 따라서 선과 유식은 오히려 다르기 때문에 서로 손을 잡고 불도의 본의를 규명해야만 하는 것이다. 그러한 한, 오히려 선과 유식은 대립하기보다 상호 보완적이라고 봐도 무리가 없다.

　이런 이유로 이 책에서는 유가행으로서 본래 하나로 있으면서, 또한 그 표현으로 상보적인 선과 유식의 세계를 비교하고 대조하면서 자기와 세계의 진실을 천착해 보고자 한다. 종교적 실존을 둘러싸고 있는 무엇인가의 주제와 관련하여 인도와 중국에서 성립한, 인간존재의 가장 근원적인 자각과 논리를, 그 심오한 동양적 '앎'의 존재방식을 규명하고 싶다.

제1장 하나의 진실한 세계

유식은 유심론인가

유식唯識이라고 하면 즉시 유심론唯心論이라 생각할 것이다. 실제 그와 같이 해설되는 사례는 어디에든 존재한다. 그러나 유심론이란 원래 어떠한 것일까? 유식은 그것과 합치하는 것일까?

유심론이란 아마도 물物과 심心의 이원론을 상정해 두고 그 위에 물을 심에 귀속시켜 그것에서 세계를 통일적으로 설명하려고 하는 것이다. 그렇지만 원래 불교는 물과 심을 이원 대립적으로 파악하는 가르침이 아니다. 불교에서 세계 파악의 가장 기본적인 것은 오온五蘊·십이처十二處·십팔계十八界의 세 개의 범주로 불리는 것이다. 주로 감각기관(五根)이나 오감 대상(五境)의 각각이지, 결코 우리가 생각하는 어떤 모여 있는 흙무더기로서의 사물과 같은 것은 아니다. 이것과 함께 마음과 보이는 대상도, 시각이나 청각 등등도 각각의 감각·지각의 다발이며, 우리가 생각하는 것과 같은 무엇인가 하나의 마음이

상정된 적도 없었다. 기본적으로 불교는 다원론적이며, 특히 설일체유부說一切有部의 오위칠십오법五位七十五法을 본다면, 그것은 확연하다고 말할 수 있다.

하여튼 불교에 일심사상이나 유심이라는 언어가 없을 수는 없다. 특히 『화엄경華嚴經』「십지품十地品」 제6 현전지現前地에 나오는 "삼계는 허망하며 단지 마음이 지은 것이다. 십이인연분은 다 마음에 의거한다(三界虛妄但是心作. 十二緣分是皆依心)"는 구절은, 유식사상에서도 자기 사상의 기원으로 자주 언급하는 것이다. 이 구절에 관한 유식의 이해, 또한 화엄종의 이해에 관해서는 뒤에 언급하도록 하자. 그런데 실은 이 구절도 본래는 무엇인가 하나의 마음이 있고, 그것이 세계를 묘출한다는 것을 기술하려고 한 것은 아닌 듯하다. 오히려 생사윤회로 향하는가, 해탈의 길로 향하는가는 그때마다 마음의 연속임을 기술하려고 했던 것으로 이해된다. 그 점은 중관파中觀派가 "연기만이 존재하며 작자(실체적 주체)가 존재하는 것은 아니라는 것을 말하려고 한 것에 지나지 않는다"라고 하여 유식 측의 해석을 비판하고 있는 것은 정당하다고 할 수 있다.

무엇보다도 이 부분의 뜻은 그렇다 해도, 나아가 『화엄경』에 다른 유심사상이 없는 것은 아니다. 그것은 「야마천궁보살설게품夜摩天宮菩薩說偈品」에 나오는 다음의 게송이다.

마음은 뛰어난 화가와 같아서 갖가지 오음(五陰, 존재)을 그려내며
일체의 세계 속에서 어떤 존재든 짓지 못하는 일이 없다.
마음과 같이 부처 또한 그러하고, 부처와 같이 중생도 그러하다.

마음과 부처와 중생, 이 세 가지는 어떠한 차이도 없다.

모든 부처는 일체 존재가 마음에서 전변한 것인 줄 또렷하게 알고
있다.

만약 이와 같이 안다면 이 사람은 진짜 부처를 본 것이다.

마음 또한 몸이 아니며, 몸 또한 마음이 아니다.

모든 불사佛事를 능히 지어 자재함이 일찍이 있은 적이 없다.

만약 어떤 사람이 과거·현재·미래의 일체 부처를 알고자 한다면

마땅히 마음이 일체의 여래를 지은 것인 줄 보아야만 한다.[1]

여기에는 확실히 마음이 세계를 만들어낸다는 표현이 있다. 도대체
여기서 『화엄경』은 어떠한 마음을 상정하고 있는 것일까? 오위칠십오
법에 보이는 것과 같은 다양한 마음(事心)을 초월한 일심을 생각하고
있다고 한다면, 불교의 경우 그 일심이란 물과 심으로 나누어진 심이
아니라 물과 심을 포섭하고 있는 심, 오히려 물–심을 일관하는 본성으
로서의 세계인 것 같다. 그것은 보통 생각되고 있는 마음과는 상당히
다른 것이다.

---

1 心如工畵師, 畵種種五陰. 一切世界中, 無法而不造. 如心佛亦爾, 如佛衆生然.
心佛及衆生, 是三無差別. 諸佛悉了知, 一切從心轉. 若能如是解, 彼人見眞佛.
心亦非是身, 身亦非是心. 作一切佛事, 自在未曾有. 若人欲求知, 三世一切佛,
應當如是觀, 心造諸如來.(『화엄경』 야마천궁보살) 원서에는 주가 없다. 모든 주는
역자가 붙인 것이다.

식의 구조

원래 불교에서 마음에 해당하는 말은 심(心, citta)·의(意, manas)·식(識, vijñāna)·요별(了別, vijñapti)이 있다고 한다. 그 밖에 심장에 해당하는 심(hṛdaya) 등도 있다. '찟따', 즉 심은 적집된 것이며, '마나스' 즉 의는 생각하는 것이며, '비즈냐프티', 즉 요별은 분별하는 것이다. '찟따'의 적집된 것이라는 말은, 원래는 각종의 인식대상이 적집된 것이라는 의미이다. 이들 세 개의 낱말인 심·의·식은 같은 것을 가리키는 다른 언어(同義異語)라고도 말해진다. 그렇지만 유식사상에 이르러 이들 언어는 차례대로 아뢰야식·말나식·의식 및 안식·이식·비식·설식·신식의 6식에 상당한다. 그 각각 다른 대상을 가리키는 언어라고 설명된다. 그 경우 찟따(아뢰야식)는 종자를 집적하고 있는 것이라는 의미이기도 하다. 하여튼 심·의·식은 결국 8식(심왕)으로 수용되는 것이다.

그렇다면 그 8식의 식, 유식의 식이란 도대체 어떠한 것일까? 우리는 종종 이 식을 심으로 이해하고, 유식은 유심론이라고 말하기도 하지만, 원래 그 식이란 어떠한 것일까? (이와 같은 논의는 대개 선불교적禪佛敎的이지는 않지만, 실은 유식설이 선에도 통하고 있는 것의 이해에 도달하기 위해 자주 이러한 추적을 계속해 간다.)

실은 식이란 단지 투명한 주관은 아니다. 간단하게 말하면 자기 자신 속에 대상형상을 떠올려 그것을 보는(아는) 것이다. 우선은 이것을 잘 이해하지 않으면 안 된다.

가령 무엇인가를 상기하고 생각할 때, 그 대상은 생각하고 있는 것 외부에 있을 수 있을까? 이것은 유식의 분석에 의하면 제6의식의 세계이다. 의식 속에 불교라는 것을 상기하고 생각한다고 하자. 이때 불교는 불과 교라는 음과 문자가 어딘가에서 일체가 되고 있는 모음·자음 각각의 이미지를 마음속에 떠올리고, 그 모음과 자음의 집합체가 생성하는 하나의 개념을 그 마음속에 확장시켜 간다. 지금 마음 안이라고 임시로 말했지만, 그것은 요컨대 의식 안일 것이다. 이렇게 의식은 의식 내부에 대상형상을 떠올려 그것을 아는 것이라고 생각할 수 있다.

혹은 또한 꿈을 꿀 때의 일을 생각해 보자. 꿈을 꿀 때 눈을 감은 채로 마치 외계의 풍경과 색깔 등을 본 적이 있을 것이다. 그때 안식이라는 시각의 식이 작동하는 것도 아니다. 따라서 꿈에서는 의식의 내부에서 대상형상이 나타나는 사태가 성립한다는 것은 의심할 수 없는 사실이다.

이 의식의 구조는 다른 식에도 마찬가지라고 불교는 고찰한다. 보통 외계의 존재를 보거나 듣는다고 생각되고 있는 오감의 세계도, 실은 외계를 직접 감각하는 것이 아니라 그 오감 각각의 식 속에 나타나는 형상을 감지하고 있을 뿐이다. 실제 본다는 것을 조금 반성해 보면 시각은 결코 외부의 사물을 볼 수 없다는 것이 자명하다. 사물을 보는 경우 그 사물이 일단 있다고 해도 그 사물의 형상이 안구의 망막에 비친다. 그 정보는 시신경을 통해 뇌로 전송된다. 뇌는 그 정보를 바탕으로 형상을 눈 쪽으로 투사한다. 이렇게 우리는 사물을 본다. 그렇다면 우리는 외부의 사물을 직접적으로 보는 것이 아니라 뇌가 만들어낸 영상을 보는 것이며, 그 보고 있는 것도 뇌 그것이라고 생각된다.

요컨대 색을 본다고 하는 시각에서는 뇌가 만들어낸 영상을 뇌 자신이 보는 것이며, 그 뇌의 활동을 마음이라 부른다면, 마음은 마음속에 영상을 떠올려 그것을 보는 것이 된다. 안식은 그 안식 자신에서 영상을 떠올려 그것을 보는 것이며, 다른 이식·비식·설식·신식에서도 사정은 마찬가지다. 유식의 식이란 그와 같은 것이다. 오식이나 의식뿐만 아니라 말나식도 아뢰야식도 전적으로 같은 구조를 갖는다고 생각한다. 유식을 설하는 경전 『해심밀경解深密經』에는 '식의 소연은 다만 식의 현현일 뿐'이라는 구절이 보인다. 그 식 자신이 현출한 바의 존재라는 것이다.

이렇게 식이란 자신 속에 영상을 갖는 것이다. 그 대상의 측면을 상분相分이라 하며, 그것을 본다든가 듣는다든가 안다든가 하는 측면 즉 주관의 측면을 견분見分이라 한다. 식에는 반드시 상분과 견분의 2분이 갖추어져 있다. 그것은 적어도 우리가 보통 생각하고 있는 마음, 단순하고 투명한 주관으로의 마음과는 결정적으로 다른 것이다.

게다가 유식은 마음에 해당하는 것으로 앞서 언급한 여덟 개의 식만을 생각하고 있는 것은 아니다. 극히 많은 마음의 존재를 고려한다. 그중 8식은 심왕(心王, 마음 주체 혹은 인식주체)이라 불린다. 이것은 많은 마음 중에서도 중심적인 존재라는 의미이다. 그것과는 별도로 심소유법(心所有法, 마음 작용), 줄여서 심소心所라고 하는 마음 작용도 존재한다. 그것은 무려 51개를 헤아린다. 심소유법이란 심왕에 소유되는 법이라는 의미이며 심왕과 상응하여 활동하는 것이다. 그 상세한 것은 뒤의 적당한 부분에서 기술할 것이다. 특히 유식은 우리의 심리현상, 많은 마음, 즉 여덟 개의 심왕과 그것과 상응하는 다수의 심소유법의 복합체이다. 유식의 식에는 심왕만이 아니라 심소유법도 포함되는 것이며, 다만 유식이란 실은 심왕과 심소유법인 것이다.

원래 오온무아五蘊無我와 같은 것을 설명할 무렵부터 불교는 개체를 구성하는 마음을 하나의 존재라고는 보지 않고, 복수의 마음 복합체라고 보았던 것이다. 하지만 유식도 실로 그 기체 위에 인간존재를 묘출한다. 다양한 현상에 대해 하나의 마음이 있다는 구도를 불교는 원래 가지고 있지 않았다. 이것도 또한 소위 유심론의 사고방식과는 다른 것임을 시사한다.

식의 4분설

여기서 더 복잡한 경로로 가는 것이지만, 상분相分·견분見分이 있는 것으로 간주된 식의 구조에 관해 보다 깊게 탐구해 보도록 하자. 예부터 법상종에는 '안·난·진·호, 1·2·3·4'라는 말이 있다. 안혜安慧는 일분설一分說, 난타難陀는 이분설二分說, 진나陳那는 삼분설三分說, 호법護法은 사분설四分說을 주장했다고 한다. 난타의 2분설은 상분과 견분에 의해 식을 파악하는 것, 이하 3분설은 이것에 자증분自證分을 더하고, 4분설은 그 3분에 증자증분證自證分을 더하여 식을 파악하는 것이다. 안혜의 1분설은 식의 구조로는 3분에서 파악한 것이지만, 그 상분과 견분은 허망한 것이기 때문에 실질성이 없다. 그 의미에서 다만 자체만이 있다고 하는 설이다.

4분설은 『성유식론成唯識論』 이외에는 보이지 않는다. 아래는 그 논의에 따라 이들 식의 구조와 관련된 설명이다. 그 논의는 아뢰야식의 견분 등과의 관련에서 제출된다(권2). 또한 식뿐만 아니라 심소유법도 또한 구조적으로는 완전히 똑같다. 즉 4분설을 채택하는 자로는 심왕도 심소도 다 같이 4분으로 이루어진 것이다. 아래는 『성유식론』의 설이 지만, 최초로 2분의 존재논증이다.

> 그런데 유루식 자체가 일어날 때 모두 인식대상과 인식주관의 모습으로 현현한다. 그 상응법(심소)도 역시 그러함을 알아야 한다. 인식대상으로 현현하는 측면을 상분이라 하고, 인식주관으로 현현 하는 측면을 견분이라 이름한다.[2]

『유식삼십송唯識三十頌』에서는 식전변識轉變이라는 언어가 중요한 말로 사용되지만, 『성유식론』은 이 낱말의 의미를 "식 자체가 전변하여 2분으로 유사하게 현현한다"라고 설명한다. (대상으로) 반연(緣)되는 것이 대상 측면의 상분이며, (대상을) 반연(緣)하는 것이 주관 측면의 견분이다. 모든 식에 혹은 심소에도 이 2분이 그 체에 현현하는 것이라 고 한다. 요컨대 각각의 마음속에 대상 측면(상분)이 현현하고 게다가 그것을 아는 것(견분)도 현현한다는 것이다. 물론 여기서 식 자체(識體) 가 먼저 성립하고 그것으로부터 2분이 현출한다는 것은 아니다. 아뢰야 식 내의 종자에서 식 자체가 현행했을 때 동시에 상분과 견분도 성립한 다. 다만 거기에 감각·지각 등의 활동을 설명할 때 전변이라는 말을

---

2 然有漏識自體生時, 皆似所緣, 能緣相現. 彼相應法應知亦爾. 似所緣相, 說名相分. 似能緣相, 說名見分.(『성유식론』 권2)

사용하고, 나아가 "식 자체가 전변하여 2분으로 유사하게 현현한다"라는 것이다.

그렇다면 왜 이 2분이 존재하지 않으면 안 되는 것일까? 우선 상분相分이 존재하지 않으면 안 되는 것을 논한다.

> 만약 심왕과 심소가 소연(所緣, 대상측면, 대상형상)의 측면이 없다면, 자기의 소연인 대상(所緣境)을 능히 조건으로 할 수 없다. 혹은 하나하나가 능히 모두를 조건으로 한다면, 자기의 대상도 나머지의 대상과 같이 감각할 수 없게 되거나, 나머지 대상도 자신과 같이 감각할 수 있게 되어 버리기 때문이다.[3]

항상 심왕(心王, 인식주체)·심소(心所, 인식작용)가 같은 반열에 있다고 생각하는 것은 중요한 일이지만, 여기서는 역시 식이라는 말에 그것을 포함한다. 식에는 그 대상은 한정된다. 특히 오감에서는 그러하다. 안식眼識은 색을 상분으로 떠올리며, 그것에 관해 볼 수 있지만, 색 이외의 소리나 냄새 그리고 맛 등에 관해서는 감각할 수 없다. 이식耳識은 상분의 소리밖에 감각할 수 없고, 비식鼻識은 상분의 냄새밖에 감각할 수 없다. 오감의 식은 상분으로 현현한 것 이외는 알 수가 없다.

그런데 그 상분이 없다고 한다면, 가령 안식이라면 상분으로 현현하지 않은 소리와 냄새 등등을 감각할 수 없는 것과 마찬가지로, 색도

---

3 若心心所無所緣相, 應不能緣自所緣境. 或應一一能緣一切, 自境如餘, 餘如自故.
  (『성유식론』 권2).

28

또한 볼 수 없을 것이다. 이식은 소리 이외의 것을 알 수 없지만, 상분이 없다면 다른 대상과 마찬가지로 소리도 들을 수 없을 것이다. 그것이 '자기의 대상도 나머지의 대상과 같이'라는 의미이다. 한편 가령 안식이 상분에 색이 현현하지 않아도 색을 볼 수 있다고 한다면, 마찬가지로 상분에 현현하지 않는 소리나 맛 등을 감각하는 것도 가능하다고 말하지 않으면 안 된다. 사정은 이식에서도, 다른 식도 마찬가지이다. 그것이 '나머지도 자신과 같이'라는 의미이다. 이와 같이 식은 상분 즉 대상형상이 현현하는 것이 아니면 안 된다는 것이다. 이어서 견분見分이 존재한다는 것을 다음과 같이 논한다.

> 만약 심왕과 심소에 능연(能緣, 인식주관, 인식형상)의 측면이 없다면, 능히 조건(을 한정)할 수 없어야 한다. 비유하면 허공 등과 같다. 혹은 허공 등도 역시 능연이어야 한다. 따라서 심왕과 심소는 반드시 두 가지 측면이 있다.[4]

심에 형태는 없다고 생각된다. 물질적인 저항성은 일체 없고 투명하며 영역의 한계를 지적할 수 없는 것이라 생각된다. 그것은 마치 허공과 같다. 만약 그 심에 보는 무엇인가, 아는 무엇인가가 없다면, 그것을 아는 것으로의 심이라고는 말할 수 없을 것이다. 그러나 그렇다고 해도 그것은 대상을 무엇인가 보는 것이라면, 허공과 같은 것에도 알 수 있는 것이 되어 버린다. 따라서 식은 상분뿐만 아니라 견분도

---

4 若心心所, 無能緣相, 應不能緣. 如虛空等. 或虛空等亦是能緣. 故心心所, 必有二相.(『성유식론』 권2)

존재하지 않으면 안 된다. 그러므로 심과 심소는 반드시 두 개의
상이 있다. 계경에 설한 바와 같다.

　일체는 오직 인식하는 것(覺)만이 있을 뿐이다. 인식대상(所覺,
　心外實境)은 전혀 실재하지 않는다. 인식주체(能覺分, 見分)와 인식
　대상(所覺分, 相分)이 각기 스스로 그러하게 전변한다.[5]

이렇게 식에는 반드시 상분·견분의 2분이 존재하지 않으면 안 된다.
이것은 『후엄경厚嚴經』이라는 경전에 "능각과 소각의 부분이 각기
스스로 그러하게 전변한다"라고 하는 것처럼, 상분과 견분이 스스로
현현한다고 한다. 또한 제2구의 소각의 뜻은, 지금의 소각과는 달리
실체로서 집착된 것이다.
　『성유식론』은 이 뒤, 소연(所緣, 인식대상)이라는 말의 의미가 설일체
유부와 유식에서 다르게 설명된다고 한다. 이것과 동반하지 않는
행상(行相, 인식형상)이라는 말의 의미도 변해 가는 것을 언급한다.
그것은 심왕(인식주체)·심소(인식작용)가 상응할 때 상응의 내용 차이
(오의평등五義平等과 사의평등四義平等)의 의미이기도 하다. 그리고 이
설명 속에 제3분의 자증분自證分이 말해지고 있다.

　식을 떠나 독립적으로 존재하는 대상은 없다는 것을 통달한 사람
은, 상분을 소연으로 견분을 행상으로 이름한다. 상분과 견분이

5　一切唯有覺, 所覺義皆無, 能覺所覺分, 各自然而轉.(『성유식론』 권2)

의지하는 자체분을 사事라 이름하니, 곧 자증분이다. 만약 이것(자체분)이 없다면, 스스로 심왕과 심소법을 기억할 수 없을 것이다. 예전에 인식하지 않았던 대상을 전혀 기억할 수 없는 것과 같기 때문이다.[6]

'식을 떠나 독립적으로 존재하는 대상은 없다는 것을 통달한 사람'이란 유식의 입장에 선 자, 대승의 논사論師라는 의미이다. 유식을 주장하는 자는 상분과 견분의 소의인 자체라는 것을 생각한다. 그리고 그것을 또한 자증분이라고도 부른다. 그러한 제3분이 있다는 것이다. 만약 이것이 없다면 자신의 심적 활동, 그것의 기억이 성립하지 않는다. 즉 견분의 활동의 기억이 성립하지 않는다는 것이다. 왜냐하면 그것을 경험하는 것이 없다면 그 기억은 있을 수 없기 때문이다. 이것을 조금 더 구체적으로 기술해 보자.

우리의 기억에는, 여기에 사과가 있었다는 기억과 여기에 사과가 있다는 것을 보았다는 기억이 있을 수 있다. 후자의 보았다는 기억이 성립하기 위해서는 그 보는 것, 그것을 보는 것이 존재하지 않으면 안 될 것이다. 그즈음 보는 것, 그것을 보는 것이 그 보는 것 밖에 있어 그것을 보고 확인한다면, 나아가 그것을 보고 확인하는 것이 그것 밖에 존재하지 않으면 안 되어, 결국 이 입장에서는 악무한(무한소급, 무한퇴행)에 빠져 버린다. 거기서 대상을 보는 것에 즉해 그것을 보는 것이 존재하지 않으면 안 된다. 이렇게 견분 이외에 제3의 자증분

---

6 達無離識所緣境者, 則說相分是所緣, 見分名行相. 相見所依自體名事, 卽自證分. 此若無者, 應不自憶心. 心所法如不曾更境, 必不能憶故.(『성유식론』권2)

이 그 식 속에 존재하지 않으면 안 된다고 한다. 그래서 보는 것, 아는 것 등의 기억이 성립하기 위해 견분을 보는 것이 거기에 존재하지 않으면 안 된다. 나아가 이것뿐만 아니라 제3분은 존재하지 않으면 안 된다.

　그런데 심왕과 심소는 하나하나 일어날 때, 논리적으로 분석하면 각기 세 가지 부분(三分)이 있다. 인식대상(所量)과 인식주체(能量)와 인식결과(量果)가 다르기 때문이다. 상분과 견분은 반드시 의지처인 자체분이 있기 때문이다. 『집량론』의 게송에서 다음과 같이 말한다. "대상과 유사한 형상은 인식대상(所量)이다. 능히 형상을 취하고 자증自證하는 것이 곧 인식주체(能量)와 인식결과(量果)이다. 이 셋은 자체(體)가 다르지 않다."[7]

　여기서 제1의 이유로 무릇 앎이 성립하고 있는 경우에는 소량(인식대상)·능량(인식주체)·양과(인식결과)가 존재하지 않으면 안 된다. 헤아려지는 것과 헤아리는 것과 헤아려진 결과, 즉 알려지는 대상과 아는 것과 안 결과이다. 이것은 옷감과 줄자와 몇 자인가 그 계량결과로 설명된다. 무릇 앎의 활동에는 이 셋의 요소가 갖추어져 있지 않으면 안 된다. 거기서 식에는 소량(인식대상)인 상분과 능량(인식주체)인 견분, 나아가 양과(인식결과)로서의 자증분이 존재하지 않으면 안

7 故然心心所一一生時, 以理推徵, 各有三分. 所量能量量果別故. 相見必有所依體故. 如'集量論'伽他中說: 似境相所量. 能取相自證. 卽能量及果. 此三體無別.(『성유식론』권2)

되는 것이다. 또한 제2의 이유로 상분과 견분에는 그 소의(所依, 근거) 자체가 존재하지 않으면 안 된다. 거기에 자체분이 있게 된다는 것이다.

이렇게 함으로써 제3의 자증분의 존재가 논증되었다. 이것은 진나陳那 즉 디그나가가 처음으로 주장한 것이지만, 이미 무착無着의 『섭대승론攝大乘論』에도 그것과 관련된 주장이 언급되어 있다. 진나는 그의 저서 『집량론集量論』에 하나의 식 속에 3분이 있다는 내용의 게송을 제시한다. 여기에 인용되었던 것과 같다.

나아가 『성유식론』은 제4분을 설하고 있다. 그 논리는 다음과 같다.

또한 심왕과 심소를 상세하게 분석하면, 4분이 있어야 한다. 3분은 앞에서 말한 바와 같고, 다시 제4의 증자증분證自證分이 있다. 만약 이것이 없다면, 무엇이 제3분을 증명하겠는가? 심분心分이란 이미 같은 것으로써 모두 증명해야 하기 때문이다. 또한 자증분은 인식결과(量果)가 있지 않아야 한다. 왜냐하면 모든 인식주체(能量)는 반드시 인식결과가 있기 때문이다. 견분이 제3분의 인식결과(果)이어서는 안 된다. 견분은 어느 때는 잘못된 인식(非量)에 포함되기 때문이다. 따라서 견분은 제3분을 증명하지 못한다. 자체분을 증명하는 것은 반드시 현량現量이기 때문이다.[8]

4분 가운데 3분은 지금 설명한 그대로이다. 그 제3분인 자증분은

---

8 又心心所若細分別, 應有四分. 三分如前, 復有第四證自證分. 此若無者, 誰證第三? 心分旣同, 應皆證故. 又自證分應無有果. 諸能量者必有果故. 不應見分是第三果. 見分或時非量攝故. 由此見分不證第三. 證自體者必現量故.(『성유식론』 권2)

견분을 보는 것이지만, 그 견분을 본다고 하는 것을 나아가 증명하는
것이 존재하지 않으면 안 된다. 거기서는 견분이 소량이며 자증분이
능량이기 때문에 그 양과라는 것도 존재하지 않으면 안 된다. 요는
자증분이 본 것을 확인하는 것이 필요하다는 것이다.

그 경우 자증분이 본 것을 견분이 확인하는 것처럼, 견분과 자증분
사이 상호 확인하는 것을 생각하면 될 것 같다. 그러나 보는 것을
보는 것은, 보는 것 그것을 그대로, 있는 그대로 받아들이는 것이
아니면 안 된다. 따라서 견분을 보는 자증분은 현량(現量, 직접지각),
즉 분별이 개재하지 않는 직접적으로 인식하는 것이 아니면 안 된다.
자증분을 보는 것도 마찬가지 조건이다. 그런데 견분은, 가령 의식에는
분별로 작동한다든가 잘못된 인식을 행한다든가 하게 된다. 그 잘못된
인식을 비량非量이라 한다. 그와 같은 가능성이 있는 견분은 자증분을
확인하는 것으로 어울리지 않는다. 거기서 나아가 제4분이 필요하게
된다. 이렇게 해서 증자증분이 성립하는 것이다.

물론 그렇다면 이 증자증분을 확인하는 것, 자증분을 소량(인식대상)
으로 하고 증자증분을 능량(인식주체)으로 한 그 양과(인식결과)가
존재하지 않으면 안 될 것이다. 그러나 이때 자증분은 현량인 것으로
생각되며, 견분과 같이 비량非量으로 된다든가 하지 않는 것이기 때문
에 증자증분을 보는 것이라 생각할 수 있다. 거기서 자증분과 증자증분
은 상호 확인한다고 볼 수 있다. 그러한 이유로 역시 제5분을 세울
필요는 없게 되어 악무한에 빠질 위험을 면할 수가 있다.

따라서 심왕과 심소는 4분이 합해서 이루어진다. 인식대상(소연)

과 인식주체(능연)를 갖추어서 무한소급의 오류는 범하지 않는다.
(인식대상과 인식주체는) 같은 것도 아니고, 별도의 다른 것도
아니다. 오직 유식의 도리만이 성립한다.[9]

이와 같이 식은 4분으로 분석할 수 있는 것이며, 게다가 그것들은
일체인 것이다. 4분은 구별이 없을 수도 없지만, 그렇다고 별개의
다른 존재인 것도 아니다. 일반적으로 자체분이 그 체體이며, 4분은
그 용用이라 말해진다. 이와 같은 식이 생각됨으로써 유식에 의해
세계를 설명해 갈 수 있는 것이다.
  참고로 가령 4분을 주장한다고 해도, 그것은 시간과 경우에 따라
3분만으로 표현한다든지, 2분만으로 표현한다든지 나아가 소위 1분만
으로 말하는 것조차 있을 수 있다. 이 쪽은 응변자재인 것이다.

이와 같은 4분을 어떤 곳에는 포괄적으로 3분分으로 한다. 제4분을
자증분에 포함시키기 때문이다. 어떤 곳에는 거두어 2분分으로
한다. 뒤의 셋은 모두 인식주체(능연)를 본성으로 하기 때문에
모두 견분에 포함시켜서이다. 여기서(위 게송) '견見'이라고 말한
것은 능연의 의미이다. 어떤 곳에는 거두어 일분一分으로 한다.
자체는 다르지 않기 때문이다. 『입능가경』의 게송에서 아래처럼
말하는 것과 같다.

자기 마음의 집착에 의해

---

9 故心心所, 四分合成. 具所能緣, 無無窮過. 非卽非離, 唯識理成.(『성유식론』권2)

마음이 외부대상으로 현현하여 전변한다.

그 인식대상(所見)은 실재하지 않는다.

그러므로 오직 마음이라고 말한다.

이와 같이 여러 곳에서 오직 한마음(一心)뿐이라고 말한다. 이 한마음이라는 말에는 또한 심소도 포함된다. 따라서 식의 행상(行相, 형상)은 요별이고, 요별은 곧 식의 견분이다.[10]

　3분에서 말할 때, 자증분에 증자증분을 포함시키는 것이다. 2분에서 말할 때, 견분에 자증분 및 증자증분을 포함시키는 것이다. 나아가 4분은 하나의 식이기 때문에 일심·유심이라 설하는 것이 있다고 한다. 유식에서는 일심·유식이란 개개의 심왕 내지 심소유법이 4분의 구별 없이 말해진 것이라고 이해한다. 이 독특한 해석에는 충분히 주의해야 할 것이다.

　이상 식의 4분설의 논의를 살펴보았다. 여기에도 가장 중요한 것은 4분이 있다는 것보다, 하여튼 식에는 상분이 갖추어져 있다는 것이다. 식이란 결코 단순히 투명한 주관이 아니며, 안식이라면 색을 거기서 떠올려 그것을 보는 것, 이식이라면 거기에 소리를 떠올려 그것을 듣는 것이다. 확실히 시각을 생각하면 거기에 색의 감각이 포함되어

---

10 如是四分或攝爲三. 第四攝入自證分故. 或攝爲二, 後三俱是能緣性故, 皆見分攝. 此言見者, 是能緣義. 或攝爲一, 體無別故. 如入楞伽伽他中説. 由自心執著, 心似外境轉, 彼所見非有, 是故説唯心. 如是處處説唯一心. 此一心言亦攝心所. 故識行相卽是了別, 了別卽是識之見分.(『성유식론』 권2)

있다. 청각을 생각하면 거기에 소리의 감각이 포함되어 있다. 따라서 여기에는 이쪽에 마음이 있고 외측에 사물의 세계가 있으며, 그 양자가 교섭하여 감각이 성립한다는 구도는 없다. 오히려 우선 색이 보인다는 사실이 있고 소리가 들린다는 사실이 있으며, 그것이 상분과 견분을 갖춘 식이라는 형식으로 표현된다고 보아야만 한다. 그 식 위에 분열된 주관·객관, 실체 시 된 주관·객관이 설정된다는 사고방식이 되는 것이다.

주객 미분의 세계

이것을 잘 설명하는 이야기가 『성유식론』 구난의九難義[11] 부분에 있다. 우선 식은 스스로 외부 대상에 작용하지 않는 것에 관해 다음과 같이 말한다. 타자의 마음을 아는 것을 둘러싼 논의이다.

---

11 구난의九難義는 『성유식론』에서 제시하는 '유식에 대한 아홉 가지 논란'이라는 뜻이다. 첫째는 유식소인란唯識所因亂이니 유식이라는 주장의 논거는 있는가 하는 논란, 둘째는 세사괴종란細事乖宗亂이니 세간의 사실에 위배한다는 논란, 셋째는 성교상위란聖教相違亂이니 성인의 가르침을 위배한다는 논란, 넷째는 유식성공란唯識成空亂이니 유식은 공이 된다는 논란, 다섯째는 색상비심란色相非心亂이니 색의 형상은 마음이 아니라는 논란, 여섯째는 현량위종란現量爲宗亂이니 현량 즉 직접지각이 종이 된다는 논란, 일곱째는 몽각상위란夢覺相違亂이니 꿈과 깨달음이 서로 모순된다는 논란, 여덟째는 외취타심란外取他心亂이니 외부의 다른 사람의 마음을 취한다는 논란, 아홉째는 이경비유란異境非唯亂이니 타인의 마음에는 다른 대상이 있기 때문에 유식이 성립하지 않는다는 논란 등이다.

… 말하길, 식이 생길 때는 여실한 작용은 없다. 손 등이 직접
외부 사물을 쥐거나, 태양 등이 빛을 펼쳐 외부경계를 비추는
것과 같은 것은 아니다. 다만 거울 등과 같이 외부경계와 유사하게
현현하는 것을 가지고 다른 사람의 마음을 요별한다고 이름한다.
직접 요별할 수 있는 것이 아니다. 직접 요별되는 것은 자신이
전변한 것이다. 그러므로 경전에는 '아무리 적은 법이라도 능히
나머지 다른 법(마음의 외부에 독립적으로 존재하는 법)을 취하는 것은
있을 수 없다. 다만 식이 생길 때 그것과 유사한 형상을 현현하는
것을 가지고 저 사물을 취한다고 이름한다'고 한다. 타인의 마음을
조건으로 한다고 말하는 것처럼 색 등도 또한 마찬가지다.[12]

식에는 외부의 대상에 작동하는 작용은 없다. 식에는 대상형상이
현현하는 것이며, 식은 그것을 직접적인 대상으로 삼는다. 그것은
식에 상분과 견분이 나타난다고 하는 것과 같은 의미이다. 따라서
식은 자신 이외 무엇인가를 파악하는 것이 아니라, 식 자신 속에서
본다든가 듣는다든가 하는 것이다. 식 자신이 색 그것이기도 하며
소리 그것이기도 하다. 나아가 같은 구난의九難義 속에 다음과 같은
흥미진진한 논의가 있다. 질문으로 시작한다.

'색 등의 외부의 대상을 분명하게 직접적으로 경험한다. 직접지각

---

12 謂識生時無實作用, 非如手等親執外物, 日等舒光親照. 外境但如鏡等似外境現名
了他心. 非親能了, 親所了者謂自所變. 故契經言無有少法能取餘法, 但識生時似
彼相現名取彼物. 如緣他心, 色等亦爾.(『성유식론』 권7)

(현량)에 의해 파악되는 것이다. 그런데 어떻게 해서 부정하여 존재하지 않는다고 하는가?'(라고 묻자), (답하길) 직접지각으로 파악할 때는 집착하여 외부대상이라고 하지 않는다. 이후의 의식이 분별하여 허망하게 외부대상이라는 생각을 일으킨다. 그러므로 직접지각(현량)의 대상은 자신의 상분이며, 식에 의해 전변한 것이기 때문에 또한 있다고 말하는 것이다. 의식이 집착한 외부의 실재하는 색 등은 허망하게 분별하기 때문에 그것을 없다고 말하는 것이다. 또한 색 등의 대상은 색이 아님에도 색과 유사하게 현현하는 것이며, 외부대상이 아니면서도 외부대상과 유사하게 현현하는 것이다. 꿈속의 인식대상과 같이 집착하여 이것은 실재이고 외부의 색이라고 할 수는 없기 때문이다.[13]

안식은 색을 명료하게 감각하고 있는 등, 오감에는 작동하지 않는 인식이 성립해 있는 것 같다. 그런데도 왜 오감의 대상을 부정하는가라고 묻는다. 거기서 직접지각(현량)의 대상이라고 기술한다. 그런데 양량이라고 하는 것은 불교에서 말하는 진리의 기준(pramāṇa)이라는 의미이다. 불교에서는 그것에 현량現量·비량比量·성교량聖教量의 세 가지 인식도구(三量)를 제시한다. 현량은 분별 이전의 소위 직접적 경험이며, 이것은 움직일 수 없는 진리이다. 비량은 논리적 참이며 추론에 의한 증명의 세계이다. 성교량은 불설佛說이며 이것은 진리라

---

13 色等外境分明現證, 現量所得寧撥爲無. 現量證時不執爲外, 後意分別妄生外想. 故現量境是自相分識所變, 故亦說爲有. 意識所執外實色等妄計有故, 說彼爲無. 又色等境非色似色, 非外似外. 如夢所緣, 不可執爲是實外色.(『성유식론』 권7)

고 간주된다. 오감은 분별이 개재하지 않는다. 직접적 인식이며 그것은 현량의 세계이다. 즉 감각대상을 현량에서 분명히 얻고 있는 것은 아닌가라는 것이다.

이 물음에 대해 유식은 그 현량(직접지각)의 인식에서는 안이라고도 밖이라고도 의식하지 않는 것이 실정이라고 밝힌다. 오감 그것에 있어 아직 주관과 객관의 분열이 싹트지 않는 세계라 할 수 있다. 그것은 소위 니시다 기타로(西田幾多郎)가 말하는 순수경험의 세계라고도 말할 수 있다. 그것에 대해 '뒤에'라고 말할 수밖에 없는 방식으로, 제6의식이 외부의 존재라고 분별하기도 한다. 여기서 처음으로 주객의 분열이 일어나며 안과 밖, 주관과 객관, 물과 심이 각각 독자의 존재로서 인식되어 버리는 것이다. 그러나 그것은 의식에서만 가상된 것에 지나지 않는 것이며, 실은 존재하지 않는 것이다. 여기서 오감 등의 현량에서 증득할 때는 밖이라고 집착하지 않는다. 뒤의 의식이 분별하여 허망하게 외부라는 상을 낳는다고 기술하는 것은 실로 중요한 지적이다.

이와 같은 우리의 감각·지각의 실로 적확한 분석에 의하면, 가령 오감의 안식·이식·비식·설식·신식의 전오식前五識은 결코 소위 물과 심이라고 하는 과정에의 심이라고 할 만한 것은 아닐 것이다. 그렇다고 해서 물론 거기에는 물의 세계도 있을 수 없다. 결국 이 세계는 물과 심 이전의 사건(현실적 존재, vastu)의 세계라고 해야만 할 것이다. 이미 식에는 그 대상형상이 그 속에 갖추어져 있다. 식은 투명한 주관이 아니라 반드시 무엇인가의 대상지각 그것이다. 그것은 사건이라고 해야만 할 것이다.

이렇게 함으로써 유식 철학은 오히려 처음에 어떤 세계는 색이 보인다든가 소리가 들린다든가 하는 세계이며, 그것을 상분과 견분을 갖춘 식, 나아가 4분을 갖춘 식으로 이론적으로 설명하고, 나아가서는 8식에다 다수의 상응하는 심소를 구분하는 방식에서 설명했다고 보아야만 한다. 결국 식(심소를 포함)은 사건적 세계의 논리적인 표현에 다름 아니다. 유식설이란 사건적 세계관이다. 실은 유심론 등이 아니라 오히려 유사론唯事論인 것이다.

마음이 움직이다

이것에 대해 선의 세계관은 어떠한 것인가? 선사는 자주 "마음 밖에 존재는 있을 수 없다(心外無法), 모든 존재는 오직 식일 뿐이다(萬法唯識)" 등으로 말하곤 한다. 가령 천태덕소天台德韶는 법안法眼의 "이것이 조계 근원의 한 방울 물이로다"라는 말에 홀연히 크게 깨달았다. 뒤에 법안에게 법을 물려받을 때, "통현봉의 정상은 속세가 아니다. 마음 밖에 법 없으니, 보이는 것은 청산뿐이다(通玄峰頂, 不是人間. 心外無法, 滿目靑山)"라는 시를 헌정했다. 법안은 이것을 인가했다고 한다.(『벽암록』 제7칙 평창) 선에서는 어느 쪽인가 하면, 역시 유심론을 생각하게 하는 언어 쪽이 많이 사용된다. 석존으로부터 마하가섭에게 전해진 법은 "정법안장正法眼藏, 열반묘심涅槃妙心"이라 불리는 것이었다. 문제는 선사가 그러한 마음의 언어에 의해 무엇을 의미하려고 하는가이다. 우리는 그 마음의 무엇인가를 알고 마하가섭과 함께 미소 지을 수가 있을까?

　선과 유식이라는 것에는 잊히지 않는 이야기가 있다. 법안종의
초조 법안문익法眼文益과 관련된 이야기이다. 법안은 당말 오가五家
종풍으로 선풍을 떨친 법안종法眼宗의 개창자인 문익文益[14] 선사이다.
문익 선사는 젊은 시절 도반과 전국을 행각할 때 갑자기 소낙비가
쏟아져 어떤 암자에 뛰어 들어갔다. 암자의 주인인 나한계침羅漢桂琛
선사는 법안이 인물인 줄 알고 차를 마시며 여러 가지 불법의 대의를
논의하였다. 법안은 특히 화엄사상과 유식사상에 조예가 깊었다. 날씨
가 맑아져 법안이 지장원을 떠나 다시 행각하려고 할 때 나한 선사는
뜰 앞의 돌을 가리키며 물었다. "그대는 어제 '삼계는 오직 마음이며,
만법은 오직 인식에 있다(三界唯心, 萬法唯識)'고 말했는데, 지금 이
돌은 그대의 마음 안에 있는가? 밖에 있는가?" 법안은 "마음 밖에
법이 없으니 그 돌은 마음 안에 있지요"라고 대답하자, 나한 선사는
탄식하며, "행각하는 수행자가 어째서 하나의 돌을 마음 안에 짊어지고
다니는가?"라고 말하자 말문이 막혀, 그 암자의 스님을 스승으로 모시
고 불법을 탐구하게 되어 나한 선사의 법을 계승하게 되었다. 법안은
이 인연으로 화엄과 유식을 버리고 선으로 귀의하여 지장 화상에게
참선했던 것이다. 도대체 돌을 짊어지는 마음이란 어떠한 것일까?

---

14 삼계는 마음일 뿐이며, 만법은 식識일 뿐이다. 마음뿐이며 식일 뿐이라면, 눈으로
　소리를 듣고 귀로는 빛(色)을 보아야 하나, 빛은 귀에 이르지 못하니, 소린들
　어찌 눈에 닿으랴. 눈으로 빛을 보고 귀로 소리를 들어야 만법을 이루리라.
　만법은 인연으로 된 것이 아닌데, 어찌 허깨비라고 관찰하랴. 산하대지 중에서
　무엇이 견고하고 무엇이 변하는가.(三界唯心, 萬法唯識. 唯識唯心, 眼聲耳色, 色不到
　耳, 聲何觸眼. 眼色耳聲,萬法成辨. 萬法匪緣, 豈觀如幻. 山河大地, 誰堅誰變.) (金陵
　清涼院 文益禪師 語錄)

선은 말할 것 없이 좌선을 근본으로 하지만, 좌선에 있어 마음이 통일되고 삼매에 들어가 일심으로 포섭되어 간다. 물론 그 선정만으로는 깨달음의 세계가 자각되었다고는 말할 수 없다. 거기에 깨달음의 지혜가 일어나 처음으로 본래 자기의 자각이 초래된다. 그러나 그 사건은 선정 없이는 있을 수 없다. 그것은 선뿐만 아니라 대개 모든 불도가 마찬가지일 것이다. 더구나 중국에서 육성된 선, 이것은 곧 인도의 선과는 다른 또 하나의 '조사선祖師禪'에는 '정혜일등定慧一等'을 주장하는 것이며, 선정의 세계가 그대로 지혜의 세계에 다름 아니라는 의미이다. 도겐(道元)의 '수증일등修證一等'도 같은 것이다. 그와 같이 근본적인 선정의 세계, 그 일심의 세계는 무심의 세계에 다름 아니다. 거기에 물-심과 상대하는 마음의 존재는 있을 수 없다. 다음과 같은 흥미진진한 문답이 있다. 『무문관無門關』 제29칙, '비풍비당非風非幢'이다.

육조가 보니, 두 스님이 깃발이 바람에 나부끼는 것을 보고 논쟁하고 있었다.
한 사람은 "깃발이 움직인다"고 하고,
또 한 사람은 "바람이 움직인다"고 하여
이치에 들어맞지 않는 소리를 하며 다투었다.
이에 육조가 말했다.
"바람이 움직이는 것도 아니요,
깃발이 움직이는 것도 아니다.
그대들의 마음이 움직이는 것이다."

이 말을 듣고 두 스님이 두려운 생각이 들었다.[15]

밖에 깃발이 바람에 흔들리고 있었다. 두 사람의 학승은 이것을 둘러싸고 깃발이 흔들리는 것인가, 바람이 흔들리는 것인가, 논의가 분분했다. 마침 그 자리에 있었던 육조혜능은 "그대들의 마음이 움직이는 것이다"라고 거침없이 지적했다. 두 사람은 완전히 두려운 생각에 휩싸였다.

여기서 선사가 말하는 마음이란 무엇일까? 하나의 해석은 두 학승이 사실에 대한 확신이 없고, 망설이는 기분을 가리키면서 마음이 흔들린다고 말했다고 볼 수도 있을 것이다. 그렇지만 바람에 깃발이 움직이는 것은 그대로 당신의 마음이라고 말하는 것이라면, 역으로 마음이 그대로 깃발의 흔들림에 다름 아니라고 지시하고 있는 것이 된다. 즉 사건이 마음이고, 마음이 사건이라는 것이다. 그것은 주객 분열 이전의 세계를 직지直指한 것이라고 생각된다.

가령 종이 울리는가, 당목(撞木, 절에서 종이나 징을 치는 나무 막대)이 울리는가라는 공안(公案, 선의 길을 수행하는 과정에서 수행자에게 맡겨진 문제)도 있다. 보통은 당목이 울린다고 그 누구도 생각할 수 없을 것이지만, 이 문답도 종과 당목의 분열 이전의 '쿵'이라 울리는 바를 터득시키려고 한 것이다. 또한 『벽암록碧巖錄』 제46칙, '경청우적성鏡淸雨滴聲'에는 다음과 같은 문답이 있다.

---

15 六祖因風颺刹幡 有二僧對論 一云幡動 一云風動 往復曾未契理 祖云 不是風動不 是幡動 仁者心動 二僧悚然.(『무문관無門關』 제29칙, '비풍비당非風非幢')

이런 얘기가 있다. 경청 선사가 어떤 스님에게 물었다.

"문 밖에 무슨 소리인가?"

질문을 받은 스님이 말씀드렸다.

"빗방울 소리입니다."

경청 선사께서 말씀하셨다.

"어리석은 사람이 생각이 뒤집혀서 자기를 잃고 물건을 따르는
구나."

질문을 받았던 스님이 여쭈었다.

"큰스님께서는 뭐라고 하시겠습니까?"

경청 선사께서 말씀하셨다.

"나를 잃지 않는 데 가깝지."

질문을 받았던 스님이 여쭈었다.

"하마터면 나를 잃을 뻔했다는 것은 그 뜻이 어떠합니까?"

경청 선사께서 말씀하셨다.

"몸을 빠져나오기는 오히려 쉬우나, 있는 그대로를 말하는 것은
매우 어렵구나."[16]

경청은 어느 날 학승에게 문 밖에서 나는 소리는 무엇인가라고
물었다. 학승은 전혀 의심하지 않고 빗방울 소리라고 답했다. 그것에
대해 경청은 여러 사람이 모여 있는데, 참된 자기가 누구인지를 알지

---

16 擧. 鏡淸問僧, 門外是什聲. 僧云, 雨滴聲. 淸云, 衆生顚倒, 迷己逐物. 僧云, 和尙作
生. 淸云, 不迷己. 僧云, 不迷己 意旨如何. 淸云, 出身猶可易, 脫體道應難.(『벽암
록碧巖錄』 제46칙, '경청우적성鏡淸雨滴聲')

못하고 자기 밖의 존재가 있다고 생각하여, 그것을 대상적으로 좇아간
다고 말했다. 거기서 학승은 화상께서는 어떻게 답하시겠냐고 물었다.
경청은 자기에게는 미혹은 없다고 답했다. 학승은 나아가 그것이
어떠한 것인가를 묻자, 경청은 깨달음에 도달하는 것은 여전히 쉬운
일이지만, 그 경지를 있는 그대로 고스란히 기술하는 것은 실로 어렵다
고 답할 뿐이었다.

비는 지붕에서 뚝뚝 떨어지고 빗소리가 들린다. 보통 그것은 자기
밖의 일이라 생각한다. 그러나 경청은 그 한복판에 자기가 있다는
것을 직시하고 있음은 분명하다. 여기서 '소리도 이식耳識의 안'이라고
한다면 유식의 설명이 된다. 그러나 이 이식을 사물에 대한 마음으로
받아들여서는 안 될 것이다. 소리가 들리는 그것이 이식 그것이며,
거기에 자기도 있는 것이다. 도겐은

듣는 대로 또한 마음 없는 몸이 되면 자기 나름의 구슬 물

이라고 읊고 있다. 실로 경청이 말하는 '우적성(雨滴聲, 빗방울 소리)'이
다. 그것은 또한 물-심 이전의 사건적 세계에 다름 아닐 것이다.
본래의 자기는 그 한가운데 이외에는 없을 터이다.

『갈등집葛藤集』이라는, 역시 선의 공안을 모아놓은 책이 있다. 수백
칙에 달하는 엄청난 양의 공안을 모아놓은 것으로, 이 가운데 제281칙
'박락비타撲落非他'라는 공안이다.

(영명의 수 선사가 천태덕소 국사의 회중에서 보청普請하던 차에

장작(薪)이 떨어지는 소리를 듣고 활연대오豁然大悟하였다.)

이에 게송을 지어 말하길

"떨어지는 게 다른 물건이 아니요,

종횡에 이 티끌이 아니로다.

산하 및 대지여!

온통 법왕의 몸을 드러내었네."[17]

    장작이 탁하고 둔탁하게 떨어졌다. 그 장작 소리가 났다. 그때 영명연수에게 그것은 다른 것이 아니라 자기 자신이라고 느꼈던 것이다. 이렇게 산하대지, 세계의 모든 것이 부처(자기)의 신체라고 노래했던 것이다. 이 인연에 또한 주객 미분의 하나의 진실한 세계가 보인다. 이렇게 선은 전적으로 물-심 이전의 사건적 세계관에 서 있는 것이다. 그렇다면 그것은 유식설과 근본적으로는 어떠한 차이도 없다고 볼 수 있다.

꽃이 피고 대나무가 울리다

선이 사건적 세계관에 입각해 있다는 것은, 지금 보았던 깨달음의 체험에 뿌리내리고 있기 때문이다. 동시에 물론 유가행의 깨달음 체험이 유식이라는 사건적 세계관을 낳았음에 틀림없다. 다만 유식에서는 그 깨달음의 체험 그것도 이론화되어 무분별지無分別智, 후득지後得智로 정리된다. 무분별지는 진여를 깨닫는 것이지만, 그때의 체험의

---

17 撲落非他物 縱橫不是塵 山河及大地 全露法王身.(『指月錄』 卷之二十四)

존재방식이 식의 상분과 견분 등에 관해 어떻게 되는가도 상세하게 해명되는 것이다. 무분별지에서는 다만 견분만이 존재하고 상분은 없으며, 진여는 이 견분에 의해 한정되는 것이라고 한다. 그것도 확실히 깨달음 세계의 하나의 제시방법일 것이다. 이것에 대해 선에서는 역시 체험 그것에 뿌리를 둔 그 단적인 소식을 전하는 방법이 취해진다. 조금 더 그 양상을 기술해 두자.

복주福州 영운지근靈雲志勤 선사(위산에 보인다.)
그는 복사꽃을 말미암아 도를 깨닫고 게송을 지었다.
"30년 동안 검을 찾던 객客이여,
몇 차례나 잎이 지고 가지에 순이 돋았던가.
스스로 한 번 복사꽃을 보고 난 뒤에는
곧바로 지금까지도 다시는 의심하지 않네."
위산이 인가하였다.
"연緣을 따라서 깨달아 요달了達하면, 영원히 퇴실退失함이 없다."
(『갈등집葛藤集』 제8칙)

등주鄧州 향엄지한香嚴智閑 선사(위산에 보인다.)
위산이 물었다.
"본분사本分事를 시험 삼아서 한마디 말해 보라."
선사가 몇 마디 올렸으나 위산이 인정하지 않았다.
선사가 설법을 청하자, 위산이 말했다.
"내가 말하면 나의 견해이니, 그대에게 무슨 이익이 있겠는가?"

선사가 여러 스님들(諸方)의 어구를 두루 검토해 보았으나,
한 마디도 대답할 만한 것이 없었다.
선사는 스스로 탄식하며 말했다.
"그림의 떡으로는 허기를 채울 수 없구나."
그리고는 몽땅 태워버리고 울면서 위산을 하직하고 떠나가 남양혜
충南陽慧忠 국사의 유적지에 이르러 머물렀다. 하루는 풀을 베다가
기와 조각이 대나무에 부딪치면서 나는 소리를 듣고 확연히 깨달았
다. 향을 피우고 멀리 위산을 향해 절하며 말했다.
"그 당시에 저에게 설명해 주었더라면 어찌 오늘의 일이 있겠습
니까?"

(『갈등집』 제28칙)

그리고는 게송을 읊었다.

한 번의 부딪침에 알던 것을 잊으니
다시는 닦고 다스림을 빌리지 않게 되었네.
곳곳에 자취가 없으며
빛깔과 빛깔 밖의 위의威儀라네.
제방의 도를 요달한 이들은
모두 다 상상上上의 근기라고 말하네.

(『갈등집』 제28칙)

이 두 개의 화두는 "영운의 복숭아꽃(靈雲桃花), 향엄의 대나무 소리

(香嚴擊竹)"로 알려지고 있는 것이다. 그때까지 진검으로 수행해 가는
데 좀처럼 수긍하지 않았던 것이, 어느 순간 꽃의 색깔을 보고 대나무
소리를 듣고 완전히 새로운 경지가 열리고 더 이상 의심하는 것도
없다고 한다. "색깔을 보고 마음을 밝히는 것(見色明心), 소리를 듣고
도를 깨치는 것(聞聲悟道)"이다. 여기 명심明心이라고 할 때 심心이란
오도悟道의 도道와 같아 자기의 근저, 세계의 근원을 의미할 것이다.
이러한 오도의 간단하고 분명한 경지를 도겐(道元)은 다음과 같이
제시한다.

> 혹은 경의 말씀을 따를 때, 자기의 피육 골수를 참구하고, 자기의
> 피육 골수를 탈락할 때, 복숭아꽃이 눈동자 속에서 돌출하는 상으
> 로 보인다. 대나무 소리가 귓바퀴 속에 청천벽력의 상으로 들린다.
> (『정법안장』「자증삼매」)

도겐은 자기의 핵심을 추구해 가면, 가령 복숭아꽃이 눈 속에서
돌출하는 것이며, 대나무 소리가 귓속에서 메아리친다고 말하는 것이
다. 그 설명은 아마도 도겐이 "신심탈락身心脫落, 탈락신심脫落身心"의
깨달음을 체득한 체험에 뿌리박고 있음에 틀림없다. 도겐은,

> 불법佛法을 구한다는 것은
> 자기라는 것이 무엇인가를 묻는 것이다.
> 자기란 무엇인가를 묻는 것은
> 자기를 잊는 것이다.

답을 자기 안에 구하지 않는 것이다.

모든 현상 속에 자기를 증명하는 것이다.

자기란 모든 사물 안에 있어

비로소 그 존재를 아는 것이다.

깨달음이란 자기 및 자기를 인식하는 자기도 탈락시키고

진실한 자기를 무변제無邊際한 진리 안에 증명하는 것이다.

이런 것에서 깨달음의 모습은

스스로는 깨달을 수 없는 채로 나타나는 것이다.

신심으로 하여금 탈락하게 하는 것이다.(『정법안장』「현성공안」)

라고 설하지만, 그 "돌출하는 상으로 보이는 것(突出來相見), 청천벽력의 상으로 들리는 것(霹靂相聞)"이야말로 '만법에 증명되는' 단적인 증거가 될 것이다.

실은 도겐은 이 "영운의 복숭아꽃(靈雲桃花)·향엄의 대나무 소리(香嚴擊竹)"의 "색깔을 보고 마음을 밝히는 것(見色明心)·소리를 듣고 도를 깨치는 것(聞聲悟道)"을 마음에 들어 하는 것 같다. 『정법안장』에는 여러 번 인용하고(「계성산색溪聲山色」,「불경佛經」 등), 『정법안장수문기正法眼藏隨聞記』에도 도겐은 이것을 제시한 사례가 보인다. 그뿐만 아니라 만년의 영평사永平寺에서의 정식正式의 설법, 상당上堂에서도 또한 보이는 것이다. 거기에는 다음과 같이 말한다.

상당

불조佛祖의 대도大道를 참학參學하는데, 인도人道야말로 최상이
다. … (생사의) 중대한 일을 똑똑히 보는 시절, (봄·여름·가을·겨
울의) 사계四季는 동시이다. 그중 봄은 신령스러운 구름, 복숭아꽃
을 보고 (생사의) 중대한 일을 똑똑히 보며, 가을은 곧 향엄,
취죽을 듣고 (생사의) 중대한 일을 똑똑히 본다. 영운 화상이
한때 도화동에서 활연대오하여 (생사의) 중대한 일을 똑똑히 보았
다. … 또한 향엄 화상은 … 한가한 어느 날 도로를 청소하다가,
모래자갈을 치우다가, 대나무 소리가 들릴 때, 홀연히 (생사의)
중대한 일을 똑똑히 보았다. … 요즘 사람들은 모름지기 양원의
방촉을 사모해야 한다.(『영평광록永平廣錄』 457)

이렇게 도겐은 영운靈雲에 관해서는 "활연하여 (생사의) 중대한
일을 똑똑히 본다"라고 하며, 향엄香嚴에 관해서는 "홀연히 (생사의)
중대한 일을 똑똑히 본다"라 하고, 나아가 "요즘 사람들은 모름지기
양원의 방촉을 사모해야 한다"라고 재촉하는 것이다.

그것은 하여튼 선은 우선 주객 미분의 하나의 진실한 체험에서
생긴다는 것이 분명하다. 그 입장은 당연 물物에 근본을 둔 것도 아니고,
또한 물에 대한 마음(心)에 근원을 둔 것도 아닌 것이다. 저 향엄은
스승인 위산에게 '부모미생 이전의 자기의 본래면목'을 질문 받고
어떤 대답도 하지 못하다가, 마지막에는 이 세상에서의 깨달음을
단념하고, 남양의 혜충 국사의 묘지기를 하면서 세월을 보냈다. 그
묘지를 쓸고 닦고 하는 한가운데서 이것을 깨달았던 것이다.

자기의 본래면목에 관해 육조혜능의 "선善도 생각하지 말고, 악惡도
생각하지 말라. 바로 이러할 때 어떤 것이 명明 상좌의 본래면목인가"라
는 말이 있지만(『무문관』제23칙), 그 선도 악도 생각하지 않는다고
말하는 바, 그것은 일체의 이원 대립의 분별을 떠난 것이며, 그렇기
때문에 주객의 이원 대립도 초월하는 것이 된다. 거기에 우리의 자기
본래면목이 있는 것이며, 또한 그것은 세계의 본래면목이라고도 말할
수 있는 것이다.

심불가득

이상, 선禪은 물심이원物心二元의 그 어디에도 치우치지 않고, 그 대립
을 초월한 지평에 서 있음을 보았다. 원래 선에서는 유심을 말하는
것처럼 생각해도, 실제는 물은 물론 마음도 또한 불가득인 것이다.
『무문관』제41칙의 '달마안심達磨安心'은 그 마음의 불가득이야말로
오히려 안심安心을 체득한 소식임을 제시한다.

달마 대사가 면벽을 하고 있을 때, 2조 혜가가 눈 위에 서서 칼을
빼어 팔을 자르고 말하였다.
"제자의 마음이 편안하지 못하오니, 바라건대 스승께서 마음을
편안하게 하여 주십시오."
달마 대사가 말하였다.
"마음을 가져오너라. 그대를 위하여 편안하게 해주리라."
2조가 말하였다.

"마음을 찾아도 얻을 수 없습니다."

달마 대사가 말하였다.

"그대를 위해 마음을 편안하게 했노라."[18]

이와 같이 선의 원류에서 초조 달마가 2조 혜가慧可에게 전한 근본 진리가 '심불가득心不可得'의 안심인 것이다. 물론 이 일은 역사적 사실이 어떤가는 보증의 한계는 없다. 그러나 선을 상징으로 하는 데 가장 적합한 화두로 후세 전승된 것임에 틀림없다. 선은 마음을 파악하지 않는 것이기 때문에 유심론이 아님은 물론이다. 선은 언제나 지금·여기·자기(일)에 입각하여 발언해 가는 것이다.

그 달마가 중국에 전한 것은, 뒤의 선종에서 다음과 같이 전해진다. 『무문관』 제37칙의 '뜰 앞의 잣나무'이다.

조주에게 어떤 학인이 물었다.

"달마가 서쪽에서 온 뜻이 무엇입니까?"

조주가 말했다.

"뜰 앞의 잣나무."[19]

무문은 여기서 "만약 조주의 답에서 소견所見이 가까워지면(親切) 앞에 석가釋迦도 없고, 뒤에 미륵彌勒도 없을 것이다"[20]라고 평한다.

---

18 達磨面壁, 二祖立雪斷臂云. 弟子心未安, 乞師安心. 磨云. 將心來, 與汝安. 祖云.
   覓心了不可得, 磨云. 爲汝安心竟.(『무문관』 제41칙의 '달마안심達磨安心')
19 趙州因僧問, 如何是祖師西來意. 州云, 庭前柏樹子.(『무문관』 제37칙)

인도로부터 선을 중국에 전한 달마의 핵심을 지시하는 조주 답의
소재는 도대체 어디에 있을까?

『조주록趙州錄』에 의하면 이 답을 접한 학승은 "화상이시여! 경계를
가지고 사람에게 보이지 말라"고, 다시 한 번 답을 요구했다고 한다.
뜰 앞의 잣나무를 외계의 사물에 지나지 않는다고 받아들였던 것이다.
이것에 대해 조주는 "나는 경계를 가지고 사람에게 보이지 않는다"고
답했다. '뜰 앞의 잣나무'는 외경의 수수께끼가 아니라는 친절한 제시이
다. 여기서 학승은 다시 한 번 "어떤 것이 조사가 서쪽에서 오신 뜻입니
까?"라고 묻자 조주의 답은 역시 '뜰 앞의 잣나무'뿐이었다. 말할 것까지
도 없이 이 '뜰 앞의 잣나무'는 주객 분열상에서의, 물심 분열상에서의
객관·물에는 있을 수 없는, 지금·여기·자기 이외의 어떠한 것도 아닐
것이다.

이렇게 선과 유식은 실은 사건적 세계관에서 연결되고 있음을 알
수 있다. 다만 거기에 사상의 근본을 정위한다고 해도, 그 뒤의 전개방
식이나 길은 다분히 다른 것이었다. 게다가 그렇기 때문에 오히려
상보적인 것이다. 아래에서 몇 가지 주제별로 그 구체적인 존재방식을
추적해 가고자 한다.

---

20 無門曰, 若向趙州答處見得親切, 前無釋迦, 後無彌勒.(『무문관』 제37칙)

제2장 언어와 존재

불립문자

"불립문자不立文字·교외별전教外別傳·직지인심直指人心·견성성불見性成佛"은 선의 근본적 입장을 제시한 것이다. '교외별전'은 '이심전심以心傳心'이기도 하다. 실제 석존에서 제2조인 마하가섭에로 '염화미소拈花微笑' 속에 전해진 것이다. 그 양상을 『무문관』에서 음미해 보도록 하자. 제6칙, '세존염화世尊拈花'이다.

세존이 영산회상에서 꽃을 들어 대중에게 보이자, 모두 그 뜻을 몰라 묵묵히 있었다. 이때 오직 가섭 존자만이 조용히 미소 지었다. 세존이 말하였다. "나에게 정법안장正法眼藏·열반묘심涅槃妙心·실상무상實相無相·미묘법문微妙法門·불립문자不立文字·교외별전教外別傳이 있으니, 마하가섭에게 전하노라."[1]

영산이란 영취산이다. 이 산은 『법화경』과 『무량수경』도 거기서 설해진 장소이다. 그 어떤 법상에서 석존은 언어를 발하지 않고 다만 침묵하여 꽃을 들어 대중들에게 보였다. 무엇인가를 전하려고 했다는 것은 법회에 모인 대중의 눈에도 분명했다. 그런 이유로 대중의 그 어느 누구도 그 의미에 관해 이해할 수 없었다. 그러나 다만 마하가섭만 이 빙그레 웃었다. 이것을 보고 석존은 법을 전했다고 한다.

석존이 전한 법은 "정법안장·열반묘심·실상무상·미묘법문"이라 말해진다. 묘심이 법문 그 자체이며, 그 묘심은 정법을 비추는 눈(지혜)을 감춘 열반과도 같이 적정寂靜한 것으로 형용되는 것이다. 그 지혜로 보는 세계의 진실상은 무상이며, 그것을 설하는 것이 가장 훌륭한 가르침이다. 핵심은 자기와 세계의 궁극적 진실은 무상으로 다하는 것이다. 따라서 "불립문자·교외별전"이라고도 말해지는 것이다.

하여튼 여기야말로 선의 근원이 있다는 것은 말할 것까지도 없다. 무엇보다 이러한 선의 입장에 관해 선 스스로 또한 각종의 각도에서 찬물을 끼얹는 것이 된다. "불립문자·교외별전"을 다만 일면적으로 믿어 버려도, 그것은 오히려 '묘심'에서 멀어지지 않을 수 없기 때문이다. 이 획기적인 법을 스승과 제자가 서로 주고받는 것에 대한 무문無門의 언어는 다음과 같다.

누런 얼굴의 구담(세존)이 자신밖에 아무도 없다는 듯, 양민良民을

---

1 世尊昔在靈山會上, 拈花示衆. 是時衆皆默然, 惟迦葉尊者破顔微笑. 世尊云, 吾有 正法眼藏·涅槃妙心·實相無相·微妙法門·不立文字·敎外別傳, 付囑摩訶迦葉.(『무 문관』 제6칙, '세존염화世尊拈花')

강압하여 종으로 삼고, 양 머리를 걸어 놓고 개고기를 파는 격이다.
이것을 다소 기특하다 할지 모르나, 만약 당시에 대중이 모두
웃었다면 어떻게 정법안장正法眼藏을 전수했겠는가? 만약 가섭이
웃지 않았다면 또한 어떻게 정법안장을 전수했겠는가? 정법안장
에 전수할 것이 있었다면 누런 얼굴의 늙은이(세존)가 사람들을
속인 것이요, 만약 전수할 것이 없었다면 어찌하여 유독 가섭에게
만 허락하였는가?[2]

석존은 터무니없는 사기꾼이다. 매우 훌륭한 사람인 듯하지만,
모두를 속였던 것이다. 그렇지만 그때 거기에 있었던 대중 모두가
웃었다고 한다면 어떻게 『정법안장』을 전수했겠는가? 만약 마하가섭
이 웃지 않았다면 또한 어떻게 『정법안장』을 전수했겠는가? 원래
전수할 무엇이 있다는 것인가? 만약 전수해야 할 무엇인가 있다고
한다면 사실상 아무것도 전수하지 않은 것이기 때문에 순박한 사람들
을 속인 것이 되고, 그러한 것이 없다고 한다면 왜 마하가섭에게
넘겨주었다는 등으로 말했던 것인가, 그렇게 무문은 묻는 것이다.
  과연 석존이 마하가섭에게 전하고자 했던 것은 무엇인가? '교외별전'
이라는 것 자체에 문제는 없는 것인가? 혹은 전한 것이 있다고도
없다고도, 전한다고도 전하지 않는다고도 말할 수 없는 것이 실로

---

2 無門曰. 黃面瞿曇, 傍若無人, 壓良爲賤, 懸羊頭賣狗肉. 將謂多少奇特, 只如當時大
  衆都笑, 正法眼藏作麽生傳. 設使迦葉不笑, 正法眼藏又作麽生傳. 若道正法眼藏
  有傳授, 黃面老子, 誑謼閭閻. 若道無傳授, 爲甚麽獨許迦葉.(『무문관』제6칙, '세존
  염화世尊拈花')

58

'불립문자'의 뜻인가?

선禪이 자기와 세계의 진실에 관해 언어로 말하는 것을 부정하고 있는 것은 자주 보이는 바이다. 체험과 언어를 초월할 수 없는 단절에 관해 전하는 하나의 선문답은 앞 장에도 보았던 『벽암록』 제46칙이다. 진실한 자기에 미혹되지 않은 모습을, 한 스님으로부터 질문을 받고 경청鏡淸은 "몸을 빠져나오기는 오히려 쉬우나, 있는 그대로를 말하는 것은 매우 어렵구나"라고 말했던 것이다. 자기의 진실을 체험하고 자각하는 것은 그래도 간단한 것이다. 그러나 그 세계를 전적으로 언어로 표현하는 것은 아무래도 곤란하다고 말하는 것이다. 이 경청의 언어는 주객 미분의 하나의 진실이라고도 말해야만 할 본래의 자기 그것, 본래의 세계 그것인 궁극의 진실한 세계는 언어로는 표현하기 어려운 것, 언어를 떠나 있음을 시사한다.

선은 그와 같이 진실은 언어로 말해지지 않는다고 한다. 언어는 달을 가리키는 손가락일 수밖에 없고, 달 그것은 아니다. '언어의 길 끊어진 그 자리(言語道斷), 마음 작용이 소멸한 그곳(心行處滅)'에서 진실을 발견해야만 하는 것은, 선뿐만 아니라 불교 일반이 설하는 것이다. 이것 자체는 별로 불가사의한 것이 아니다. 가령 여기서 유명한 것이 유마 거사의 침묵일 것이다. 『유마경』은 재가의 대승불교도인 유마 거사가 주인공이다. 이 유마에게 석존의 십대 제자들이 '입불이법문入不二法門'이란 무엇인가에 관한 자기 자신의 견해를 차례로 드러낸다. 결국 문수보살이 자기의 견해를 기술한다. 그리고 유마에게 유마 자신의 견해를 묻자, 유마는 다만 침묵하면서 말하지 않았다고 한다. 이후로 "유마의 침묵, 번개와 같다"라고 그 무설無說의 설법은 찬탄된다.

『능가경』에는 석존의 생애에 대해 "49년 동안 한 글자도 말한 적이 없다(四十九年, 一字不說)"고 한다. 깨달음을 성취한 것(成道)으로부터 열반에 이르기까지, 그 사이 한 글자도 말한 적이 없다는 것이다. 그것은 저 용수龍樹의 『중론中論』에는 "붓다는 어떠한 가르침도 어디에서도 누구를 위해서도 설하지 않았다"(제25장, 24송)라고 말한 것과 같다. 『중론』은 "불생不生·불멸不滅·불상不常·부단不斷·불일不一·불이不二·불래不來·불출不出의 희론적멸戲論寂滅의 적정寂靜한 연기緣起"에 최고의 진리를 보고 있지만(귀경게), 그와 같이 불교에는 우선 궁극의 진리는 언어를 떠난 승의제에 있다고 보는 것이 가능할 것이다. 『대승기신론大乘起信論』에서는 생멸문生滅門에 대한 진여문眞如門 속에 나아가 친절하게 이언진여離言眞如를 설하는 것이다.

불교의 언어철학

그와 같이 자기와 세계의 진실의 궁극이 언어로는 말해지지 않는다는 것은, 선불교와 다른 교학불교에 공통하는 입장이라고 우선 말할 수 있다. 그러나 선은, 언어는 왜 진실에는 이를 수 없는가를 친절하게 설명하지 않는다. "도를 얻었다고 해도 30방, 도를 얻지 못했다고 해도 30방"(『오등회원五燈會元』)이라고 말해질 정도로, 하여튼 언어를 부정해 갈 뿐이다. 임제는 "삼승십이분교(三乘十二分敎, 부처님 말씀)는 똥 닦는 휴지다"(『임제록』)라고 말할 정도이다.

그러나 불교사상은 언어에 관해서도 철학적 규명을 수행한다. 그중

에 언어와 진리의 관계도 해명한다. 선의 수행은 단적으로 언어를
빼앗는다든가, 모순의 험한 길로 몰아넣고 사유분별에 다하는 사태로
유혹한다든가, 독특한 방식으로 언어를 초월한 리얼리티에 눈을 뜬
것 같지만, 교종 쪽에는 언어 자체를 분석하고 규명하며 그 한계와
의의를 밝혀 가는 것이다. 그것은 언어활동의 성찰이야말로 인간의
미혹으로부터 깨달음에로의 가장 중요한 관건이기 때문일 것이다.
불교의 사색은 거의 언어를 둘러싼 것이기 조차 하다. 아마도 불교의
본질은 언어철학이라고 말해도 지나친 말은 아닐 것이다. 그 대표가
용수의 『중론』이며, 무착과 세친의 유식설 혹은 진나와 법칭의 불교논
리학이다. 선은 여기서 '불립문자'의 이론적 근거를 얻었던 것이다.

  그중에 『중론』은 주어를 세워 언어를 기술하는 문장의 지평에서
그 모순에 충격을 가하고 언어 세계를 해체해 가고자 한다. 가령,
우리는 자주 "나는 본다"고 말한다. 그러나 이 언표방식은 보기 이전의
나, 나아가 모든 작용 이전의 나가 상정되고 있다. 그것은 소위 기체로
의 나이다. 그러나 그와 같은 존재는 결코 확인되지 않는다. 그와
같은 나를 상정하면 각종의 모순을 초래한다고 해명한다. 그래서
"나는 본다"라고 말할 수 없다는 것이다.

  위에서 든 것은 하나의 예에 불과하지만, 『중론』은 그와 같이 모든
유형의 문장을 음미하고 검토하여 언어는 진실 앞에서 스스로 해체되
지 않을 수 없다는 것, 희론적멸戱論寂滅의 세계에 진리가 있다는
것을 논증하였던 것이다.

  한편 유식은 주로 단어 특히 명사의 문제를 규명한다. 거기에는
언어와 사물 존재의 관계에 대한 깊은 규명이 있다.

가령 명사는 사물 그것, 존재 그것을 언표하는 것일까? '책상'이라는 말은 구체적인 하나의 책상을 표현하는 것일까? '책상'이라는 말은 나의 연구실 책상에도 적용할 수 있고, 교단의 책상에도, 서재의 책상에도, 거실이나 식당의 책상에도 적용할 수 있다. 따라서 대체할 수 없는 개체로의 책상을 표현한 것이 아니다. '책상'은 실제로 존재하는 어떤 구체적인 것, 그것을 표현하는 것이 아니다. 우리는 언어에 의해 그것이 무엇인가를 알 수 있다고 생각한다. 그러나 사실은 언어를 적용함으로써 그 대상을 언어의 체계 속에 위치 지울 뿐, 그것 자체를 직접 파악할 수는 없는 것이다.

그렇다면 그것 자체를 언어로 파악하는 것이 가능할까? 아마도 언어는 일반적으로 말하면 특정의 대체할 수 없는 개체를 언표하는 것이 불가능할 것이다. 그것은 가령, 색깔이라는 이름을 생각해 보면 이해하기 쉽다. 약간 녹색에 가까운 푸른색인, 독자의 투명도를 가진 색깔이 있다고 하자. 도대체 그 색깔을 어떻게 언표하면 좋을까? 푸른 녹색이라고 말하는 것만으로는 여전히 그 독자적 색깔을 정확하게 표현하고 있다고는 할 수 없다. 혹은 또한 새까맣다 라든가, 새하얗다 라든가 등은 언어로 적확하게 표현하는 것은 불가능함에 틀림없다. 그러나 사실은 세상에는 각각 독자적이며 독특한 색깔과 모양 그리고 질감이나 감촉 등을 가진 것이 널려 있다.

그것을 '이것'이라고 말해도 그 '이것'은 어디에도 사용할 수 있는 지시대명사에 지나지 않으며, 개체를 언표하는 것으로는 될 수 없다. 고유명사를 만들었다고 해도 그것은 사회적으로 합의된 부호에 지나지 않으며, '지금, 여기'의 대체할 수 없는 개체를 언표하는 것이 될 수 없다. 어떤 특정한 벚나무에 '소곤소곤'이라는 그 나무만의 이름을 붙인다고 하자. 그 벚나무는 봄에는 꽃이 만발하고, 여름에는 녹색의 잎으로 덮이며, 가을에는 붉은색의 잎으로 떨어지기도 하며, 겨울에는 나목이 된다. 그 사이 줄기의 크기, 가지의 넓이도 변해 가는 것이다. 그 어느 것을 '소곤소곤'은 언표하는 것일까? 벚나무와 같은 특별한 사례를 제시하기 때문에 그와 같은 것이지만, 보통의 사물은 변하지 않는다고 말할지도 모른다. 그러나 이 세상에 참으로 영원불변한 것은 존재하지 않는다. 그렇기 때문에 실제에서 본다면 모든 것에 대해 지금의 사정은 마찬가지이다.

이것은 언어는 결코 대체할 수 없는 개체를 표현할 수 없으며, 각각의 개체에 공통하는 일반자 밖에 표현할 수 없다는 것을 의미한다. 그렇지만 참으로 존재하는 것, 궁극의 리얼리티 그것은 실로 지금, 여기의 독자적인 독특한 사물이다. 그렇기 때문에 언어는 리얼리티에는 이를 수 없다. 선이 '불립문자'를 든 것은 당연하다고 말할 수 있다.

언어는 일반자를 표현한다고 임시로 말할 때, 그렇다면 그 일반자란 무엇일까? 이것을 깊게 천착한 사상가가 진나(Dignāga, 陳那, 480~540)이다. 고대 철학에서는 오히려 자주 일반자야말로 실재라고 생각되었다. 벚나무라면 어느 벚나무에도 공통하는 벚나무 일반이 참된 존재이며, 현실의 개개 벚나무는 그 일반자에 한정된 것과 같다는 생각에 입각한 것이다. 그 실재로서의 벚나무 일반자라고 하는 것은, 고유의 색깔도 형태도 아닌, 소위 형이상학적인 실체와 같은 것이다. 그러나 그러한 형이상학적 실체라는 것은 참으로 존재하는 것일까?

진나는 그와 같은 것은 존재하지 않는다고 생각한다. 그리고 언어는

자립적으로 존재하는 일반자를 표현하는 것이 아니라 기껏해야 타자와
의 차이를 표현하는 것에 지나지 않는다는 것이다. 요컨대 타자의
부정이라는 '벚나무 이외의 그 어떠한 것도 아닌 것', '벚나무가 아닌
것이 아닌 것', '비非벚나무의 부정'을 표현할 뿐이다. 이것을 언어의
의미론에 관한 안야 아포하(anya apoha) 이론이라 한다.

　실은 이러한 사고방식은 현대 언어학의 조종이라고 불리는 소쉬르
(Ferdinand de Saussure, 1857~1913, 스위스의 언어학자로 근대 구조주의
언어학의 시조)의 사고방식과 거의 일치한다. 그것은 언어가 표현하는
것은 무엇인가라는 문제이다. 영어로 데스크(desk)나 테이블(table)은
다른 대상을 표현하는 언어이지만, 한국어로는 책상이라는 말로 그
양쪽을 의미할 수 있다. 마찬가지로 트리(tree)와 우드(wood)는 다른
대상을 표현하는 말이지만, 한국어로는 나무라는 말로 그 양쪽을
의미할 수 있다. 역으로 한국어로 물과 끓인 물은 다른 대상을 표현하는
말이지만, 영어로는 어느 쪽이든 워터(water)에 핫(hot)을 붙이는가의
여부만으로 그 차이를 표현한다. 한국어로 형과 아우를 하나로 파악하
는 말은 없지만, 영어에는 브라더(brother)가 우선 있고, 거기에 엘드
(eld)라든가 영(young)이라든가 하는 형용사를 붙여서 구별한다. 그와
같이 언어가 의미하는 것이나 갈라지는 지점은 그 나라의 언어마다
다르다. 만약 이미 세계에 자립한 것이 미리 존재해 있고 그것에
응하여 이름이 있다고 한다면, 국어마다 명사의 체계가 그만치 다르지
는 않을 터이다.

　따라서 소쉬르는 언어는 외계에 이미 자립적 실재에 대응하여 존재
하는 것이 아니라 오히려 혼돈한 세계에 대등하여 그것을 어떻게

분절해서 보는가에, (그리고) 그 나라 언어 특유의 분절 방식을 표현하는 것에 지나지 않는다고 생각했던 것이다. 이때 개개의 언어(명사)가 표현하는 것은 자립적으로 존재하는 것, 긍정적인 것으로 될 수 없다. 여기서 소쉬르는 언어가 표현하는 의미는 인접한 다른 언어에 의해 한정되어 규정된다고 한다. 요컨대 차이에서 의미가 규정될 뿐이며, 언어의 의미(대상)는 결코 긍정적으로 존재하지는 않는 것이다. 이러한 사고방식은 형이상학적 실체를 상정하는 것이 극히 일반적이었던 서양의 사상계에 큰 충격을 주었다.

그러나 유식 혹은 진나는 처음부터 그와 같은 사고방식을 취하고 있었다. 그 배경에는 역시 일체 존재는 공空이라고 하는, 어떠한 실체적 존재도 인정하지 않는 대승불교의 통찰이 있었다. 하여튼 진나는 소쉬르와 마찬가지로 언어의 의미는 차이에서 성립하고 있을 뿐이라고 말했다. 그것은 앞에서도 말한 바와 같이, 안냐 아포하설(타자부정이론)이라 불린다. 언어의 의미는 '타자의 부정'이라는 이론이다. 벗나무는 벗나무 이외의 그 어떠한 것도 아닌 것을 의미한다는 것, 비벗나무의 부정을 의미한다는 것을 주장하는 이론이다.

그와 같이 언어는 부정적인 것일 수밖에 없음에도 불구하고, 우리는 그것을 사용함으로써 거기서 긍정적인 것, 오히려 실체적 존재를 인정해 버린다. 실체적 존재를 인정하고 그것에 집착한다. 집착하여 자유를 상실하고 갈망이나 질투 등의 정념에 지배되어 고뇌, 고민에 빠진다. 우리 일상의 고뇌에도 실은 의외로 언어의 문제가 깊게 뿌리박혀 가로놓여 있다. 그것은 아마도 믿기지 않을 정도로 깊은 것이다. 불교는 그것을 정치하게 지켜보며, 그 고뇌로부터의 탈각의 통로를 뚫어 가는 것이다.

언어는 실재와 일치하지 않는다

언어는 사실 그것에는 이를 수 없다는 것이 『성유식론』(권2)에는 매우 흥미 깊은 논의 속에서 언급되고 있기 때문에, 다시 그것을 살펴보고자 한다. 얼마나 불교가 (혹은 오히려 인도철학이) 언어에 깊은 관심과 사색을 지니고 있었는가를 알 수 있을 것이다.

> 어떤 사람들은 다음과 같이 논란한다. 만약 식에서 떠난 실체인 자아와 실체인 법이 없다면, 허망한 존재도 역시 없어야 한다. 허망한 존재는 반드시 참된 사물, 유사한 사물, 공통의 성질에 의지해 건립된다. 비유하면 진짜 불이 있고 불과 유사한 사람이 있고, 불의 맹렬하고 붉은 성질(法)이 있기 때문에, 곧 가정적으로 이 사람을 불이라 말할 수 있는 것과 같다. 가정적으로 소 등이라 말하는 것도 역시 그러함을 알아야 한다. 자아와 법이 만약 실재하지 않는다면, 무엇에 의지해 가설하겠는가? 가정적으로 말할 만한 것이 존재하지 않기 때문에 유사한 것도 역시 성립되지 않는다. 어떻게 마음이 외부대상과 유사하게 현현한다고 말하는가?[3]

---

3 有作是難. 若無離識實我法者, 假亦應無. 謂假必依眞事似事共法而立. 如有眞火, 有似火人. 有猛赤法, 乃可假說此人爲火. 假說牛等, 應知亦然. 我法若無, 依何假說. 無假說故, 似亦不成. 如何說心似外境轉.(『성유식론』 권2)

뒤에서도 기술하겠지만, 유식설은 8식의 상분과 견분에서 내적 자아(我)·외적 존재(法)와 유사한 형상이 현현하기 때문에, 그것에 대해서 내적 자아와 외적 존재에 관한 각종의 언어를 세우고, 그 결과 언어에 상응하는 실체적 존재가 있다고 집착하는 것이라 주장한다. 그것에 대해 이 주장에 반대하는 사람은 실제로 외계에 내적 자아와 외적 존재가 있고, 그것과 공통하는 성질을 지닌 형상이 식의 세계에 현현하기 때문에, 그것에 대해 내적 자아와 외적 존재라는 말을 세우는 것이 가능한 것이 아닌가, 내적 자아(我)·외적 존재(法)와 유사한 형상이 현현한다고 주장하는 이상, 그러할 것이라고 반론한다. 불이 있고, 그것과 유사한 사람이 있으며, 그 양자 사이에 공통하는 맹렬함이나 붉음이라는 성질이 존재하기 때문에 그 사람에 대해 불과 같다고 말할 수 있다. 그와 같이 참된 실재(眞事)와 그것과 유사한 사물(似事)과 그 양자에 공통하는 성질(共法, 공상)이 있어, '그와 같이' 라고 언어를 세우는 것이기 때문에 8식의 흐름의 세계에 대해, 내적 자아(我)와 외적 존재(法)라는 말을 세우기 위해서는, 이미 외계에 참된 자아와 존재가 있지 않으면 안 된다. 이것에 대해 유식은 다음과 같이 말한다.

그들의 논란은 바른 논란이 아니다. 식에서 떠난 독립적으로 존재한다는 내적 자아와 외적 존재는 앞에서 이미 논파되었기 때문이다. 보편에 의거하고 실체에 의거해 불 등을 가설하는 것은 모두 성립되지 않기 때문이다. 보편에 의거해 가설한다고 하는 것은, 우선 논리가 성립하지 않는다. 맹렬함과 붉음 등의 속성은 보편에 있는 것이 아니기 때문이다. 만약 '공통의 속성은 존재하지 않지만, 가정적으로 그것을 말한다'고 하면, 역시 물 등에 대해서도 불 등의 명칭을 가설해야 한다. 만약 맹렬함 등이 비록 보편의 속성은 아니지만, 서로 떠나지 않기 때문에 가설할 수가 있다고 한다면, 이것도 역시 그렇지 않다. 현재 볼 때에 사람의 보편과 맹렬함 등은 역시 서로 떠나 있기 때문이다. 보편은 이미 속성이 없고, 또한 서로 떠나 있다. 그런 것을 사람에 대해 가정적으로 불 등이라고 말할 수 있는가? 그러므로 가설은 보편에 의거해서는 성립되지 않는다는 것을 알아야 한다.[4]

우선 내적 자아든 외적 존재든 독립 자존하는 실체적 존재는 있을 수 없다는 것을 논증했다. 원자든 형이상학적 실체든 상주불변하는 존재는 있을 수 없다는 것을 이미 설했다는 것이다. (그것은 『성유식론』 권1에서 권2에 걸쳐서 언급되고 있다.)

다음으로 참된 사건(眞事)과 유사 사건(似事)과 공통의 속성(共法)이 있어야만 비로소 유사 사건에 대해 참된 사건인 것처럼 말할 수 있다고 하지만, 참된 사건이 일반자 혹은 보편으로서의 존재라고 해도 개체의 존재라고 해도 그것은 성립하지 않는다고 한다. 무슨 까닭인가? 사람을 불과 같다고 할 때, 우선 일반자로서의 불에 의해 그것을 말한다고

---

4 彼難非理, 離識我法前已破故. 依類依實假說火等, 俱不成故. 依類假說理且不成猛赤等德非類有故. 若無共德, 而假說彼, 應亦於水等, 假說火等名. 若謂猛等雖非類德而不相離, 故可假說, 此亦不然, 人類猛等現見亦有互相離故. 類旣無德, 又互相離. 然有於人假說火等. 故知假說不依類成.(『성유식론』 권2)

한다면, 일반자의 불은 구체적으로 타오르는 공능은 없다. 맹렬함이라든가 붉음과 같은 성질은 일반자의 불에는 없기 때문에, 사람과 불 양자 사이의 공통의 속성(共法)은 없는 것으로 되어 버리기 때문이다. 만약 공통의 속성(共法)이 없다고 해도 그것을 말할 수 있다고 한다면, 물에 대해서도 불과 같다고 말할 수 있게 되어, 우스운 것이 되어 버릴 것이다.

이에 대해 일반자에 성질(속성)은 없다고 해도 그들 성질은 일반자와 분리되지 않는다. 이 사태에 근거하여 불과 같다고 말할 수 있다고 한다면, 그것도 성립할 수 없다. 왜냐하면 사람에게도 맹렬함, 붉음의 성질이 있을 때 그것과 불의 일반자는 단절되지 않을 터이기 때문에 불의 일반자도 사람에게 있다는 것을 보지 않으면 안 되지만, 그것은 보이지 않는다. 왜냐하면 불과 맹렬함·붉음은 단절되지 않는다고는 말할 수 없는 것으로 되어 버린다. 그렇기 때문에 이 주장도 성립할 수 없다는 것이다. 이와 같이 일반자에게는 공통의 속성(共法)이 되어야 할 성질은 존재하지 않으며, 또한 단절되지 않는다는 것도 없다. 따라서 실재하는 일반자에 근거하여 그와 같다고 표현할 수 없는 것이다. 그렇다면 개체에 의해서는 어떤가?

실체의 범주에 의거해 가설한다고 말하는 것은 바른 논리가 역시 성립되지 않는다. 맹렬함·붉음 등의 속성은 함께 갖는 것이 아니기 때문이다. 맹렬함·붉음 등은 불에 있을 경우와 사람에 있을 경우에 그 본체가 각기 다르다. 의지처가 다르기 때문이다. '공통의 성질은 없지만 가설한다'고 말하면, 과실이 있는 것이 앞에서와 같다.

만약 '사람과 불의 속성이 서로 비슷하기 때문에 가설할 수 있다'고 말하면, 이치가 역시 그렇지 않다. 불이라고 말하는 것은 사람에게 있는 것이지, 성질에 있는 것이 아니기 때문이다. 이 때문에 가설은 실체의 범주에 의거해서 성립되는 것이 아니다.[5]

한편 개체의 불에 의해 사람에 대해 불과 같다고 말할 수도 없다. 개체의 불이 가진 특정한 맹렬함·붉음은 어떤 사람이 지닌 맹렬함·붉음과 같다고는 말할 수 없기 때문이다. 그와 같이 같지 않은 이상, 공통의 속성(공법)이 없기 때문에 게다가 불과 같다고 말할 수 있다면, 역시 물에 대해서도 불과 같다고 말하게 되어, 우스운 것으로 되어 버린다. 여기서 같다고는 말할 수 없다고 해도 유사하기 때문에 같다고 말할 수 있다고 한다면, 그것도 성립하지 않는다. 여기서는 성질이 같다고 말하는 것이 아니라 사람에 대해 말하는 것이기 때문이라고 한다. 이렇게 함으로써 실재하는 개체에 근거하여 그와 같다고 표현하는 것도 가능하지 않게 된다.

이와 같은 논의에 의해 유식은 외계의 실재로서의 자아와 존재가 있고, 식에 그것과 유사한 형상이 현현하며, 그것에 대해 내적 자아와 외적 존재에 관한 각종의 언어를 세운다고 하는 주장은 성립하지 않는다고 그것을 부정한다. 그것은 실은 외계의 존재가 실재한다는 이론에 대한 비판을 의도한 것이기도 하다. 『성유식론』은 계속해서

---

5 依實假說理亦不成. 猛赤等德非共有故. 謂猛赤等在火在人其體各別, 所依異故. 無共假說, 有過同前. 若謂人火德, 相似故可假說者, 理亦不然. 說火在人非在德故. 由此假說不依實成.(『성유식론』 권2)

논의를 진전시켜 간다.

또한 허망한 존재는 반드시 참된 사물에 의거해 건립한다고 말하
면, 역시 바른 논리가 아니다. 참된 사물이라는 것은 자상이고,
허망한 존재를 아는 지혜와 허망한 존재를 표현하는 것에 있어
모두 대상이 아니기 때문이다. 허망한 존재를 아는 지혜와 허망한
존재를 표현하는 것은 자상이 없다. 오직 모든 법의 공상에서만
일어난다. 또한 이것을 떠나 별도의 방편이 있고, 자상을 시설하여
허망한 것의 의지처로 할 수 있는 것도 아니다. 그런데 허망한
존재를 아는 지혜와 허망한 존재를 표현하는 것은 반드시 소리에
의지해 일어난다. 소리는 자상에 미치지 못하며, 이것이 일어나지
않는다. 표현의 주체도 표현의 대상도 모두 자상이 아니다. 그러므
로 가설은 참된 사람에 의지하지 않는다는 것을 알아야 한다.
이 때문에 다만 유사한 사물에 의지해서만 일어난다. 유사하다는
것은 증익의 실유가 아닌 상이다. 소리는 증익의 유사한 상에
의거해 작용한다. 따라서 허망한 것을 표현하는 것은, 반드시
참된 것(자상)에 의지한다고는 말할 수 없다.[6]

외계의 개체는 대체할 수 없는 그것 독자의 형상을 지닌다. 그러나

---

6 又假必依眞事立者, 亦不應理. 眞謂自相, 假智及詮俱非境故. 謂假智, 詮不得自相,
唯於諸法共相而轉. 亦非離此有別方便, 施設自相爲假所依. 然假智, 詮必依聲起,
聲不及處, 此便不轉, 能詮所詮俱非自相 故知假說不依眞事. 由此但依似事而轉,
似謂增益非實有相, 聲依增益似相而轉, 故不可說假必依眞.(『성유식론』권2)

언어 그것이나 그것에 의한 인식은 그 독자의 형상과는 관계가 없는 것이다. 왜냐하면 그것들은 다만 각각의 개체 사이에 공통하는 형상에만 관계하는 것이기 때문이다. 즉 언어는 일반자(共相)에게만 관여하는 것이다. 게다가 이것 이외 그 개체 독자의 형상에 대해 언어를 세우는 것도 가능하지 않다. 원래 언어나 그것에 의한 인식은 음소(모음, 자음)의 조합을 통하는 것이 되지만, 그들 모음이나 자음 자신은 다른 차이 속에서 파악되는 것이다. 가령, 소프라노에서 '아'라고 말해도, 버스에서 '아'라고 말해도, 우리는 '아'라는 음소를 들을 뿐, 소리의 고저는 그 인식 이전에는 사상(捨象, 배제)된다. 따라서 모음이나 자음 그것에 있어 이미 일반적인 존재가 되는 것이어서, 독자의 형상에는 미칠 수 없는 것이다. 이와 같이 언어 및 그것을 통한 인식은 그 어떠한 것으로도 대체할 수 없는 독자의 형상에는 도달할 수 없다. 그렇다면 언어를 외계의 개체에 대해 세운다는 것은 있을 수 없는 것이다.

따라서 언어는 단지 일반자에 대해서만 적용되는 것이다. 요컨대 공통하는 형상, 즉 '공상共相'에서이다. 분별은 아직 개재하지 않고, 현량(現量, 직접경험)에 다름 아닌 오감의 세계에는 자상밖에 있을 수 없고 공상은 없다. 아마도 그것에 관해서는 의식의 상분에서 그 공상이 현출하고, 그것에 대해 언어가 세워져 갔던 것이다.

언어가 적용되는 것은 식

이상으로 선禪의 불립문자不立文字의 정직함, 그 근거를 이해할 수 있었다고 생각한다. 그것은 얼핏 보면 언어에 의존하는 대부분의 불교에 반하는 것 같지만, 그러나 진실은 모든 불교의 교상教相 자신이 언어를 다하여 말하는 바이기도 하다.

그런데 소쉬르(Ferdinand de Saussure)는 언어를 세워야 할 세계를, 본래 미분절의 혼돈된 세계라고 생각하고 있었던 것 같다. 무지개는 어떤 색깔이 있는가, 원래 그것을 결정할 수가 없다. 한국이나 일본에서는 그것을 일곱 개의 색깔로 나누지만, 영어는 여섯 개의 색깔로 나눈다. 또 다른 나라의 언어는 세 개의 색깔로 나누기도 한다. 그 분절 이전의 세계에는 색깔이 몇 가지로 나누어져 존재하는 것이 아니다. 이와 같은 사례를 생각해 보면 대개 언어를 세워야 할 세계는 혼돈의 세계라고 생각될 것이다. 우리는 보통 사용되는 언어 고유의 분절을 일단 제거하고 그 이전에 존재하고 있는 사실 그것, 진실 그것을 만날 때 자기 목숨 그것을 자각하는 것이다.

다만 언어를 세워야 할 세계는 참으로 단순한 혼돈에 지나지 않는 것일까? 혹은 거기에 더욱 정치하게 분석할 수 있는 것이 없을까? 가령 벚나무와 매화나무의 차이는 이쪽 측면의 자의적인 분절에 의해 드러난 것에 지나지 않는 것일까? 아마도 거기에는 원래 종이 다르다고 하는 무엇인가 객관적인 차이가 미리 존재하고 있을 수도 있다. 우리는 이것도 또한 고려하지 않으면 안 된다.

실은 유식설도 물-심의 존립은 부정된다고 하지만, 거기도 객관적인 분절의 근거가 되는 것은 전혀 부정되지는 않는다. 그것은 '삼류경三類境[7]의 교설 속에서 해명되지만, 이것에 관해서는 다른 기회에 언급할 것이다. 여기서는 우선 언어를 세워야 할 세계란 혼돈이라고 말해지지

기는 하지만, 사실은 어떤 세계라고 생각되는 것인가, 나아가 유식이
설하는 바를 천착해 보도록 하자.

『유식삼십송』은 그 서두에서 유식의 세계관의 근본을 제시한다.
즉 내적 자아·외적 존재의 가설(假設, upacāra prajñapti, 언어 표현)은
식의 변화(vijñāna pariṇāma, 識轉變)에서라고 한다. 즉 언어를 세워야
할 세계는 식의 변화임을 밝히고 있다.

그렇다면 식의 변화란 무엇인가라는 것이 문제가 된다. 그런데
『성유식론』은 그것은 식체識體에 상분과 견분이 현현하는 사건이라고
말한다. 즉 전변에 관해 "변이라는 것은 이른바 식체가 전변하여 두
가지 형상으로 현현한다"라고 규정한다. 이때 『유식삼십송』 산스크리
트본은 언어를 세워야 할 세계는 다만 식의 변화라고 기술할 뿐이지만,
삼장법사 현장玄奘은 그것을 '식의 소변(변화된 것, 受身)'이라고 그
의미를 분명히 했다. 즉 언어를 세워야 할 세계는 8식의 상분이나
견분에 다름 아니라고 말하는 것이다. 이에 대한 설명을 『성유식론』에
서 보도록 하자. 우선 『유식삼십송』의 서두 한 게송의 절반은 다음과
같이 번역된다.

허망한 것에 의거해 내적 자아(我)와 외적 존재(法)가 있다고 말하
니, (자아와 존재의) 갖가지 모습들이 생겨난다. 그것들은 식이

---

7 삼류경三類境이란 유식설에서 인식대상을 그 성질에 의해서 3종으로 나눈 것이다.
  그 3종은 다음과 같다. 첫째 성경(性境, 종자에서 실제로 드러난 것), 둘째 독영경(獨影
  境, 견분에서 임시로 드러난 것), 셋째 대질경(帶質境, 위의 양자의 중간에 있는 것)
  등이다.

전변한 것에 의지하는 것이다. 이 능변식은 오직 세 종류이다.
이숙식과 사량식 및 요별경식이다.[8]

각종의 표현으로 내적 자아와 외적 존재를 말하지만, 그것은 실재하
는 것이 아니라, 임시적 표현에 지나지 않는 것이다. 그 언어의 근거(언
어를 세우는 대상)는 식의 소변所變, 즉 식에 의해 현출되는 것(현출대상)
이다. 그 능변能變, 즉 현출하는 것(현출주체)은 이숙(아뢰야식, 제8식)과
사량(말나식, 제7식)과 요별경식(제6의식 및 전5식)의 세 개(8식)라고
한다. 『성유식론』에서는 이것을 다음과 같이 설명하고 있다.

논하여 말한다. 세간과 성스러운 가르침에 내적 자아와 외적 존재
가 있다고 말한 것은 다만 허망한 것에 의거해 건립된 것이지,
실제로 체성이 있는 것은 아니다. 자아는 주재하는 것을 말한다.
법은 자성을 지키고 알게 하는 것을 의미한다. 그 둘은 모두 갖가지
모습들로 생겨남이 있다. 자아의 갖가지 모습은 유정·명자 등과
예류·일래 등을 말한다. 법의 갖가지 양상은 실체·속성·행위 등과
온·처·계 등을 말한다. 게송에서 '생겨난다'라는 것은 조건에 따라
시설해서 차이가 있다.[9]

---

8 由假說我法, 有種種相轉, 彼依識所變. 此能變唯三, 謂異熟思量, 及了別境識.(『성
유식론』 권1)

9 論曰. 世間聖教說有我法, 但由假立, 非實有性. 我謂主宰, 法謂軌持. 彼二俱有種種
相轉. 我種種相, 謂有情命者等預流一來等. 法種種相謂實德業等蘊處界等. 轉謂
隨緣施設有異.(『성유식론』 권1)

우선 내적 자아(我)와 외적 존재(法)에 관해 각종의 언어 표현이 있다는 것을 이상과 같이 설명한다. 이것을 보면 내적 자아라고 하는 것은 단지 자아뿐만 아니라 주체적 존재를 실체시한 것이라 말할 수 있을 것 같다. 그러나 실제로는 아집我執이라고 할 때의 아我는 역시 자아를 의미하는 것 같다.

한편 법은 본래 세계의 구성요소로 분석·규명된 것이기 때문에 단순하게 우리가 있다고 생각하고 있는 '사물'이 아니라, 소위 학문적으로 반성되어 있다고 간주되는 것이지만, 대개 객체적 존재라고 말해도 좋을 것이다. 불교 이외의 학파나 불교 안에서 주체적 존재에 관해서는 유정(有情, 중생)·명자(命者, 순수영혼의 존재)·예류(預流, 번뇌를 떠난 성자의 흐름에 들어간 수행자)·일래(一來, 천상의 세계에서 다시 한번 지상의 세계로 온 수행자) 등이, 객체적 존재에 관해서는 실(실체)·덕(성질)·업(작용)이나 온(五蘊)·처(十二處)·계(十八界) 등이 말해진다. 요는 다양한 언어 표현이 행해진다는 점이다. 그러나 유식의 사고방식에 의하면 그것들은 그것들에 대응하는 실체적 존재가 이미 있고, 그것에 대해 말해지는 것이 아니라 대응하는 실체적 존재 없이 사용된다. 즉 임시적 존재에 지나지 않는다는 것이다. 그렇다면 그것들은 무엇에 적용되는 것일까?

이와 같은 여러 형상들을 만약 가정적으로 말한다면, 무엇에 의지해 성립될 수 있는가? 그 형상들은 모두 식이 전변한 것에 의지해서 가정적으로 시설된다. 식이란 요별하는 것을 말한다. 이 게송 중에서 식이라는 말은 또한 심소도 포함한다. 반드시 상응하기 때문이다. 변變이라고 하는 것은 식 자체가 전변하여 두 가지 부분(二分)으로 현현하는 것을 가리킨다. 상분과 견분은 모두 자증분에 의지해 일어나기 때문이다. 이 이분二分에 의거해 자아와 법을 시설한다. 그 두 가지는 이것을 떠나 의지처가 없기 때문이다. 혹은 다시 내부의 식(견분)이 전변하여 외부의 대상(상분)으로 현현한다.[10]

그것은 '식의 소전변所轉變'에 의한다. 다만 이 식이라는 말 속에는 심소유법도 포함된다. 이러한 이해에는 실은 오위백법五位百法이라는 유식의 제법(세계의 구성요소)의 체계적 이해가 필요하다.

원래 불교는 마음을 하나의 존재로 보지 않는다. 다시 말하면 하나의 마음이 있고, 이 하나의 마음이 각종으로 작용한다고는 보는 것이 아니라, 다수의 개별 마음이 있고 그것들이 조합되어 심리현상이 성립한다고 보는 것이다. 그 다종다양한 마음은 8개의 심왕(八識)과 51개의 심소유법(心所)으로 분석된다. 그것들은 모두 상분·견분·자증분·증자증분의 4분을 지니는 것으로 생각된다. 심소유법은 심왕 없이 생길 수 없다. 여기서 반드시 식과 상응하기 때문에 식이라는 말 속에는 그들 심소유법도 포함된다는 것이다. 심소유법에 관해서는 대강의 이해를 지닐 것을 희망하지만, 심소유법에 대해서는 이야기가 복잡하게 되기 때문에 식에만 한정해서 생각한다면 좋을 것이다.

---

10 如是諸相若由假說, 依何得成. 彼相皆依識所轉變而假施設. 識謂了別, 此中識言亦攝心所, 定相應故. 變謂識體, 轉似二分, 相見俱依自證起故, 依斯二分施設我法, 彼二離此無所依故.(『성유식론』권1)

문제는 『유식삼십송』에서 "그것은 식의 소변(所變, 현출대상)에 의거
한다"라고 말하고 있는 것의 의미이다. 이것에 관해 이미 살펴본 바와
같이, 『성유식론』에서는 "변變이라는 것은 소위 식 그 자체가 전변하여
2분으로 유사하게 현현한다"라고 제시된다. 식의 자체분(자증분)이
전변하여, 거기에 상분·견분이 현현하는 것이 전변이라고 하는 것이
다. 그것을 "상분·견분은 함께 자증분에 의거해 일어나기 때문"이라고
설명한다. 이 이론은 식에 3분(상분·견분·자증분) 내지 4분(3분에다
증자증분을 더한다)이 있다고 보는 이론에 의한 경우의 해석인 것이다.

이때 언어를 세워야 할 세계는 어느 곳이 되는 것인가? 그것을
지적하는 것이 "이 2분에 의거해 내적 자아(아)와 외적 존재(법)를
시설한다"이다. 결국 언어는 8식의 상분·견분에 대해 세워지는 것이
다. 8식이라는 것은 뒤에도 나오겠지만, 하여튼 식에 현현하게 된
세계에 대해 언어를 세우는 것이다.

다만 이 이론은 식의 3분설 내지 4분설에 의거해 말하는 것이며,
그것은 진나 이후에 자각된 이론이다. 『유식삼십송』의 작자 세친
등에서는 3분 등의 존재를 아직 명확하게 기술하지 않고 있다. 그렇기
때문에 세친은 소위 식의 2분설의 입장이었다. 이때 식의 전변이라는
것은 "혹은 또한 내적인 식이 전변하여 외계 대상과 유사하다"라는
것으로 설명되는 것이다. '외계대상과 유사하다'라고 하는 바에, 식
내의 상분이 성립한다는 것이 의미되며, 당연히 거기서 그것을 보는
견분이 있다는 것은 함의된다.

문제는 이때 언어를 세워야 할 세계가 상분뿐인가, 그 2분설에서도
상분·견분 양쪽이라는 것이 되는가이다. 거기에는 상분뿐이라는 해석

이 『유식삼십송안혜석唯識三十頌安慧釋』의 비니타데바(調伏天, Vinita-
deva)의 주석서(複注)에 현재 존재하지만, 나는 상분·견분 양쪽을
고려하는 것도 가능하다고 생각한다.

이와 같이 유식설은 언어를 세워야 할 세계에 관해 단지 혼돈이라는
것이 아니라, 8식의 상분·견분과 일정한 이론화를 담당하고 있다.
여기서 소쉬르를 초월하는 철학체계의 조직화가 보이는 것이다.

더욱이 8식의 상분·견분이 언어를 세워야 할 세계라고 하는 것은
무엇을 의미하는 것일까? 8식의 사상은 5감이 별도의 존재로 나누어진
다. 그것들과 의식도 또한 다른 존재라고 간주된다. 언어를 세워야
할 세계는 단순히 혼돈된 세계가 아니라, 가령 우선 색·성·향·미·촉이
라는, 색깔·소리·향기·맛·감촉의 별개의 감각 등이라는 것이 이미
의미된다고 말할 수 있다. 대개 우리에게 직접적으로 주어져 있는
감각의 세계는 눈으로부터의 시각정보, 귀로부터의 청각정보 등 오감
이 각각 나누어진 것이다. 우리는 결코 사물이라는 하나의 개체의
전체를 직접 식으로 파악하는 것은 아니다.

또한 유식은 그들 8식은 모두 생긴 뒤 찰나 속에 소멸해 버리는
것이라고 본다. 생기는 것은 다수의 조건들이 관계함으로써 즉 연기에
의한 것이기는 하지만, 소멸하는 것은 자연적(自然滅)이라고 한다.
따라서 8식의 상분·견분은 순간순간 생멸을 반복하면서 상속되는
것이라고 한다면, 그 8식의 흐름에서는 끊임없이 미묘한 변화가 존재하
는 것이 된다.

본래 8식이 있다고 말할 수 있는 것은 한 찰나뿐이지만, 언어는
그 다만 한 찰나의 세계에 대해 세울 수 없음에 틀림없다. 이때 시시각각

변화해 가는 각각의 5감이 게다가 의식에서 기억 등도 동원되면서 통합된 세계에 대해 언어를 세우게 될 것이다. 그 통합된 전체상도 본래는 찰나찰나의 생멸의 흐름 속에서 지속될 뿐이다. 거기에는 어떠한 의미에서의 실체적 존재도 있을 수 없다. 어떤 것은 현상의 흐름이지만, 소위 사건으로서의 세계라고 해야만 한다. 거기에 우리가 참으로 살아있는 세계가 있다. 그런데 그것에 대해 언어를 적용함으로써 우리는 거기에 내적 자아(我)와 외적 존재(法)를 실체적 존재라 착각하고 인정하여 집착해 버린다. 유식은 이와 같이 언어와 존재의 관계를 극명하게 분석하여 규명한다.

그것뿐인가? 『성유식론』(권1)은 왜 거기에 언어가 세워지는 것인가를, 그것으로부터 반복해서 해명하고 있다. 다음과 같다.

내적 자아와 외적 존재로 분별하면서 훈습하는 힘 때문에 모든 식이 일어날 때 전변하여 내적 자아와 외적 존재로 현현한다. 이 자아와 존재의 모습은 비록 내부의 식에 있지만, 분별에 의해 외부대상으로 현현한다. 모든 유정의 무리는 아득한 옛적부터 이것을 조건으로 하여 집착해 실체인 자아와 실체인 존재로 삼는다. 환자나 꿈을 꾸는 사람이 병이나 꿈의 힘에 의해 마음이 갖가지 외부대상의 모습으로 현현하고 이것을 조건으로 하여 집착해 실제로 외부대상이 있다고 한다.[11]

---

11 我法分別熏習力故, 諸識生時變似我法. 此我法雖在內識, 而由分別似外境現. 諸有情類無始時來, 緣此執爲實我實法. 如患夢者, 患夢力故, 心似種種外境相現, 緣此執爲實有外境.(『성유식론』권1)

8식의 상분·견분은 지금까지의 내적 자아와 외적 존재의 분별의 경험이 아뢰야식에 축적되어 있는 것에 의해, 마치 내적 자아와 외적 존재와 같이 현현하게 되는 것이라고 한다. 우리의 언어를 세워야 할 세계는 혼돈인 하나의 전체인 것이 아니라 이미 내적 자아와 외적 존재와 같은 형상을 띠고서 나타나고 있는 것이다. 그 형상이 드러난 배경에는 우리의 대상적 분별의 반복이 있다고 한다. 아마도 언어의 적용이 앞인가, 형상의 현출이 앞인가에 관해서는 확실하게 확정할 수는 없을 것이다. 앞에서 말한 바와 같이 생물의 종의 차이 등은 우리의 분별 이전에 존재한다고 생각된다. 그렇지만 그 요점에서 언어의 사용이 세계를 형성한다는 시점은 우리가 언어를 배우기 전에는 세계를 분절하여 파악하는 것은 곤란하다는 사정에 비추어보아도 예리한 고찰이라고 생각된다. 이렇게 함으로써 언어와 존재는 분간하기 힘들게 연결되어 있는 것이다.

어리석은 범부가 분별적 사유로 헤아리는 실체인 자아와 실체인 존재는 전혀 있는 것이 아니다. 다만 허망한 생각을 따라 시설된 것이므로, 그것을 허망한 것이라고 한다. 내부의 식이 전변하여 현현한 자아와 현현한 존재는 있긴 하지만, 참다운 자아와 존재의 성품이 아니다. 그러나 그것으로 유사하게 현현하기 때문에 허망한 것이라 한다.[12]

---

[12] 愚夫所計實我實法都無所有. 但隨妄情而施設, 故說之爲假. 內識所變似我似法,
雖有而非實我法性. 然似彼現, 故說爲假.(『성유식론』 권1)

이렇게 본다면 우리 범부는 시각이나 청각 등, 8식의 상분·견분의 찰나멸에서 지속에 대해 언어를 적용하여 자아나 사물을 인정하고 있을 뿐이며, 그것들은 결코 참으로 존재한다고는 할 수 없다. 다만 착오에 의한 인식에 의해 내적 자아와 외적 존재가 있다고 말하고 있을 뿐이며, 거기에 존재한다고 생각되는 것은 실은 참된 실재가 아니며, 일시적 존재에 지나지 않는 것이다. 한편 불교의 경전(성스러운 언어)도 언어로부터 성립하지만 그 경우에는 언어의 대상은 실재하지 않는 것, 그 식의 세계 밖에 존재하지 않는다는 것을 승인한 위에 게다가 언어를 사용하여 사건을 알게 하려고 하는 것이며, 이것 또한 임시로 말한 것이다.

> 외부대상은 허망한 생각을 따라 시설된 것이므로, 식처럼 존재하는 것이 아니다. 내부의 식은 반드시 인연에 의해 일어나기 때문에, 대상처럼 존재하지 않는 것도 아니다. 이 때문에 문득 증익과 감소의 두 가지 집착을 막는다. 외부대상은 내부의 식에 의지해 기립하므로 오직 세속에서만 존재하는 것이다. 식은 허망한 것인 대상이 의지하는 자체이므로 역시 승의에도 존재한다.[13]

여기에 우리가 있다고 생각하는 내적 자아나 외적 존재는 찰나멸의 지속의 끝에 있는 것이지만, 무엇인가 존재하는 현상세계와 마찬가지로 있는 것은 아니다. 그러나 그 현상세계는 우리가 있다고 생각하는

---

13 外境隨情而施設, 故非有如識. 內識必依因緣生故, 非無如境. 由此便遮增減二執. 境依內識而假立, 故唯世俗有. 識是假境所依事故, 亦勝義有.(『성유식론』 권1)

실체적 존재가 실은 없는 것과 마찬가지로 비존재(無)인 것도 아니다. 이렇게 함으로써 유식은 세계를 일방적으로 있다고 보는 입장과 일방적으로 없다고 보는 입장의 양쪽을 초월하여, 중도라는 진리의 입장에 입각한 것이다.

이 문장 속에 '대상(境)'이라고 기술하는 것은, 실체적 존재라고 간주된 내적 자아(我)와 외적 존재(法)의 의미이며, 그것은 세간 세속에서만 인정되는 것에 지나지 않는 것이다. 한편 그 근거가 되는 8식의 상분·견분 등은 실질적으로 세계를 구성하고 있기 때문에 '승의'에 있다고 말해진다. 이 '승의'는 직전의 '세속'에 대해서 말해지는 것이며, 참으로 궁극적이라는 의미는 아니다. 유식의 세속·승의의 두 개의 영역은 중층적으로 보이는 것이며(4중 이제설이 있다), 그것에 대해서는 유의해 두어야만 한다.

하여튼 유식은 이와 같이 언어의 대상은 존재하지 않는 것, 언어를 적용해야 할 세계에 관해서도 과거의 언어 사용의 훈습에 의해 형성되는 형상을 띤 식의 상분·견분인 것, 그것은 아뢰야식연기에서 찰나멸의 지속에서만 존재하는 것 등이 규명되었던 것이다. 이 이론체계는 소쉬르를 훨씬 능가하고 있다.

이상 유식에서 언어와 존재의 해명을 추적했지만, 그것은 불립문자의 정당성과 적극적 의미를 충분히 밝혀주고 있다.

다만 이것, 이것

그러므로 선의 '불립문자'는 단지 허공과 같이 무한정한 세계에 진실이 있다는 것을 말하려고 하는 것이 아니다. 오히려 구체적인 색깔과 모양 등을 가진 현실의 현상세계의 그 실질이 언어를 통해서는 파악할 수 없다는 것을 표명한 것이다. 다시 한 번 선으로 되돌아가 그 언어에 대한 감각의 일단을 살펴본다면, 가령 다음과 같은 화두가 있다. 『벽암록』 제51칙, '설봉시심마雪峰是什麼'라는 화두이다.

설봉 화상이 암자에 있을 때 두 스님이 찾아와 예배를 하자, 설봉 화상은 그들을 보고 손으로 암자의 문을 열고 몸을 내밀면서 말했다.

"뭐야!"

스님도 역시

"뭐야!"

라고 말했다.

설봉은 머리를 숙이고 암자로 되돌아갔다.

스님이 뒤에 암두 화상의 처소에 이르자,

암두 화상이

"어디서 오는가?"

라고 물었다.

스님이 말했다.

"영남에서 왔습니다."

암두 화상이

"설봉 화상을 찾아갔었는가?"

라고 물었다.

스님은 "예, 갔다 왔습니다."

라고 대답했다.

암두 화상이 물었다.

"설봉이 무슨 말을 하던가?"

스님이 지난날에 있었던 대화를 말씀드리자,

암두 화상이 말했다.

"그가 무슨 말을 하더냐?"

스님이 말했다.

"설봉 화상은 아무 말 없이 머리를 숙이고 암자로 되돌아갔습니다."

암두 화상이 말했다.

"아아! 내가 처음 그를 만났을 때 그에게 불법의 궁극적인 한 말(末後句)을 말하지 않았던 것이 후회스럽다. 만약 그에게 말후구 末後句를 일러주었더라면 천하 사람들이 설봉을 어찌하지 못했을 것이다."

그 스님은 하안거 끝에 전에 있었던 이야기를 다시 드러내어 (암두 화상께) 법문을 청했다.

암두 화상이 말했다.

"왜 진작 묻지 않았는가?"

스님은

"감히 쉽게 여쭙지 못했습니다."

라고 말했다.

암두 화상이 말했다.

"설봉이 나와 똑같이 한줄기에서 태어났지만(生)

나와 똑같이 죽지(死)는 않는다.

불법의 궁극적인 한 말(末後句)을 알고자 하는가?

단지 이것뿐."[14]

설봉이 고개를 숙이고 돌아갔다는 것도 예삿일이 아님에 틀림없다. 암두가 설봉에게 궁극의 한 구절을 말해 두었다면 좋았던, 그러나 고개를 숙이고 돌아가는 설봉과 자신은 잘못이라고 말하기는 하지만, 그 말도 돌연히 믿어서는 안 된다. 그것이 선문답의 독해방식이라는 것이다. 다만 여기서는 모든 것은 '다만 이것뿐'에서 궁극에 이른 것을 본다면 역시 충분할 것이다. 그것만이 유식이 말하는 8식의 상분·견분의 흐름의 사건 세계인 것이다. 그것은 지금 여기 자기의 하나의 진실에 다름 아니다. 선의 불립문자를 그대로 굳이 언어로 그 '실재'를 말하면 '단지 이것뿐'이 유일한 유립문자有立文字일 것이다.

그렇게 말하면 저 어리석은 스님과도 같은 양관良寬도 또한 이 구절을 말한다. 다음 한시에는 양관의 전부가 살아서 투사되고 있다.

---

14 擧. 雪峰住庵時, 有兩僧來禮拜. 峰見來, 以手托庵門, 放身出云, 是什. 僧亦云, 是什. 峰, 低頭歸庵. 僧後到巖頭. 頭問, 什處來. 僧云, 嶺南來. 頭云, 曾到雪峰. 僧云, 曾到, 頭云, 有何言句. 僧擧前話. 頭云, 他道什. 僧云, 他無語低頭歸庵. 頭云, 噫, 我當初悔, 不向他道末後句. 若向伊道, 天下人不奈雪老何. 僧至夏末, 再擧前話請益,. 頭云, 何不早問. 僧云, 未敢容易. 頭云, 雪峰雖與我同條生, 不與我同條死. 要識末後句, 只這是.(『벽암록』 제51칙, '설봉시심마雪峰是什摩')

푸른 햇빛이 비추는 2월의 초순

만물은 색깔 신선한데

이제 발우를 들고,

당당히 저자거리로 들어가네.

아이들 홀연 나를 보고서

기뻐하며 서로서로 손잡고 다가오네.

나를 절 문 앞에서 기다렸다네.

나를 데리고 걸음은 느릿느릿

발우는 하얀 돌 위에 올려놓고

바랑은 푸른 나뭇가지에 걸어놓고

풀을 엮어서 공을 만들어

축구를 하네.

내가 공을 차면 아이들이 노래하고

내가 노래하면 아이들이 공을 차네.

공을 차고 공을 차느라

시간 가는 줄 모르네.

지나가는 사람들 나를 보고 웃네.

어째서 이렇게 하고 있나 물어도

고개만 숙여서 인사할 뿐 대답을 못하네.

대답을 할 수 있다고 해도 또 뭐라고 하랴.

그 뜻을 알려고 한다면

원래 단지 이것뿐.[15]

---

15 靑陽二月初, 物色梢新鮮. 此時持鉢盂, 得得遊市塵. 兒童忽見我, 欣然相將來.

　마지막 4행을 보면 아마도 양관은 이 시에서 앞의『벽암록』의「설봉시심마」를 본가本歌로 하고 있음을 알 수 있다. 혹은 선승 양관이 '단지 이것뿐'을 직지하는 다음의 시도 있다.

> 여기에 구슬이 하나 있어
> 끝내 옛사람에게 맡길 수 없네.
> 색깔은 현황玄黃과는 다르고
> 형태는 방원方圓과 비교할 수 없네.
> 전륜성왕이 항상 보호하며
> 벗과 해후하네.
> 어떤 사람이 서로 묻는다면
> 단지 이것뿐이라 응답하네.[16]

　이 시는『법화경』「오백제자수기품」의 '옷 속의 구슬 비유'를 근거로 지어진 것이다. 거기에는 "세존이시여, 비유하면 어떤 사람이 친구의 집에 갔다가 술에 취하여 자는데, 주인 친구는 관청 일로 길을 떠나게 되었습니다. 그래서 값을 따질 수 없는 보배를 옷 속에 매어 주고 갔는데, 그 사람은 취해 누워서 알지 못하였고, 깨어난 뒤에는 길을

要我寺門前, 携我步遲遲. 放盂白石上, 掛囊綠樹枝. 于此鬪百草, 于此打毬兒. 我打渠且歌, 我歌渠打之. 打去又打來, 不知時節移. 行人顧我笑, 因何其如斯. 低頭不應伊, 得道也何似. 要知箇中意, 元來只這是.

16　此有一顆珠, 終古無人委. 色與玄黃異, 形非方圓比. 輪王鎖常護, 親友邂逅指. 有人如相問, 爲報祇這是.(良寬)

떠나 다른 지방으로 두루 다니면서, 옷과 음식을 위하여 부지런히 애써 돈을 버느라고 갖은 고생을 하면서, 조금이라도 소득이 있으면 만족하게 생각하였습니다. 오랜 뒤에 친구를 다시 만났더니, 이렇게 말하였습니다. '애달프다, 이 사람아. 어찌하여 의식을 위하여 이 지경이 되었는가. 내가 예전에 그대로 하여금 마음대로 5욕락을 누리면서 편안히 살게 하려고 아무 연분에 값을 따질 수 없는 보배를 그대의 옷 속에 매어 주지 않았던가. 지금도 그대로 있는데, 그대가 알지 못하고 이 고생을 하면서 궁색한 생활을 하고 있으니, 매우 가련한 일이로다. 이제라도 이 보배를 팔아 필요한 물품을 바꾼다면, 만사가 여의하여 부족함이 없으리라' 하였습니다"[17]라고 기술한다. 그 부처님이 사람들에게 원래 주셨던, 평생 동안 수용해도 다 쓰지 못한다는 것은 도대체 무슨 의미일까? 여래장이라든가 불성이라든가 무엇인가 존귀한 것을 떠올릴지도 모른다. 그러나 양관은 그것에 관해 '단지 이것뿐'이라고만 말할 뿐이다.

또한 저 『벽암록』 제51칙, 「설봉시심마」의 「평창」의 마지막에는 암두가 '단지 이것뿐'이라고 말한 것에 대해 다음과 같이 기술된다. "암두 스님은 너무 눈썹(眉毛)을 아끼지 않고 자세하게 말해 주었다,

---

17 譬如貧窮人, 往至親友家, 其家甚大富, 具說諸肴饍. 以無價寶珠, 繫著內衣裏, 默與而捨去. 時臥不覺知, 是人旣已起. 遊行詣他國, 求衣食自濟, 資生甚艱難, 得少便爲足. 更不願好者, 不覺內衣裏. 有無價寶珠, 與珠之親友. 後見此貧人, 苦切責之已. 示以所繫珠, 貧人見此珠. 其心大歡喜, 富有諸財物. 五欲而自資, 我等亦如是. 世尊於長夜, 常愍見教化. 令種無上願, 我等無智故. 不覺亦不知, 得少涅槃分. 自足不求餘, 今佛覺悟我. 言非實滅度, 得佛無上慧. 爾乃爲眞滅, 我今從佛聞. 授記莊嚴事, 轉次受決, 身心遍歡喜.(『법화경』「오백제자수기품」)

여러분은 결국 이를 어떻게 이해하려는가?" '단지 이것뿐'이라는 것도 흙탕물에 굳이 섞이는(拖泥帶水) 것을 싫어하지 않는 노파심에 의한 것이라고 한다. 언어를 세우기 이전의 세계, 그것은 무엇인가? 유식은 다양하고 상세하게 설명을 하고 있지만, 필경 어떻게 되는가, 우리는 언어의 그물망을 걷어내고 그것을 분명하게 증득할 필요가 있을 것이다.

이상, 유식의 언어와 존재의 관계에 대한 정치한 분석과 추적을 통해 선의 '불립문자'의 입장을 고찰해 보았다. 여기까지 와서 지금은 언어로 되돌아가는 길도 논해야 할 것이다. 특히 도겐은 경전과 논서는 심외별전心外別傳인가 아닌가 하고 예리한 비판을 하면서 교외별전教外別傳을 부정했던 것이다. 언어를 초월하여 언어로 되돌아오는 길에는 대단히 흥미 깊은 것이 있지만, 그것에 관해서는 또한 다른 기회를 통해 기술하고자 한다.

제3장 수행의 길

미혹에서 깨달음으로

유식사상은 대승불교의 극히 정통적인 불교사상이다. 어떤 대승불교
도 유식을 기준으로 볼 때 그 의미가 분명하게 드러나게 된다. 가령
유식에서는 보리심을 일으켜 수행에 들어가기 때문에 그것을 완성하여
부처가 되기까지 삼대아승기겁이 걸린다고 한다. 일대아승기겁이란
8백 리 둘레의 바위를 천상의 시간으로 3년에 한 번, 정거천淨居天의
신들이 걸친 극히 부드러운 천으로 스쳐, 그 바위가 완전히 닳아
없어지는 데 걸리는 시간이라고 한다. 게다가 그것을 다시 세 번
거듭한 시간이 지나야 비로소 부처가 된다. 물론 이 사이 생사윤회를
반복하면서 수행해 가는 것이다.

이에 대해 『화엄경』에는 "처음 마음을 일으켰을 때 곧 정각을 성취한
다(初發心時, 便成正覺)"라고 설한다. 처음 보리심을 일으켰을 때 이미
부처와도 같다는 것이다. 그것은 유식의 사고방식과 대조했을 때,

우선 그 의미하는 바가 두드러질 것이다. 이 "처음 마음을 일으켰을 때 곧 정각을 성취한다"는 사실로 정각을 성취하는 것인가, 실은 정각이 약속되었다는 것으로 그치는 것인가, 다양한 해석이 있을 수 있다. 그러나 화엄종의 다른 사고방식은 삼생성불三生成佛이라 하여 화엄의 가르침을 언급함으로써 삼생만으로 수행은 완성되어 부처가 되는 것이라 말한다. 그것은 실제 부처가 되는 것을 인정한 표현인 것이다. 이러한 표현도 한편으로 유식의 표준이 있어야만 그 의미가 뚜렷하게 이해된다.

불교는 결코 단순한 철학이나 사상이 아니다. 거기에는 미혹으로부터 깨달음, 진리를 깨닫는 길이 게다가 체계적으로 조직된다. 일반의 불교는 반드시 '수도론'이라는 분야가 있고 그 독자의 수행의 핵심이 제시된다. 그러한 보통의 불교와 비교하여 선의 경우는, 오히려 세계관에 관한 사상이 체계적으로 설해진 적이 없고, 오로지 좌선을 닦는다고 하는 수도론에 특징이 있다. 그중에서도 『십우도』 등은 그러한 수행의 체계를 제시한 것이다. 그렇다고 해도 선종의 수행은 원칙으로 좌선일체인 바에 그 특징이 있다. 이에 대해 유식은 다채로운 수행도 허용하면서 유식관이라는 지관행止觀行을 하나의 중심으로 삼은 수행체계를 언급하고 있다. 이 제3장에서는 수행에 초점을 맞추어 유식과 선의 차이 등을 고찰해 가고자 한다.

단계적인 유식의 길

먼저 유식의 수도론 체계에 관해 설명해 보자. 유식의 수도론에는 대개 2종류가 있다. 하나는 41위의 체계이고, 또 하나는 5위의 체계이다.

41위라는 것은 십주十住·십행十行·십회향十廻向·십지十地·불佛이다. 중국이나 한국 그리고 일본에서는 십신·십주·십행·십회향·십지·등각·묘각의 52위설이 유명하지만, 유식은 십신을 세우지 않고 등각도 세우지 않는 41위를 주장한다.

십주의 최초의 위를 초발심주初發心住라고 하는, 처음으로 발보리심한 시점이 된다. 물론 그 이전에는 신信이 결정해 가기 위한 학습이나 수행이 있다. 다만 보살(대승불교도)의 정식적 수행은 이 초발심주에서 시작한다고 보고 있다.

이렇게 수행이 진전되어 가면, 점차 십지 직전까지 올라갈 것이다. 그리고 십지의 제1지인 극환희지極歡喜地에 들어갔을 때, 무문별지가 개발되고 진여를 깨닫게 된다. 여기서 처음으로 소위 깨달음을 여는 것이다. 이때 의식은 묘관찰지妙觀察智를, 말나식은 평등성지平等性智를 실현하게 된다. 그러나 지금까지 거듭 쌓아왔던 무명·번뇌의 아뢰야식 내에 퇴적된 것은 그렇게 간단하게 제거되지 않는다. 묘관찰지나 평등성지도 수행 중에서만 일어날 뿐, 일상생활에서는 또한 번뇌에 얽매어 멈추지 않을 것이다. 거기서 더 나아가 수행을 해가는 것이 십지의 단계이다. 이 중에 제8지에 도달하면 역시 아집은 전혀 현행하지 않게 되며, 저절로 타자의 구제를 위하여 활동하는 것을 멈추지 않게 되는 등, 지금까지와는 상당히 다른 상황으로 되어 간다. 나아가 계속 수행하여 이윽고 부처가 된다. 이것이 41위의 개요이다.

한편 5위란 수행의 전 과정을 다섯 단계로 나누어 보는 것으로,

94

그것은 순서대로 자량위資糧位·가행위加行位·통달위通達位·수습위
修習位·구경위究竟位의 다섯 단계이다. 통달위는 견도見道, 수습위는
수도修道, 구경위는 무학도無學道라 불리기도 한다. 앞의 41위와 대조
해 보면 십주에서 십회향의 거의 대부분이 자량위이다. 십회향의
바로 최종 단계에서 유식관이라는 관법을 닦지만, 그것이 가행위이다.
그리고 십지의 초지, 게다가 거기에 들어간 단계가 통달위 즉 견도이다.
그 뒤 십지의 초지 이후 제10지까지가 수습위 즉 수도이다. 그리고
구경위가 부처에 상당한다. 이 사이 실로 삼대아승기겁의 시간이
걸린다고 간주되는 것이다.

　이하 유식에서 생각하고 있는 보살의 수행 내용에 관해서 살펴보자.
본래 불교의 가르침은 모두 수행으로 집약되어야만 하는 것이며,
그것이야말로 불교의 진수가 있다고 말할 수 있다. 그 의미에서 지금
좀 더 상세하게 살펴보자.

　우선 십주의 초주인 초발심주로 들어가기 위해서는, 52위의 십신과
같은 단계는 없다고 해도, 신信의 수행이 당연 중요하게 된다. 그
시작은 스승을 만나, 책을 집어드는 등 다양하게 있을 수 있지만,
더욱더 신심을 심화시켜 가는 힘이 되는 것은 경론을 듣거나 읽는
것이 중심이 된다. 『섭대승론』은 그들 경론(상세히는 12분교)은 '법계등
류法界等流'의 존재, 즉 진리의 세계로부터 흘러나온 것이라 한다.
이들 경론의 이해는 신해信解라고도 말해지며, 신의 근본에 위치하는
것이다. 『성유식론』(권6)은 이 신(信, śraddhā, 善의 심소유법의 하나)에
관해서 다음과 같이 설명한다.

무엇을 신信의 심소(마음 작용)라고 하는가? 실체와 속성과 작용을 깊이 인정하고 좋아하며 원하여 심왕(마음 주체)을 청정히 하는 것을 본성으로 삼고, 불신不信을 다스리고 선을 좋아하는 것을 업으로 삼는다. 그런데 신의 심소를 구별하면 대략 세 종류가 있다. 첫째는 실체가 있다는 것을 믿는 것이니, 일체법의 참다운 현상과 본질에 대해 깊이 믿어 인정하기 때문이다. 둘째는 속성이 있다는 것을 믿는 것이니, 삼보의 진실되고 청정한 속성을 깊이 믿고 좋아하기 때문이다. 셋째는 작용이 있다는 것을 믿는 것이니, 모든 세간과 출세간의 선에 대한 힘이 있어서 능히 얻고 능히 성취한다고 깊이 믿어 희망을 일으키기 때문이다. 그리하여 그것을 믿지 못하는 마음을 다스리고 세간과 출세간의 선을 닦고 증득하는 것을 즐기고 좋아한다. 인정하는 것은 승해(勝解, 이것은 뛰어난 이해 또는 확실한 이해라는 뜻으로 대상을 살펴서 또렷하게 이해하는 것으로, 예를 들어 어떤 교의가 옳은지(正) 그른지(邪)를 판정하는 마음 작용이다)이니, 이것은 신의 원인이다. 좋아하여 원한다는 것은 욕구이니, 곧 신의 결과이다. 이 신의 심소를 확실히 말하면, 자상이 어떠한가? 어찌 적절하게 말하지 않았던가? 심왕을 청정히 하는 것을 본성으로 한다.[1]

---

1 云何爲信. 於實德能深忍樂欲, 心淨爲性, 對治不信, 樂善爲業. 然信差別略有三種. 一信實有, 謂於諸法實事, 理中深信忍故. 二信有德, 謂於三寶眞淨德中深信樂故. 三信有能, 謂於一切世, 出世善, 深信有力, 能得能成, 起希望故. 由斯對治彼不信心, 愛樂證修世, 出世善. 忍謂勝解, 此卽信因. 樂欲謂欲, 卽是信果. 確陳此信自相是何. 豈不適言心淨爲性.(『성유식론』 권6)

신信은 신인信忍과 신락信樂, 소위 신욕信欲으로 이루어진 것이라
한다. 신인(信忍, abhisampratyaya)이란 실유(astitva) 즉 여러 사상事象이
나 2법(유위법과 무위법이라고 해도 좋다)에 관하여 가르침의 설한 바에
따라 잘 이해하는 것이며, 인忍은 인認이라는 의미와 같다. 이것은
지적인 신해信解이다. 신락(信樂, prasāda)이라는 것은 불·법·승의 삼보
가 순수하게 청정한 덕을 지니고 있는 것(guṇvattva)에 감명을 받고
동경하는 것이다. 신욕(信欲, abhilāsa)이란 불교에서 말해지는 모든
수행이 참으로 본래의 자기실현을 가져오는 힘이 있다는 것(śakyatva)을
생각하여 그 수행으로 들어가려고 뜻을 확고하게 하는 것이다.

이와 같이 신信은 지적인 신에서 시작하고 정적인 신으로 진행하여
결국에는 의지적인 신으로 도달하는 것이다. 지적인 신은 정서적·의지
적 신의 원인이 된다. 역으로 후자의 둘은 그 결과이다. 그렇다면 원인도
결과도 아닌, 신信 그것이란 무엇인가?『성유식론』은 여기서 '마음을
청정하게 하는 것(cetasaḥ prasādaḥ)'이라 설명한다. 어떤 청정한 보석도
탁한 물에 들어가면 그 물을 정화한다고 한다. 그와 같이 이 신의
마음은 스스로도 맑고 또한 다른 심왕·심소도 맑게 하는 것이다. 이와
같은 신이 불도의 근본에서 고찰되는 것이다.

이렇게 신을 성취하고 결정하면 보리심을 일으켜 십주의 초주에
오르게 된다. 이것에 의해 보살로서의 정식적인 수행이 행해지고, 자량
위의 십주·십행·십회향의 수행의 길을 걷고 있는 것이다. 참고로 그
30단계의 이름과 그 간단한 내용을 들어보자. 이것은 전적으로 후카우
라 세이분(深浦正文)의『유식학 연구』하편에 의거한다. 먼저 십주이다.

발심주發心住:

대보리심을 일으켜 십신十信의 행을 닦는 단계이다. (다시 말하면 불도의 진실을 깨닫고 종가입공관從假入空觀을 성취하여 참된 방편으로써 십주심을 일으키며, 십신의 실천을 완성한 원성일심圓成一心의 경지이다.)

치지주治地住:

삼업을 청정하게 다스려 자비를 일체유정에 미치고 모든 공덕을 잘 낳는다. (다시 말하면 항상 공관空觀을 닦아서 마음의 청정함이, 마치 유리 속에 순금을 담은 것처럼 눈부신 경지이다.)

수행주修行住:

뛰어난 진리관을 닦고 최상의 묘한 행을 일으킨다. (다시 말하면 시방의 어느 곳이나 다니며 만선萬善·만행萬行을 닦고 온갖 중생을 교화하는 데 걸림이 없는 경지이다.)

생귀주生貴住:

법계 등류의 정법에 따라 수승한 지해知解를 낳는다. 종성도 또한 존귀한 것이기 때문이다. (다시 말하면 부처의 종성種姓을 이어 여래의 가문에 태어날 수 있는 경지이다.)

방편주方便住:

닦아야 할 선근 모두 유정의 교화를 위해서이며, 그 교화의 방편을 구족한다. (다시 말하면 부처처럼 자리이타自利利他의 방편을 갖추고 중생들을 제도하는 경지이다.)

정심주正心住:

그 마음이 안정되어 다른 비방과 칭찬을 위해 움직이지 않는다. (다시 말하면 용모가 부처와 같을 뿐만 아니라 마음도 똑같아지는 경지이다.)

불퇴주不退住:

삼보·삼세 등의 유무를 말하는 것을 듣지만, 마음은 견고하여 퇴전하지 않는다. (다시 말하면 몸과 마음이 하나 되어 날마다 자라고 물러서지 않는 경지이다.)

동진주童眞住:

삼업이 청정하여 유정세간·기세간을 깨닫고 허위가 아닌(眞) 무구(童)이다. (다시 말하면 그릇된 소견이 생기지 않고 보리심을 파하지 않음이, 마치 동자가 천진하여 애욕이 없는 것과 같아서, 부처의 10신身 영상靈相이 일시에 갖추어진 경지이다.)

법왕자주法王子住:

진제와 속제의 2제를 이해하여 여래가 설한 법을 깨닫고, 부처의 지위를 계승하게 될 법왕자에 이르는 단계이다. (다시 말하면 다음 세상에 부처님의 지위를 이을 지혜가 구족된 경지이다. 발심주에서 생귀

주까지는 입성태入聖胎라 하며, 구족방편주에서 제18 동진주까지는 부처의 상호와 경지를 갖추어 출태出胎하는 것에 비유되는 경지이다.)

관정위灌頂位:

그 수행이 점차 뛰어나고 법왕의 지위를 받아 감내하는 단계이며, 국왕의 즉위식과 유사하다. (다시 말하면 이미 지혜와 자비를 구족하여 부처가 지수智水로써 정수리에 붓는 의식을 행하고, 왕위에 오르는 것처럼 부처로부터 관정을 받고 불위佛位에 오를 수 있는 경지이다.)[2]

이상의 십주위에서는 보살이 그 마음을 불법에 안주해도, 아직 육도(六度, 육도란 보시·지계·인욕·정진·선정·지혜의 6바라밀 수행을 말한다) 등의 수행에서 수승하지 않기 때문에 주住라고 말하지, 행行이라고 말하지 않는다.

다음으로 십행이다.

환희행歡喜行:

대시주가 되어 일체의 법을 잘 희사하고 가행加行·근본根本·후득後得의 삼시에서 후회하지 않고, 명예나 사사로운 이익을 추구하지 않고, 유정을 불쌍하게 여기며 대법을 사모하기 때문에 서로 보는 것이 깊게 환희 공경의 생각을 낳는다. (다시 말하면, 보살이 자신의 모든 소유물을 보시布施하면서, 그 마음이 평등하여 아끼고 후회함이 없으며, 명예와 과보를 바라지 않고, 오직 중생을 이롭게 하고자 함으로써

---

2 십주 ( )의 해석은 『화엄경』 「십주」 참조.

모든 중생을 기쁘게 하는 행이다.)

요익행饒益行:

항상 청정한 계율을 수지하고 오욕에 물들지 않으며, 뭇 악마들을 항복시키고, 일체의 유정을 위해서 위없는 계율을 세워 불퇴지不退地를 얻게 한다. 즉 보살이 청정한 계율을 지녀 대상에 집착하지 않으며 평등한 정법을 얻고자 서원한다. 또한 일체중생들도 위없는 계율에 머물러 무상정등정각無上正等正覺을 얻어 열반에 들게 하는 행이다. (다시 말하면 요익행은 중생들을 이익되게 하는 행이다. 보살이 청정한 계율을 지녀 대상에 집착하지 않으며 평등한 정법을 얻고자 서원한다. 또한 일체중생들도 위없는 계율에 머물러 무상정등정각을 얻어 열반에 들게 하는 행이다.)

무애행無恚行:

항상 인욕을 행하고, 겸양하여 자신을 낮추고 타자를 공경하며, 온화한 얼굴과 사랑스러운 말투로 자타를 해치지 않으며, 몸이 공적하다는 것을 깨닫고, 원수나 적에 대해 잘 인내한다. (다시 말하면 거꾸로 어긋남이 없는 행이다. 보살이 항상 참고 겸손하고 공경하여 자신과 남을 해치지 않고, 자신에게도 남에게도 집착하지 않는다. 극심한 고난을 당하더라도 '나'도 '나의 것'도 모두 없고 공空함을 알아 고통이라는 견해로부터 벗어나 어긋남이 없는 행이다.)

무진행無盡行:

여러 겁의 시간 속에서 여러 가지 심한 고통을 받는다고 해도 상구보리 하화중생上求菩提下化衆生하여 순간순간 멈추지 않는다. (다시 말하면 굽힘이 없는 행이다. 보살이 모든 번뇌를 끊기 위해 한 중생이라도 괴롭게 하지 않으려고 정진精進한다. 이러한 방편으로 일체를 얻게 하는 데 굽힘이 없는 행이다.)

이치난행離癡亂行:

항상 정념에 머물며, 일체법 내지 생사와 입주출태入住出胎에서 치란(癡亂, 어리석음이나 산란)이 없다. (다시 말하면 어리석음과 산란을 여읜 행이다. 보살이 바른 생각을 성취하여 마음이 산란하지 않고 견고하여 미혹이 없다. 이로써 세간과 출세간의 일을 잘 알고 무한한 세월 동안 불보살에게서 정법을 듣고 항상 기억하며 셀 수 없는 삼매를 얻어 어리석음과 산란을 여읜 행이다.)

선현행善現行:

제법에 성상性相이 없다고 잘 알고, 삼업三業의 적멸에 구속되지 않고 집착하지 않으며 게다가 중생의 서원을 따라 교화하여 제도한다. (다시 말하면 잘 드러내는 행이다. 보살이 몸과 입과 생각으로 짓는 업業이 청정하여 얻을 것 없는 곳에 머물러서, 얻을 것 없는 몸과 말과 생각의 업을 잘 드러내 보이고, 이 세 업이 공한 줄 알아 얽매임이 없는 행이다.)

무착행無着行:

여러 국토를 거쳐서 부처를 공양하고 불법을 구하여 법등法燈을 전하는 중생을 제도하여 마음으로 염족(厭足, 싫어하거나 좋아하는 마음)이 없으며, 게다가 모든 법의 적멸을 깨닫고 일체에 있어 집착하는 바가 없다. (다시 말하면 집착이 없는 행이다. 보살이 집착이 없는 마음으로 생각마다 한량없는 세계를 청정하게 장엄하면서도 그 세계에 집착하는 마음이 없고, 생각에 한량없는 부처님을 뵙지만 부처님에 집착하는 마음이 없으며, 광명과 설법과 보살대중에 집착하는 마음이 없어서 마음에 장애가 없는 행이다.)

존중행尊重行:

선근 지혜 등을 존중하고 자리이타의 행에서 우선 수습한다. (다시 말하면 얻기 어려운 행이다. 보살이 얻기 어려운 선근善根 등을 성취하여, 모든 행을 닦을 때 가장 뛰어난 이해를 얻고, 보살행에 조금도 게으름이 없어 사악한 중생들이 가득한 세계야말로 보살행을 닦을 만한 곳이라고 생각하는 얻기 어려운 지혜를 성취하는 행이다.)

선법행善法行:

사무애해四无涯解·다라니문多羅尼門·제선혜법諸善慧法을 얻고 중생을 위해 정법을 잘 수호하고 불종(佛種, 부처될 씨앗)을 끊어지지 않게 한다. (다시 말하면 보살이 일체중생을 위해 바른 법을 거두어 지녀서 부처님의 씨가 끊어지지 않게 하고, 청정한 광명 다라니를 얻어 법을 설하는 데 솜씨가 뛰어나 모든 중생들을 갖가지 설법으로 교화하여 제도하는 행이다.)

진실행眞實行:

제1의제를 성취하고 모든 부처의 진실한 가르침을 획득하고, 말과 행동이 상응하여 색깔과 (색깔을 인식하는) 마음 모두 순응한다. (다시 말하면 보살이 진실된 말을 성취하여 말한 대로 행하고 행한 대로 말함으로써 부처님의 열 가지 힘[十力]을 얻고서도 일체중생을 교화하기 위하여 보살행을 버리지 않는 행이다.)[3]

다음으로 십회향이다.

구호중생이중생상회향救護衆生離衆生相廻向:

육도(六度, 육바라밀)·사섭(四攝, 布施·愛語·利行·同事) 등의 행을 닦아 일체유정을 구제하여 껴안고 생사의 고통을 벗어나 열반의 즐거움을 얻게 하는 것을 '구호중생'이라고 하며, 나아가 원수나 친한 사람을 평등하게 보는 관에 들어가 유정에 있어 원수와 친구의 차별의 형상을 보지 않는 것을 '이중생상'이라고 한다. (즉 육도·사섭 등을 행하여 일체중생을 구호救護하고 원친怨親 없이 평등하게 대하는 것이다.)

불괴회향不壞廻向:

삼보에서 불괴(不壞, 무너지거나 붕괴되지 않는 것)의 신심을 얻고

---

3 십행 ( )의 해설은 한국민족문화대백과사전 참조.

모든 선을 지니는 것에 의해 유정에게 회향하여 선한 이익을 얻게 한다. (즉 삼보三寶에 대하여 부서지지 않는 신심을 얻고, 이것을 선근善根 중생에게 선리善利를 획득케 하는 것이다.)

등제불회향等諸佛廻向:

삼세제불의 생사에 집착하지 않고, 보리를 떠나지 않은 성인의 행위(聖行)를 배워 회향의 일을 닦는다. (즉 삼세三世의 부처가 회향한 바와 동등하게 생사에 집착함이 없이 깨달음을 향하여 수행하고 중생을 구제하는 것이다.)

지일체처회향至一切處廻向:

일체 수행하는 선근을 되돌려 삼보를 공양하고 유정을 이익으로 이르지 않을 수 없는 것, 마치 진여의 처소로서 없는 것과 같다. (즉 회향하는 힘으로 수행한 선근을 가지고 널리 일체의 삼보와 중생이 있는 곳에 나아가, 그들을 공양하고 이익되게 하는 것이다.)

무진공덕장회향無盡功德藏廻向:

참회에 의해 일체의 업장을 떠나, 여러 여래와 일체유정이 소유한 선근을 따라 기뻐하고 그 공덕을 회향하여 모든 부처님의 정토를 장엄하고 항상 불사를 지어 여러 공덕을 구족하여 무진의 선근을 얻는다. (즉 다함이 없는 일체의 공덕으로 이것을 기쁘게 따르고 회향하여, 불사佛事를 행하고, 그것으로 무진공덕의 선근을 믿는 것이다.)

수순일체견고선근회향隨順一切堅固善根廻向:

수족手足·신명身命·처자妻子·진보珍寶 등의 내외의 재화를 가지고 유정에게 시여하고, 모든 고통을 당하는 자를 보고서는 몸으로써 대신하고, 게다가 견고한 자성의 공덕에 잘 안주한다. 이 선근을 회향하여 일체유정을 구제하고 대지혜를 얻고 고뇌를 멸제하게 한다. (즉 일체의 선근을 증장시켜, 이를 회향하여 일체중생을 이익되게 하는 것이다.)

등심수순일체중생회향等心隨順一切衆生廻向:

일체의 선근을 증장하여 인욕의 힘(忍力)에 안주하고, 악취의 문을 닫고 길이 여러 가지 전도를 떠나 소행에 집착하지 않고, 그 선근을 전부 회향하여 유정을 위해 공덕장이 되어 널리 유정을 구제하는 것이 평등하여 차이가 없다. (즉 일체의 선근을 증장시켜, 이를 회향하여 일체중생을 이익되게 하는 것이다.)

여상회향如相廻向:

정념正念·정지正知를 성취하고 부동에 안주하여 적연하여 어지럽지 아니하며, 일체 평등한 정법에 어긋나지 않으며, 닦아야 할 선근 전부를 진여에 수순하여 회향한다. (즉 진여의 참된 마음에 따라 이루어진 여러 가지 선근을 회향하는 것이다.)

무착무박해탈심회향無着無縛解脫心廻向:

껴안은 선근에 모든 집착과 구속을 떠나 집착 없는 해탈의 마음을 가지고 회향하여 유정을 요익한다. (즉 일체의 법에 집착과 속박됨이 없이 해탈심을 얻어, 그것으로 선법善法을 회향하여, 보현普賢의 행을 행하여 일체의 덕을 갖추는 것이다.)

입법계무량회향入法界無量廻向:

대법사의 기별을 얻고 다른 유정을 설법하여 교화하고, 세간을 장엄하고 청정하게 하여 지혜 등을 낳는 것이 무량하여, 허공과 같이 모든 선근을 회향하여 법계와 평등하게 하기 때문이다. (즉 다함이 없는 일체의 선근을 수습하여, 이것을 회향하여 무한한 진리의 세계에 들어가고자 하는 것이다.)[4]

이상 십주·십행·십회향 수행의 극히 개요만을 기술해 보았다. 이들 명칭이나 간략한 설명에서 곧 그 수행의 특징이 알려지는 것은 아니지만, 무엇인가 비슷한 것도 있을 것이다.

위에서 기술한 30위는 5위의 수행의 도정 중에서는 자량위에 상당하는 것이었지만, 한편 그 전체를 종합하여 자량위의 수행으로 보는 경우, 그 내용은 육바라밀六波羅蜜이나 삼십칠보리분법三十七菩提分法, 나아가 사섭사(四攝事, 보시·애어·이행·동사)나 사무량(四無量, 자·비·희·사) 등의 복福·지智의 2행 및 무량의 자리·이타의 행이라는 것이 된다.

이 가운데 37보리분법이란

---

4 십회향 ( )의 해설은 『화엄경』 「십회향」 참조.

사념처(四念處, 신·수·심·법에 관해서 부정·고·무상·무아라고 본다)[5]

---

5 사념처는 다음과 같다. ①신념처身念處: 사념처의 첫 번째인 신념처란 '몸'에 대해 주의력을 불러일으켜 그것을 지속시켜 나감으로써 몸의 움직임을 면밀히 주시하거나, 시체 등이 썩어가는 모습을 보면서 부정不淨을 연상하여 몸에 대한 애착을 제어하고 다스리는 수행을 말한다. 여기에 '호흡의 주시'를 비롯해서 모두 9가지 또는 14가지 종류의 관찰 대상이 제시되어 있다. 즉, '호흡·신체 동작·행동·32가지 신체요소·사대四大·시체의 부패·시체가 썩어 없어짐·갖가지 뼈의 모습·흩어진 갖가지 뼈의 모습 등이다. 이들 신념처의 하나하나를 수행하는 과정에 대해 니까야에서는 다음과 같은 내용을 하나의 상용구로 제시하고 있다. "이와 같이 몸에서 몸을 안으로 따라가며 관찰하여 머무르고, 몸에서 몸을 밖으로 따라가며 관찰하여 머무르며, 몸에서 몸을 안팎으로 따라가며 관찰하여 머무른다. 몸에서 발생하는 현상을 따라가며 관찰하는 자로 머물거나, 몸에서 소멸하는 현상을 따라가며 관찰하거나, 몸에서 생성·소멸하는 현상을 관찰하는 자로 머문다." 이 내용은 다음의 수념처受念處·심념처心念處·법념처法念處의 설명에서도 동일한 서술이 나타나기 때문에, 사념처 수행의 면모를 이해하는 데 하나의 지침을 제공하고 있다.

②수념처受念處: 수념처는 감각기관에 의해 발생하는 '느낌'에 대해 주의를 기울여 그것의 정체를 있는 그대로 분명하게 인지하는 것을 말한다. 여기에서도 모두 아홉 가지 종류가 제시된다. 즉, '즐거운 느낌·괴로운 느낌·즐겁지도 괴롭지도 않은 느낌·육체적인 즐거움·정신적인 즐거움·육체적인 괴로운 느낌·정신적인 괴로운 느낌·즐겁지도 괴롭지도 않은 육체적인 느낌·즐겁지도 괴롭지도 않은 정신적인 느낌'이다. 따라서 수념처는 마음에서 괴로움을 느끼게 되는 지점을 인지하는 연습을 통해서 괴로움의 정체를 제대로 파악하려는 목적을 지니고 있다.

③심념처心念處: 심념처는 순간순간 마음에 생겨난 갖가지 상태를 그때그때 그대로 정확히 인지할 것을 제시하고 있는데, 그 대상은 모두 열여섯 가지에 이른다. 즉, '탐욕이 있는 마음·탐욕이 없는 마음·성냄이 있는 마음·성냄이 없는 마음·어리석음이 있는 마음·어리석음이 없는 마음·침체된 마음·산만한 마음·커진 마음·

사정근(四正勤, 아직 생기지 않은 악을 생기게 하지 않는다·이미 생긴 악을 소멸한다·아직 생기지 않는 선을 생기게 한다·이미 생긴 선을 증장한다)⁶

커지지 않은 마음·위가 있는 마음·위없는 마음·집중된 마음·집중이 안 된 마음·벗어난 마음·벗어나지 못한 마음'이 이에 해당한다. 여기서는 변화무쌍하게 마음속에서 전개되는 갖가지 양상이 어떻게 발생하고 소멸하는지를 관찰함으로써 마음 상태에서 '늘 그러하지 않음(無常)'을 발견해 내는 능력의 갖춤을 지향하는 것이다.

④법념처法念處: 법념처의 내용으로는 다섯 가지가 제시된다. 즉, 오개五蓋·오온五蘊·육입처六入處·칠각지七覺支·사성제四聖諦이다. 그런데 '법(法, dhamma)'은 매우 다의적인 용어이지만 여기서는 주의력을 불러일으켜 관찰하는 대상, 즉 감관感官대상으로서의 '현상 또는 존재'에 해당한다. 즉, 마음속에 인지되는 감관 대상이 마음에 어떠한 움직임을 낳게 되는지를 관찰하는 수행으로서의 면모를 지니고 있는 것이다. 그런데 칠각지나 사성제는 그 자체가 하나의 실천수행에 해당하므로 법념처는 그 밖의 실천 수행도를 종합하고 있는 구조를 갖추고 있다. 법념처는 '현상 또는 존재' 속에서 '독자적으로 존재하는 자아가 없음(無我)'의 지혜를 터득하는 것이 목적이 된다. (한국민족문화대백과사전 참조)

6 초기경전에 붓다는 스스로를 정진을 주장하는 자(精進論者)라고 하였다. 노력을 중시한다는 의미이다. 노력 없이는 아무것도 이룰 수 없기 때문이다. 사정단(=사정근)은 막으려는 노력, 끊어 내려는 노력, 계발하려는 노력, 유지하려는 노력이다. 초기경전에서 다음과 같이 정의하고 있으며, 이 정의는 부파불교와 대승불교에도 계승되어 있다. "비구들이여! 여기 비구는 아직 일어나지 않은 사악하고 해로운 법(不善法)들을 일어나지 못하게 하기 위해 열의를 생기게 하고 정진하고 힘을 내고 마음을 다잡고 애를 쓴다. 이미 일어난 사악하고 해로운 법들을 제거하기 위해서 열의를 생기게 하고 정진하고 힘을 내고 마음을 다잡고 애를 쓴다. 아직 일어나지 않은 유익한 법(善法)들을 일어나게 하기 위해서 열의를 생기게 하고 정진하고 힘을 내고 마음을 다잡고 애를 쓴다. 이미 일어난 유익한 법들을 지속시키고 사라지지 않게 하고 증장시키고 충만하게 하고 닦아 성취하기 위해 열의를

사여의족(四如意足, 욕·정진·심·사유)⁷

오근(五根, 신·근勤·념·정·혜)⁸

생기게 하고 정진하고 힘을 내고 마음을 다잡고 애를 쓴다. 비구들이여, 이러한 네 가지 바른 노력이 있다."(DN III, 221; MN II, 11; SN V, 244; AN II, 15; IV 462; Vibh 208) 한역 『아함경』에서 사정단은 단단(斷斷, pahānappadhāna)·율의단 (律儀斷, saṃvarappadhāna)·수호단(隨護斷, anurakkhaṇappadhāna)·수단(修斷, bhavānappadhāna)으로 제시된다. "세존이 비구들에게 말했다. 네 가지 바른 노력이 있다. 어떤 것이 넷인가? 첫째, (이미 생긴 악법을) 끊어내려는 노력이다. 둘째, (아직 생기지 않은 악법을) 삼가려는 노력이다. 셋째, (이미 생긴 선법을) 보호하려는 노력이다. 넷째, (아직 생기지 않은 선법을) 닦으려는 노력이다(世尊告 諸比丘. 有四正斷, 何等爲四. 一者斷斷, 二者律儀斷, 三者隨護斷, 四者修斷)"(T99.02. 0221a10-12) 사정단은 37가지 깨달음을 돕는 덕목(三十七助道品)의 한 범주이며, 팔정도의 바른 노력(正精進)의 내용이기도 하다. 대승불교의 육바라밀에서 정진바 라밀로 제시되었고, 선불교禪佛敎에서는 크게 분발하는 마음(大憤心)으로 제시되 었다. (한국민족문화대백과사전 참조)

7 37조도법의 세 번째 실천수행법으로, 욕欲여의족·정진精進여의족·심心여의족·사 유思惟여의족이다.

8 불교에서 오근(pañcendriya)은 크게 두 가지 의미가 있다. 첫째는 시각·청각·후 각·미각·촉각 등의 식識이 발생하게 되는 근거로서의 오근이니, 즉 안근(眼根, cakṣurindriya)·이근(耳根, śrotrendriya)·비근(鼻根, ghrāṇendriya)·설근(舌根, ji-hvendriya)·신근(身根, kāyendriya)을 말한다. 『아비달마구사론阿毘達磨俱舍論』에 따르면, 이들 오근은 네 가지 측면에서 뛰어난 힘을 지닌다. 첫째는 몸을 꾸며 주고, 둘째는 몸을 이끌어 주고, 셋째는 식識을 생기게 하고, 넷째는 다른 기관과 공유하지 않는 특별한 기능을 가졌다는 점이다. 안근과 이근을 예로 들면, 첫째 는 눈과 귀가 있어야 몸이 제 모습을 갖추게 된다는 것이고, 둘째는 눈과 귀로 보고 들어야 험난한 곳을 피할 수 있다는 것이고, 셋째는 눈과 귀를 통해 안식眼識 과 이식耳識이 성립한다는 것이고, 넷째는 눈은 보고 귀는 듣는 것처럼 눈과 귀가 각각 특별한 기능을 가진다는 것이다. 비근·설근·신근 역시 향과 맛과

오력(五力, 오근의 증장)[9]

칠각(七覺, 염각지·택법각지·정진각지·희각지·정각지·사각지)[10]

촉감을 대상으로 취하여 각각 비식鼻識·설식舌識·신식身識을 성립시키는 뛰어난 힘을 지니고 있다. 불교의 한 부파인 설일체유부說一切有部는 근을 물질로 이루어진 부진근扶塵根과 미묘한 능력을 지닌 승의근勝義根으로 구분하였다. 이에 따르면, 안근은 단지 눈동자와 같은 물질을 가리키는 것이 아니라 안식眼識을 발생시킬 수 있는 미묘한 작용을 가리키는데, 이는 광명이 차단됨이 없는 맑고 투명한 색色으로 만들어진다. 두 번째로 오근은 오무루근五無漏根을 지칭한다. 무루근이란 번뇌를 제거하고 깨달음으로 향하게 하는 뛰어난 작용이라는 의미로, 신근(信根, śraddhendriya)·진근(進根, vīya-indriya)·염근(念根, smṛtīndriya)·정근(定根, samādhīndriya)·혜근(慧根, 梵 prajñendriya)으로 구성된다. 신근은 불·법·승의 삼보三寶와 사성제四聖諦 등의 도리를 믿는 것이다. 정진근은 근근勤根이라고도 하며, 용맹한 마음으로 선한 법을 닦는 것이다. 염근은 바른 가르침을 항상 잊지 않고 기억하는 것이다. 정근은 마음을 하나의 대상에 집중하여 산란하지 않게 하는 것이다. 혜근은 선정으로 생겨난 지혜를 통해 진리를 있는 그대로 깨닫는 것이다. 이들 다섯 가지는 모든 선한 법을 발생시키는 데 있어 뛰어난 힘을 가지므로 오근이라고 칭한다. 이는 또한 삼십칠조도품(三十七助道品: 열반에 들기 위해 실천해야 할 37개 항목) 가운데 하나에 속한다. (한국민족문화대백과사전 참조)

9 오력은 오신력五信力이라고도 한다. 이것도 성도聖道를 발생하게 하는 신력·정진력·염력·정력·혜력을 말한다. 이 오력은 앞의 오근에서 나타난 힘이며 작용이다. ①신력信力은 여래에 대해 청정한 믿음(淨信)을 갖고 물러나지 아니함이다. ②정진력精進力은 선을 짓고 악을 물리치기 위해 부지런히 힘쓰는 것이다. ③염력念力은 사상思想을 바로 갖고 나쁜 생각을 버리는 것이다. ④정력定力은 선정禪定을 닦아 어지러운 생각을 없게 하는 것이다. ⑤혜력慧力은 지혜를 닦아 불교의 진리인 사성제四聖諦를 깨닫는 것이다. (한국민족문화대백과사전 참조)

10 초기경전에서 깨달음은 세 가지 번뇌(삼루三漏: 감각적 욕망의 번뇌, 존재의 번뇌, 무지의 번뇌)가 소멸한 상태, 최상의 지혜, 아라한의 깨달음, 열반, 갈애의 소멸을

팔정도(八正道, 정견·정사유·정어·정업·정명·정정진·정념·정정)[11]

───────

말한다.(『상윳따 니까야』「비구경」,「뾰족지붕경」,「병경」,「갈애의 소멸경」) 대승불교의 깨달음은 붓다의 완전한 지혜를 의미한다. 이 깨달음에 도달하기 위한 7가지 방법으로 칠각지가 제시된다. ①염각지念覺支는 마음챙김이라는 깨달음의 구성요소이다. 염(念, sati, smṛti)은 몸, 느낌, 마음, 법의 네 가지 마음챙김의 확립(四念處)을 의미한다. ②택법각지擇法覺支는 온갖 현상인 법을 분명하게 구별하는 지혜를 말한다. ③정진각지精進覺支는 네 가지 노력(四正勤)을 말한다. ④희각지喜覺支는 수련을 해서 경험하는 마음의 기쁨을 의미한다. ⑤경안각지輕安覺支는 수련을 통해 몸과 마음이 평안해진 상태이다. ⑥정각지定覺支는 마음이 한곳에 잘 집중된 상태이다. ⑦사각지捨覺支는 경험하는 모든 현상에 대해서 마음이 평정한 상태이다. 7가지 구성요소는 각각 앞의 구성요소가 다음에 오는 구성요소를 일으키게 한다. 이 가운데 마음을 고요하게 하는 구성요소는 경안각지, 정각지, 사각지의 세 요소이고, 마음을 활기차게 하는 요소는 택법각지, 정진각지, 희각지의 세 요소이며, 염각지는 항상 유익하다.(SN46:53 불〔火〕경, 『청정도론』1권, 353쪽 이하)「호흡에 대한 마음챙김 경」(MN 118)에서는 호흡에 대한 마음챙김(入出息念)을 닦으면, 네 가지 마음챙김의 확립(사념처)를 완성하고, 네 가지 마음챙김의 확립을 완성하면, 일곱 가지 깨달음의 구성요소(칠각지)를 완성하며, 일곱 가지 깨달음의 구성요소를 완성하면, 지혜와 해탈을 이룬다고 한다. (한국민족문화대백과사전 참조)

11 팔정도는 정견正見·정사유正思惟·정어正語·정업正業·정명正命·정념正念·정정진正精進·정정正定을 말한다. 우리나라의 불교는 대승불교권에 속하지만, 불교를 믿는 사람은 무엇보다도 먼저 이 팔정도에 의하여 수행하고 생활하도록 되어 있다. 이 팔정도는 팔지성도八支聖道라고도 하며, '8개의 부분으로 이루어진 성스러운 도道'라는 의미이다. 이 도는 팔리어로 막고(maggo)라는 단수형으로 표시되는데, 이는 8개의 것이 하나의 성스러운 도의 각 부분을 구성하고 있고, 8개 가운데 하나가 실천되면 다른 7개가 그 하나에 포함되어 동시에 행해진다는 상섭相攝 관계에 있기 때문이다. 팔정도는 사성제(四聖諦: 네 가지의 성스러운 진리. 즉, 苦·集·滅·道) 중 하나인 도제道諦의 구체적인 내용으로 설명된 것이다.

팔정도는 욕락과 고행 등의 극단을 떠난 중도中道이며, 올바른 깨침으로 인도하기 위한 가장 합리적인 올바른 방법으로 되어 있다. 이 팔정도는 중정中正·중도中道의 완전한 수행법이므로 정도正道, 성인의 도이므로 성도聖道, 8종으로 나누었으므로 지支, 또는 분分이라 한다. 그 하나하나를 보면 다음과 같다. (1) 정견正見은 바른 견해이며, 불교의 바른 세계관과 인생관으로서의 인연과 사제에 관한 지혜이다. 그러나 아직도 이 지혜를 확립하지 않은 자에게는 바른 신앙으로 나타난다. 그리고 일상생활에서도 어떤 사업을 하는 경우의 전체적인 계획이나 전망이 정견에 해당된다. (2) 정사유正思惟는 몸과 말에 의한 행위를 하기 전의 바른 의사 또는 결의를 가리킨다. 출가자라면 출가자다운 유화(柔和, 부드러운 조화)와 자비와 충정의 마음으로 사념사유(思念思惟, 바르게 기억하고 바르게 생각함)하는 일이다. 일반 사회에서도 자기의 처지를 언제나 바르게 생각하고 의지를 바르게 갖는 것이 정사유이다. (3) 정어正語는 정사유 뒤에 생기는 바른 언어적 행위이다. 망어(妄語, 거짓말)·악구(惡口, 나쁜 말)·양설(兩說, 이간질하는 말)·기어(綺語, 속이는 말)를 하지 않고, 진실하고 남을 사랑하며 융화시키는 유익한 말을 하는 일이다. (4) 정업正業은 정사유 뒤에 생기는 바른 신체적 행위이다. 살생·투도·사음을 떠나서 생명의 애호, 시여자선(施與慈善, 자비로 베풂), 성도덕을 지키는 등의 선행을 하는 일이다. (5) 정명正命은 바른 생활이다. 이것은 바른 직업에 의하여 바르게 생활하는 것이지만 일상생활을 규칙적으로 하는 것이기도 하다. 수면·식사·업무·운동·휴식 등에서 규칙적인 생활을 함으로써 건강이 증진되고 일의 능률도 향상되며, 경제생활과 가정생활이 건전하게 수행되는 것이다. (6) 정정진正精進은 용기를 가지고 바르게 노력하는 것이다. 정진은 이상을 향하여 노력하는 것이며, 그것은 종교·윤리·정치·경제·육체 건강상의 모든 면에서 이상으로서의 선善을 낳고 증대시키되, 이에 어긋나는 악을 줄이고 제거하도록 노력하는 것을 가리킨다. (7) 정념正念은 바른 의식을 가지고 이상과 목적을 언제나 잊지 않는 일이다. 그리고 일상생활에서도 맑은 정신으로 세상을 살아가되 무상(無常, 모든 것은 항상하지 않고 변화함)·고(苦, 모든 것은 불완전하여 괴로움)·무아(無我, 나라는 실체가 없음) 등을 언제나 염두에 두고 잊지 않는 일이다. (8) 정정正定은 정신통일을 말하며 선정禪定을 가리킨다. 깊은 선정은 일반인으로라고 하는 것으로, 지금은 설명을 생략하지만 그 모두 깨달음의 지혜를 이끄는 수행으로 간주되는 것이다. 나아가 뭐라고 해도 육바라밀은 대승불교 전체의 가장 기초적인 수행으로서 중요한 것이다. 이하 이 육바라밀에 관해 『섭대승론』의 설명을 들고자 한다.

> 이 여러 바라밀다의 차별은 무엇이라 보아야만 하는가? 하나하나 에 각각 3품이 있다는 것을 반드시 알아야만 한다.
>
> 보시의 삼품이란 첫째 법시法施, 둘째 재시財施, 셋째 무외시無畏施 이다.
>
> 계율의 삼품이란 첫째 율의계律儀戒, 둘째 섭선법계攝善法戒, 셋째 요익유정계饒益有情戒이다.
>
> 인욕의 삼품이란 첫째 내원해인耐怨害忍, 둘째 안수고인安受苦忍, 셋째 제찰법인諦察法忍이다.

서는 얻을 수 없는 것이라고 하더라도 일상생활에서도 마음을 안정시키고 정신을 집중하는 것은 바른 지혜를 얻거나 지혜를 적절하게 활용하기 위해 필요하다. 명경지수明鏡止水와 같이 흐림이 없는 마음과 무념무상과 같은 마음의 상태는 정정이 진전된 것이다. 여기서 정견은 나머지 일곱을 달성하기 위한 조건이다. 그리고 팔정도는 여덟 가지 항목이지만, 이것은 하나의 성도를 이루는 각 부분이 며, 여덟 가지는 일체로서 유기적으로 결합되어 있기 때문에 별개의 것이 아니다. 또한 팔정도를 계戒·정定·혜慧 삼학과 관계 지어 보면 정견과 정사유는 혜이며, 정어·정업·정명은 계이며, 정정진은 삼학에 공통되고, 정념·정정은 정과 관계 지을 수 있다. 곧 부처님의 최초의 법문은 이것을 설한 것이며, 4제·12연기와 함께 불교의 기본적 근본 교의가 되는 것이다. 이 팔정도는 중생을 미혹세계인 이곳에서 깨달음의 세계인 피안으로 건네주는 힘을 가지고 있어 선船이나 뗏목 (筏)으로 비유되기도 한다. (한국민족문화대백과사전 참조)

정진의 삼품이란 첫째 피갑정진被甲精進, 둘째 가행정진加行精進,
셋째 무겁약無怯弱·무퇴전無退轉·무희족정진無喜足精進이다.
정려의 삼품이란 첫째 안주정려安住靜慮, 둘째 인발정려引發靜慮,
셋째 성소작사정려成所作事靜慮이다.
지혜의 삼품이란 첫째 무분별가행혜無分別加行慧, 둘째 무분별혜無
分別慧, 셋째 무분별후득혜無分別後得慧이다.[12]

대체로 내용이 어려우리라 생각하지만, 정려(禪定)의 세 번째인
성소작사정려成所作事靜慮란 '중생 이익을 위해 기근·병역 등을 선정을
가지고 소멸하는 것'이라고 한다.

『성유식론』에는 이 자량위 수행의 소위 추진력으로 인因·선우善友·
작의作意·자량資糧의 4종의 승연력勝緣力이 있다고 설해진다. 인因이
라고 하는 것은 깨달음의 지혜 종자에 해당하는 것(본성주종성·습소성종
성)이란 의미이며, 역시 이것이 있음으로써 수행에로 나아가는 것이
다. 선우(善友, 선지식)는 오히려 부처이기도 하지만, 자기 자신을
인도해 주시는 분이라는 의미일 것이다. 작의作意란 불교에 대한 깊은
요해의 의미라고 말해도 좋다. 그리고 적어도 수행하여 자량資糧을
축적해 가는 것이, 그 뒤의 길을 걸어가는 버팀목이 된다.

---

12 此諸波羅蜜多差別云何可見. 應知一一各有三品. 施三品者, 一法施, 二財施, 三無
畏施. 戒三品者, 一律儀戒, 二攝善法戒, 三饒益有情戒. 忍三品者, 一耐怨害忍,
二安受苦忍, 三諦察法忍. 精進三品者, 一被甲精進, 二加行精進, 三無怯弱, 無退
轉, 無喜足精進. 靜慮三品者, 一安住靜慮, 二引發靜慮, 三成所作事靜慮. 慧三品
者, 一無分別加行慧, 二無分別慧, 三無分別後得慧.(『섭대승론본』 권2)(이 번역과
『성유식론』 번역은 불교기록문화유산 아카이브-동국대 불교학술원 참조)

그러나 이 초심의 단계에서 아직 수행에 계속 매진한다는 것은 반드시 가능하지 않고, 자주 미혹함이나 망설임도 생겨 발걸음은 불안하다. 이때 마음을 강하게 보존하는 것이 중요하다. 정신적인 강함 없이 불도 수행을 담당할 수 없지만, 누구나 정신적으로 강하지는 않다. 그런데 마음을 연마하는 세 개의 방법이 제시된다. 삼종연마심(三種錬磨心, citta uttāpana)이라 불리는 것인데,『성유식론』(권9)에 다음과 같이 기술한다.

이 지위에서는 두 가지 장애를 아직 조복하고 제거하지 못하므로 뛰어난 수행을 닦을 때 세 가지 퇴굴심(退屈心, 물러나거나 비굴해하는 마음)이 있긴 하지만, 세 가지 일로써 그 마음을 연마함으로써 닦고 증득한 것에 대해 용맹으로써 퇴전(退轉, 후퇴하여 뒤로 굴러간다)하지 않는다. 첫째, 최고의 바른 깨달음은 광대하고 심원하다는 말을 듣고 마음이 문득 퇴굴할 때, 남이 이미 대보리를 증득한 것을 상기하고 자기 마음을 연마하여 용맹심으로써 퇴전하지 않는다. 둘째, 보시 등 바라밀행은 닦기가 매우 어렵다는 말을 듣고 마음이 문득 퇴굴할 때, 자신의 의지에 능히 보시 등을 닦고자 즐거워한 것을 회상하고 자기 마음을 연마하여 용맹심으로써 퇴전하지 않는다. 셋째, 부처님의 원만한 전의는 증득하기가 매우 어렵다는 말을 듣고 마음이 문득 퇴굴할 때, 타인이 드러나는 선행을 상기하고 자신의 승묘한 수행을 비교하고 자기 마음을 연마하여 용맹으로써 퇴전하지 않는다. 이러한 세 가지 일에 의해 그 마음을 연마하여 여러 뛰어난 수행을 견고하고 치열하게 닦

는다.[13]

우선 무상정등보리無上正等菩提를 성취하는 것은 대단한 일이라 듣고 멈추어 버릴 때, 그것을 완성한 다른 사람이 있으니, 자기 자신도 같은 인간이 아닌가라고 생각하여 앞으로 나아간다. 다음으로 보시 등의 수행은 곤란한 길이라고 듣고 멈추어 버릴 때, 다시 한 번 마음에 자신의 의사를 반복해 묻고 본심을 확인하여 앞으로 나아간다. 나아가 불신佛身이 되는 것은 극히 어렵다고 듣고서 멈추어 버릴 때, 다른 선행에 비교하여 자기 자신이 닦아가는 수행은 이 위없이 훌륭한 것이기 때문이라고 생각하여 앞으로 나아간다. 이와 같이 자기의 마음을 연마하여 곤란한 불도를 계속해 걸어가는 것이다.

이들 수행에 의해 충분히 심경心境이 경작되고 깊어져 십회향의 최종단계에까지 왔을 때, 깨달음의 지혜를 듣기 위한 조건도 갖추어져 다음의 가행위의 수행으로 들어가는 것이다.

가행위에 들어가면 여기서는 앞에서도 언급한 바와 같이 유식관이라는 관법을 집중적으로 닦아간다. 이 관법은 지관행이며 마음을 통일한 선정 중에서 관찰해 가는 것이다. 육바라밀의 뒤의 둘은 선정과 지혜인 것처럼, 불교의 수행은 무릇 이 지관행에서 끝나는 것이다. 선종의

---

13 此位二障雖未伏除, 修勝行時有三退屈, 而能三事練磨其心, 於所證修勇猛不退.
一聞無上正等菩提廣大深遠心便退屈, 引他已證大菩提者練磨自心, 勇猛不退.
二聞施等波羅蜜多甚難可修心便退屈, 省己意樂能修施等練磨自心, 勇猛不退.
三聞諸佛圓滿轉依極難可證心便退屈, 引他麤善況己妙因練磨自心, 勇猛不退.
由斯三事練磨其心堅固熾然修諸勝行.(『성유식론』권9)

좌선도 또한 그 하나이다.

　지관행의 내용은 종파에 따라 다르지만, 유식에서는 실로 유식관이라는 관법을 행한다. 그렇지만 그 내용은 언어와 존재의 관계를 확인해 가는 과정에서 주관·객관의 2원 분열의 구조를 간파하고, 그 2원 대립의 상태를 떠나 진실한 자기, 진실한 생명을 자각하는 것이다. 이 유식관은 네 개의 단계에 의해 구성된다. 그것은 사심사四尋伺·사여실지四如實智라는 호칭으로 불린다. 이 내용에 관해서는 뒤에 선의 수행과 대비시켜서 검토해 보자.

　하여튼 이 지관행의 마지막에는 유식이라는 이해조차 초월해 간다. 대상적으로 파악한 것이 일체 일소一掃된 곳에서 주관·객관의 2원 대립을 초월한 지평에 도달하는 것이다. 그 결과 무분별지가 일어나며 진여를 체득하는 것이다. 또한 이 가행위의 난煖·정頂·인忍·세제일법世第一法의 4단계의 지관행을 사선근四善根이라 부른다.

　그런데 통달위, 즉 견도에서는 우선 무분별지(nirvikalpa jñāna)라 불리는 직각적인 깨달음의 지혜가 일어나고 진여를 체득한다. 그 지혜에는 견분만이 존재하며 상분은 없다. 무분별지에 대해 대상이 되는 진여는 이 무분별지에 끼어들어 그 직각直覺이 성립한다고 한다. 그 뒤 곧 후득지(後得智, pṛṣṭhalabdha jñāna)라는 분석적 지혜가 생긴다. 이 지혜에는 상분·견분이 갖추어져 있고 대상의 의미나 위치에 관해 적절하게 인식하고 있는 것이다.

　이 견도는 십지의 입심入心의 지위라 간주된다. 십지의 각지에는 입심入心·주심住心·출심出心의 3단계가 있지만, 견도는 초지의 입심뿐이며, 그 주심 이후는 수습위 즉 수도의 수행의 단계가 되는 것이다.

118

여기서 또한 십지의 명칭과 내용을 앞에 따라 제시해 보면 다음과
같다.

극희지極喜地:

이 지위에 와서 무시이래의 이생성(異生性, 凡夫性)을 떠나 비로소
성성무루聖性無漏를 얻고 구체적으로 2공의 묘한 이치를 증득하고
자타를 이익되게 하는 것을 잘 얻고 환희의 마음이 다하지 않는다.
환희지라고도 한다. 이 지위에서 닦는 행은 무량이지만, 안에
들어가 보시를 본행으로 한다. (요컨대 극희지는 처음으로 성자가
되어 진실로 희열이 가득 찬 지위이다.)

이구지離垢地:

청정한 계율을 갖추고 보다 미세한 펌훼와 범법을 일으키는 번뇌의
티끌과 허물을 멀리 여읜다. 계율을 본행으로 한다. (요컨대 잘못을
일으켜 계戒를 파하거나 번뇌를 더하는 것을 떠난 맑고 깨끗한 지위이다.)

발광지發光地:

뛰어난 선정과 큰 법의 총지를 성취하고 끝없는 묘한 지혜(문·사·수
의 3혜)의 빛을 잘 발한다. 인욕을 본행으로 한다. (즉 선정禪定에
의하여 지혜의 빛을 얻고, 나아가 문혜聞慧·사혜思慧·수혜修慧의 세
가지 지혜를 닦아 진리가 밝혀지는 자리이다.)

염혜지焰慧地:

가장 수승한 보리분법에 안주하여 번뇌의 땔감을 태우고, 지혜의 불꽃의 힘을 더욱더 증장시킨다. 정진을 본행으로 한다. (요컨대 앞의 3지에 의하여 사견을 여의고 번뇌를 태워 지혜의 본체를 깨닫는 지위이다.)

극난승지極難勝地:

앞의 4지 이전에 있어서는 진지(眞智, 근본지)와 속지(俗智, 후득지)가 각 별도로 생기하고, 그 행상이 서로 어긋나 있다는 것을 이 지위에 와서 비로소 잘 상응하여 결합 관찰하는 것이 된다. 이렇게 진속의 결합 관찰하는 것은 극히 곤란한데도, 이 지위에 있어서는 보다 그것을 행할 수 있는 수승한 묘한 지혜의 힘이다. 정려를 본행으로 한다. (즉 지혜와 지식이 조화를 이룩한 자리로서 확실한 지혜를 얻어 그 이상의 지위로 올라가기가 곤란한 지위일 뿐 아니라, 출세간出世間의 지혜를 얻어 자유자재한 방편으로 구하기 어려운 중생을 구원하는 지위이다.)

현전지現前地:

12연기에 머무는 지혜이며, 번뇌에 물든 무분별과 번뇌를 떠난 무분별의 마지막의 반야를 이끌어 현전하게 한다. 반야를 본행으로 한다. (즉 반야바라밀般若波羅蜜의 대지大智, 마음의 모습이 눈앞에 나타난 지위이다.)

원행지遠行地:

무상관無相觀을 닦고 공용 있는 궁극에 도달하여 세간과 성문승과 연각승 2승의 유상행有相行을 출과出過한다. 방편을 본행으로 한다. (즉 무상행無相行을 닦아 마음의 작용이 세간世間을 뛰어넘었으며, 지혜로운 방편을 가지고 멀리 가는 지위이다. 특히, 이 지위의 특징은 위로 구해야 할 깨달음이 없고 아래로 구원하기 어려운 중생도 없기 때문에 무상無相 적멸寂滅의 이치에 잠겨 수행을 중단하는 위험이 뒤따른다고 하였다.)

부동지不動地:

무분별지가 임의대로 상속하여 유상과 공용과 번뇌를 위해 작동될 수가 없다. 서원을 본행으로 한다. (즉 무상無相의 지혜가 끊임없이 일어나서 다시는 번뇌에 의하여 동요되지 않는 지위로서, 신라의 원효元曉는 이 제8지의 보살로 추앙받고 있다.)

선혜지善慧地:

미묘한 사무애해(四無碍解, 사종무애인 선묘한 지혜. 사무애변이라고도 한다. 법무애·의무애·사무애·변무애)를 성취하고 시방으로 널리 설법한다. 힘(力)을 본행으로 한다. (즉 보살이 거리낌 없는 힘으로 설법하여 이타행利他行을 완성하고 지혜의 작용이 자재한 지위이다.)

법운지法雲地:

널리 일체법을 인연으로 하는 대법지大法智가 뭇 덕을 잘 포함하여

불과佛果의 대지大智를 장애하는 끝없는 미혹의 장애를 덮고 무량
의 공덕을 내는 것이 마치 큰 구름이 허공을 덮고 많은 비를 내리는
것과 같다. 지혜를 본행으로 한다. (즉 대법신大法身을 얻어 자재력을
갖춘 자리로 대자비大慈悲가 구름처럼 일어나는 지위이다.)[14]

이 십지의 각지 수행은 다양한 것이 있지만, 중심(本行)은 순전히
십바라밀이 된다. 즉 보시·지계·인욕·정진·선정·지혜·방편·원·력·
지이다. 이 십지의 수행에서 중요한 것은 아뢰야식 속에서 역시 잔존
하고 있는 무명·번뇌의 종자를 정화해 가는 것이다. 그러기 위해서는
무분별지를 자주 수습하는 것이 필요하다고 여겨진다. 이 정화를
담당하기 위해서는, 처음으로 무분별지를 일으키는 것보다 훨씬 많은,
실로 몇 배의 시간이 필요로 하게 된다.

특히 제8지가 하나의 터닝 포인트이며, 초지에서 제7지까지와 제8
지에서 부처가 되기까지 각각의 일대아승기겁의 시간이 걸린다고
하는 것이다. 덧붙여서 초발심에서 견도까지 일대아승기겁의 시간을
필요로 한다. 이와 같은 순서로 초발심에서 부처가 되기까지 삼대아승
기겁이 걸리는 것이다.

이상이 보살의 수행의 길과 내용이지만, 그 완성된 모습인 부처라는
존재는 어떠한 존재인가? 그것은 간단하게 말하면 8식의 모두가 지혜
가 된 존재를 부처라고 하는 것이다. 아뢰야식은 대원경지, 말나식은
평등성지, 의식은 묘관찰지, 전오식(안식·이식·비식·설식·신식)은 성

---

14 십지 ( )는 한국민족문화대백과사전 참조.

소작지로 전변하는 것이며, 이 사지四智 원만의 존재가 부처이다. 이 4지에 관한 설명은 다른 장(제8장)에 양보하기로 한다. 다만 4지 전체의 본질을 한마디로 말하면 '자리원만·이타원만'이라고 할 수 있다.

선의 『십우도』

다음으로 선에서 수행의 체계에 관해서 일람해 보자. 도겐의 조동종에 서는 지관타자(只管打坐, 선불교에서 잡념을 일으키지 않고, 오로지 좌선을 하는 것)를 표방하고, 특단의 체계는 말해지지 않은 것으로 생각된다. 다만 도는 무궁한데, 가령 깨달음을 열었다고 해도 그 뒤에도 수행은 끊임없이 지속해 가는 것은 잊어서는 안 된다. 그 '수증일등(修證一等, 수행과 그 깨달음은 같다는 것)'이라는 사고방식은 유식과 기본적으로는 다르지만, 어디까지나 도가 깊어져 가는 길임에 틀림없을 것이다.

또한 중국 조동종 계통에는 5위라고 불리는 수행자 주체의 존재 방식을 분류하고 정리한 이론이 있다. 정중편正中偏·편중정偏中正·정 중래正中來·겸중지兼中至·겸중도兼中到도 5위이다.[15] 이들에는 경지

---

15 이것을 정편오위正偏五位라 한다. 첫째 '정중편正中偏'은 평등 속의 차별이라 한다. 이것은 깨달았다 하여 깨달음에 주저앉고 만다면 깨달음과 깨달음이 아닌 것을 달리 보게 되어 차별에 떨어지게 된다. 본래의 깨달음에는 깨달음마저 도 없는 것을 잊어버리고 깨달음만이 있는 듯 생각하면 깨달음 자체도 이미 차별에 떨어진 깨달음이어서 진정한 깨달음이 아니다. 그러나 처음부터 평등이 차별이요, 차별이 평등이어서 평등과 차별이 일체를 이루는 경지를 체득해야 한다고 하지만, 그것은 이상일 뿐이어서 대개의 경우는 평등의 도리를 만나는

것은 보통의 노력만으로는 힘들다. 그러기에 깨달음을 처음으로 얻는 사람들을 위해서 정중편을 말하였다. 둘째 '편중정偏中正'은 차별에 서서 차별이 평등과 원만하여 서로 막힘이 없는 관계가 되어야 한다는 것을 보이고 있다. 편중정은 정중편을 뒤집어놓은 것이다. 그러나 이론적으로는 그렇다 해도 수행의 처지에서는 편중정이 정중편의 다음 단계에 와 있는 것은 실제의 깨달음을 구하는 과정에서 평등(깨달음)을 보는 것이 먼저 있어야 하기 때문이다. 평등(깨달음)을 먼저 보았는데 차별이 끼어들어 정중편이 되었으므로 다시 편중정을 검토한다는 뜻이 아니라 평등인 줄 여긴 깨달음에 실은 차별이 섞여 있었던 것이 정중편이었기에 편중정에서는 입장을 바꾸어 차별에 서서 평등과 일치하는지의 여부를 따져보는 것이다. 셋째 '정중래正中來'는 다음과 같다. 정중편에서는 평등 속에서 치우침을 보았고, 편중정에서는 치우침 속에서 평등을 보았다면, 정중래에서는 평등이 차별과 다르지 않고 차별이 평등과 다르지 않아 평등이 곧 차별이요, 차별이 곧 평등임이 실현된다면 진리를 추구하는 것은 일단 마침표를 찍는 것이 된다. 그러나 평등과 차별이 서로 융합하여 걸림이 없는 그 경지로 부터 다시 보살행이 시작되어야 함을 보인 것이 정중래이니 이때의 바름(正)은 치우침(偏)과 하나인 바름(正)이 되므로 정중래를 편중래라 불러도 거리낄 것이 없다. 정중래를 출발점으로 하여 자신만을 이롭게 하는 자리自利에서 남을 이롭게 하는 이타利他로 위로 향하던 것(향상向上)에서 아래로 향하는 것(향하向下)으로 깨달음의 기쁨을 스스로 즐기는 자수용自受用에서 깨달음의 기쁨을 중생과 함께 즐기는 타수용他受用으로의 방향이 전환되는 것이 정중래라고 할 수 있다. 넷째 '겸중지兼中至'는 다음과 같다. 정중편과 편중정이 평등과 차별이 원만하여 서로 막힘이 없어야 한다는 도리를 보인 것이라면 정중래는 그 도리가 보살행의 현실로 옮겨지는 단계였다. 중생을 교화하는 현장에서도 과연 평등과 차별이 원만하여 서로 막힘이 없는 관계를 유지할 수 있는지를 분석하여 따지는 것인데 정중래는 아직도 한계가 남아 있음을 알 수 있다. 그러므로 다시 평등과 차별이 완전히 합치하는 단계를 노래하기에 이르니 겸중지란 평등(正)과 차별(偏)이 둘이 아닌 것으로 활용되어 극치에 이르렀음을 가리키는 말이다. 다섯 째 겸중도兼中到는 평등과 차별이 완전히 융합되어 불가사의한 역량을 유감없이 발휘하는 경지였으

124

진전의 약간의 정리 정돈을 보이고 있다.

한편 임제종에서는 공안을 사용하여 수행해 가는 것이 통례이며, 거기에 있는 공안의 체계가 수행의 체계를 의미하는 것이 된다. 그것에는 대응 국사(南浦紹明, 1235~1308)의 이치理致·기관機關·향상向上의 3분설, 백은(白隱, 1685~1768)의 법신法身·기관機關·언전言詮·난투難透·향상向上·말기未期의 뢰관(牢關, 나아가 마지막의 한 구절을 두는 실내도 있다)이라는 5분설 등이 있다. 이것을 조금 더 해설하면 '법신'이란 언어를 초월한 자기 본래의 진성 그것을 체득하는 것, '기관'은 그것을 일상 현실의 경계에서 작동해 가는 것, '언전'은 그 경계를 언어로 자유자재하게 표현하는 것, '난투'는 경지에 이르는 것이 상당히 어려운 것, '향상'은 그 끝이라는 의미에서 선의 경지에도 파악되지 않는, 법견法見·불견佛見을 버리고 깨달음의 향기를 더욱 초월해 가는 것이다. 그 향상은 따라서 실질적으로는 오히려 향하문向下門을 의미하는 것이 된다.

그런데 선문에는 『십우도』라고 하는, 진실한 자기를 추구하고 그것을 자신 속에서 체현하며 일상 속에서 드러내는 과정이 흥미 깊게 표현된다. 거기에는 10단계가 있다. 즉 심우尋牛·견적見跡·견우見牛·득우得牛·목우牧牛·기우귀가騎牛歸家·망우존인忘牛存人·인우구망人牛俱忘·반본환원返本還源·입전수수立廛垂手이다. 유식의 5위 수행과 어딘가 중첩되는 점이 있다. 이하 『십우도』의 수행의 길에 관해 극히 간단하게 살펴보자. 각각의 시는 다만 맛만 보셨으면 한다.

니 겸중지로부터 다시 나와 가장 지극한 깨달음에 이른 것이 겸중도다.

소를 찾다(尋牛) 제1(본래의 자기를 찾으려고 생각하다. 초발심의 단계)

종래 잃지 않았는데 무엇 때문에 찾는가?

본래면목(佛性)을 등짐으로 말미암아 멀어지고,

오욕속진五慾俗塵에 떨어져 (본래면목을) 잃어버렸다.

가산(家山, 본래면목)은 점점 멀고, 어긋나게 된다.

얻고 잃음이 불꽃처럼 일어나고, 시비가 칼날같이 인다.[16]

자취를 보다(見跡) 제2(경론이나 스승의 지도로 신심과 이해를 얻다)

경에 의거하여 그 뜻을 알고, 교敎를 읽고 발자국을 아니

중기衆器의 일금一金임을 밝혀, 만물이 곧 나임을 체득한다.

정사正邪를 가리지 못하면서, 진위를 어떻게 가리겠는가?

아직 이 문에 들어가지 못했으면, 방편으로(權) 발자국을 봤다고나

하게.[17]

---

16 심우尋牛. 從來不失, 何用追尋. 由背覺以成疎, 在向塵而遂失. 家山漸遠, 岐路俄
差. 得失熾然, 是非鋒起.(곽암사원 선사廓庵師遠禪師, 『십우도十牛圖』) "본래 잃지
않았거니 어찌 다시 찾으리오. 다만 저 찾는 것이 바로 비로자나의 스승이로다.
푸른 산 푸른 물 꾀꼬리 노래 제비의 지저귐, 두두물물이 그 소식을 누설하누나.
쯧쯧."(『경허법어』)

17 견적見跡. 依經解義, 閱敎知瞰. 明重器爲一金, 體萬物爲自己. 正邪不辨眞僞奚分,
未入斯門, 權爲見跡.(곽암사원 선사廓庵師遠禪師, 『십우도十牛圖』) "밝은 빛 묘함은
백화가 난만한 데만 있지 않도다. 매우 누른 유자와 푸른 귤이여. 좋을시구
좋구나. 발자욱이 있음은, 소가 도리어 있음이로다. 무심하면 도에 가까워짐이여.
좋고 좋다, 좋을시구나. 옛 사당 속의 향로요, 가을 맑은 들물이여. 좋을시구
좋구나. 노래 부르네."(『경허법어』)

소를 보다(見牛) 제3(진실한 자기를 깨닫다. 견성을 한 단계)

소리를 쫓아 들어가면, 보는 것마다 근원과 부딪힌다.

육근문에 딱딱 들어맞아 차이가 없고, 움직이는 가운데 모두가 드러난다.

(형상을 보지 못해도) 물속에 소금 맛이 있고, 물감 속에 아교(膠靑)가 있다.

눈썹을 치켜뜨고 바라봐도, 별다른 물건이 아니로다.[18]

소를 얻다(得牛) 제4(깨닫고 나서 수행에 매진하여 깊은 자기를 실현해 간다)

오랫동안 교외에 파묻혔던 그대를 만나니

경계가 뛰어나 뒤쫓기 어렵고

향기로운 풀이 그리워 견디기 어렵다.

고집 센 마음(頑心)이 더욱 날뛰니 거친 습성이 아직 남았구나.

순화를 시키려면 반드시 채찍질해야 한다.[19]

---

18 견우見牛. 從聲得入, 見處逢源. 六根門, 著著着無差. 動用中, 頭頭懸露. 水中鹽味, 色裏膠靑. 眨上尾毛, 非是他物.(곽암사원 선사廓庵師遠禪師, 『십우도十牛圖』) "할, 하고 이르길 '신령스런 광명이 홀로 빛나서 하늘을 덮고 땅을 덮을지라도, 오히려 이것이 뜰아래에 어리석은 놈이니, 정혼을 희롱하는 다리와 손이라. 도깨비장난을 하지 않음이 좋다. 또 일러라, 보았다 하는 놈이 무엇인고?' 할, 일할."(『경허법어』)

19 득우得牛. 久埋郊外, 今日逢渠. 由境勝以難追, 戀芳叢而不已. 頑心尙勇, 野性猶存. 欲得純和, 必加鞭韃.(곽암사원 선사廓庵師遠禪師, 『십우도十牛圖』) "보아 얻은 즉 없지는 아니하나, 제2두를 어찌하려는가. 보아 얻지 못한 자는 얻게 하고, 이미 보아 얻은 자는 도리어 문득 미실迷失케 하니, 또한 오득자悟得者는 영원히

소를 먹이다(牧牛) 제5(또한 움직임 가운데 공부에 매진하다)

앞생각이 조금이라도 일어나면, 뒷생각도 뒤따르나니,

깨달음으로 인해 진실(眞)이 되고, 미혹하면 거짓(妄)이 된다.

(이는) 대상 사물 때문에 그런 것이 아니라,

오직 스스로 마음이 일어났을 뿐이다.

코를 꿴 고삐를 당길 뿐이니, 사량 분별은 용납지 않는다.[20]

소를 타고 집에 돌아가다(騎牛歸家) 제6(진실한 자기와 완전히 하나가

되다)

싸움이 이미 끝(罷)나니 얻고 잃음(得失)이 또한 없구나.

나무꾼이 시골 노래를 부르며, 아동이 노래를 부르며,

오득케 하고, 미실자는 영원히 미실케 하니, 도리어 정당히 얻은 것이냐? 또한
미한 것이냐? 주장자로 탁자를 한 번 치고 이르길, '한 아름 버들가지를 거두어
얻지 못함이여! 바람으로 화하여 옥난간에 스쳐 있도다' 하였다."(『경허법어』)

20 목우牧牛. 前思纔起, 後念相隨. 由覺故以成眞, 在迷故而爲妄. 不由境有, 唯自心
生. 鼻索牢牽, 不容擬議.(곽암사원 선사廓庵師遠禪師, 『십우도十牛圖』) "선악이 모
두 이 마음이니, 가히 써 닦고 끊지 않음이 옳으냐? 충독지향蟲毒之鄕 같아 한
방울도 적시지 않음이 옳으냐? 마음에는 다른 마음이 없으니, 탐심과 음심을
끊지 않음이 옳으냐? 사무쳐 다한 이때에 죽은 사람의 눈과 같음이 옳으냐?
이것이 다 함께 험한 길이라. 가히 행할 것이 못됨이로다. 또한 이르노라. 어떤
것이 옳은 것이냐? 99는 81이니 또 완달구(梡達邱, 필요없는 물건)로다. 용천溶泉
선사는 40년에 오히려 주작함이 있었고, 향엄香嚴 선사는 40년에 한 덩어리를
이루었다 하니, 탄식하노니 얻기는 쉬우나 지키기는 어렵도다. 또한 조금 얻은
것을 만족해하지 말라. 모름지기 선지식을 참견하고, 많은 단련의 고행이 있어야
비로소 얻으리라."(『경허법어』)

몸은 비스듬히 소 등에 올려놓고 눈은 하늘(雲霄)을 바라본다.

불러도 돌아보지 않고, 끌어내도 물러서지 않는다.[21]

소는 없고 사람만 있다(忘牛存人) 제7(무심하여 자유로운 경지)

법엔 두 법이 없으니, 소를 잠시 종(宗, 주된 논의)으로 삼을 것이다.

비유하면 올가미와 토끼가 이름이 다르듯,

통발과 고기가 구별되는 것과 같아

마치 금이 광석에서 나오는 것과 같고, 달이 구름을 벗어난 것 같으니,

한 줄기 차가운 빛은 겁 밖의 위음이로다.[22]

---

21 기우귀가騎牛歸家. 干戈已罷, 得失還空. 唱樵子之村歌, 吹兒童之野曲. 身橫牛上, 目視雲霄. 呼喚不回, 撈籠不住.(곽암사원 선사廓庵師遠禪師, 『십우도十牛圖』) "육도 사생을 수없이 지내면서 맵고 쓴맛 다 보았으니 어찌 일찍이 한 발자욱도 고향 땅을 밟지 않았던가? 하하하. 젓대 소리가 갈운곡이라. 가락 이름은 동정호 마음이요 푸른 산 다리라 이름하리라. 비록 그러하나 노형은 오히려 돌아가지 못하였으니, 알겠느냐? 계침(桂琛, 선의 비밀구)이 이르리라."(『경허법어』)

22 망우존인忘牛存人. 法無二法, 牛且爲宗. 喩蹄兎之異名, 顯筌魚之差別. 如金出鑛, 似月離雲. 一道寒光, 威音劫外.(곽암사원 선사廓庵師遠禪師, 『십우도十牛圖』) "한잠 자다 가자. 어찌 그리 설치는가? 오똑하게 일 없이 앉았노라니, 봄이 옴에 풀이 스스로 푸르르네. 이날은 종기 위에 쑥 뜸질을 더함과 비슷하도다. 보지 못했는가? 곧바로 푸른 하늘이로다. 모름지기 한 방망이를 먹일 것이다. 왜 이러한고? 비가 올 때에 비가 오지 않고, 개일 때에 개이지 않는도다. 비록 이러하나, 이것이 무슨 마음의 행인고? 아아, 오랫동안 문에 나가지 않으니, 이 무슨 경계이 며, 저 속을 향해 뒤보러 나가려 하니 이것은 무슨 경계이며, 또 부생浮生들의 이러고저러고 하는 데 상관치 않으니, 이 무슨 경계인고? 양 눈썹을 아끼지 않고 너를 위하여 드러내노니 머리를 낮추고 얼굴을 들어 감출 곳 없음이로다.

사람과 소를 다 잊다(人牛俱忘) 제8(범부와 성인, 미혹과 깨달음, 일체를 다 불식시킨 진공무상의 경지)

번뇌를 털어 버리면 깨침의 세계도 모두 공이다.

부처가 있는 곳에 노닐지 않고, 부처가 없는 곳에서는 급히 달음박질하여 둘에 집착하지 않으니

천수천안관세음보살도 엿보기 어렵다.

백조가 꽃가지를 물어온다니 한마당(一場)의 웃음거리로다.[23]

본고장에 돌아오다(返本還源) 제9(진공무상이 그대로 진공묘유인 경지)

본래 청정하여 한 티끌에도 물들지 않으면서

현상세계(有相)의 영고성쇠를 보면

함이 없는(무위) 고요에 이르니, 허상과 같지 않은 것이다.

(그런데) 어찌 (차별을 두어) 수행과 계율을 따를 것인가.

물도 푸르고 산도 푸르니, 앉아서 만고의 본래 모습을 본다.[24]

구름은 푸른 하늘에 있고, 물은 병에 있도다."(『경허법어』)

23 인우구망人牛俱忘. 凡情脫落, 聖意皆空. 有佛處不用遨遊, 無佛處急須走過. 兩頭不着, 千眼難窺. 百鳥啣華, 一場魔羅.(곽암사원 선사廓庵師遠禪師, 『십우도十牛圖』) "'시리 소로 못다야 지다야 사바하' 또 버들꽃을 따고, 버들꽃을 따노라. 오랫동안 수행하였으나, 여기에 이르러 문득 미혹하여 아득히 꺼꾸러짐이로다. 한 푼 돈도 치르지 않았으니, 알겠는가? 변방에는 장군의 명령이요, 나라 가운데는 천자의 칙령이로다. 할, 일할."(『경허법어』)

24 반본환원返本還源. 本來淸淨, 不受一塵. 觀有相之榮枯, 處無爲之凝寂. 不同幻化豈假修治, 水綠山靑, 坐觀成敗.(곽암사원 선사廓庵師遠禪師, 『십우도十牛圖』) "학의 다리가 비록 길지만 자르려 하면 근심이 되고, 오리 다리가 비록 짧지만 이으려 하면 걱정이 된다. 발우대는 자루를 붙일 필요 없고 조리에는 새 것이 마땅하도

손을 드리우고 전방에 들어가다(入鄽垂手) 제10(진공무상이 그대로

진공묘용인 경지. 자비 베풂으로 살다)

싸리문 걸어 닫고 홀로 앉으니 천 명의 성인도 모른다.

자기의 풍광을 묻어 버리고 옛 성현의 걸어간 길도 저버렸다.

표주박 차고 저자에 들어가 지팡이를 짚고 집으로 돌아간다.

술집, 고깃집, 생선가게(의 사람들을) 교화하여 성불하게 한다.[25]

분석적인 유식관

이상 유식의 수도체계와 선의 수행체계를 살펴보았다. 이 두 개를

비교 검토해 보았을 때, 여러 가지 차이와 무엇인가의 공통점이 보일

것이다. 유식에서 수행의 도정은 실로 체계적으로, 게다가 극명하게

다. 금주 땅에는 부자附子요, 병주 땅에는 쇠(鐵)로다. 만물이 다 저마다 좋은
것이 있으니, 양식이 풍족하고 연료 또한 많아서, 네 이웃이 풍족하구나. 이
같이 호남 성 아래에 불을 부는 입부리는 뾰죽하고, 글을 읽는 혀는 날름댐이니
이것이 대우大愚의 가풍이로다. 다시 한 구절이 있으니, 내일에 붙여 두노라."(『경
허법어』)

25 입전수수入鄽垂手. 柴門獨掩, 千聖不知. 埋自己之風光, 負前賢之途轍. 提瓢入市,
策杖還家. 酒肆魚行化令成佛.(곽암사원 선사廓庵師遠禪師, 『십우도十牛圖』) "목녀
木女의 꿈과 석인石人의 노래여! 이것은 육진경계의 그림자로다. 상이 없는 부처도
용납하지 못하는데, 비로자나의 정수리가 무엇이 그리 귀하리오? 봄풀 언덕에
유희하고, 갈대꽃 물가에 잠을 잠이로다. 바랑을 지고 저자에 놀며, 요령을
흔들고 마을에 들어가는 것이 실로 일 마친 사람의 경계여라. 전날에 풀 속을
헤치고 소를 찾던 시절과 같은가? 다른가? 가죽 밑에 피가 있거든, 모름지기
눈을 번쩍 뜨고 보아야 비로소 얻을 것이다."(『경허법어』)

밝혀졌던 것이며, 대승불교의 수행의 기본으로 보아야만 한다. 이에
대해 선의 수행에는 개략적인 도리는 있어도 그다지 정치한 체계를
이루고 있는 것은 아니다. 그것뿐만 아니라 양자는 극히 대조적이기
조차 하다.

가령, 보통의 불도에서는 신심信心이 극히 중요하다. 그러나 선에서
는 의심疑心을 중시한다. 크게 의심을 해야 크게 깨닫는다고 한다.
혹은 또한 유식에서는 수행의 기간이 삼대아승기겁의 시간이 걸린다고
하는 것에 대해, 선에서는 "용맹 정진하는 중생은 성불일념成佛一念에
있고, 게으른 중생은 열반삼기涅槃三祇의 시간이 걸린다"라고 말하기
도 한다. 때로 돈오를 주장하고, 이 일생의 수 년 사이에 견성을 완수했
다는 것이 심심찮게 보고된다. 궁극적 목표인 부처의 존재도 유식에서
는 사지四智 그것으로 눈에 보이지 않는 상주의 존재라고 묘사된다.
아마도 이 부처는 무애광·청정광 등 대단히 신비스러운 존재인 것이
다. 그러나 선에서는 지금·여기·자기 속에서 부처를 보고, 또한『십우
도』에서도 최종적으로 십자가두十字架頭의 화광동진和光同塵의 모습
으로 제시된다는 차이가 있다.

그러나 차근하게 살펴보면, 그 본질은 결코 서로 위배하는 것이
아니라 오히려 동일한 것이 있다고 말할 수 있을 정도다. 특히 대승보살
의 수행으로 "상구보리·하화중생"의 입장은 동일한 것이다. 또한 수행
에 들어가 일단 깨달음을 열고, 그 뒤 더 나아가 수행을 지속해 가는
과정은 기간의 장단의 차이는 있다고 해도, 패턴으로서는 거의 일치한
다. 그리고 나에게는 뭐라 해도 그 수행의 중심이 되어야 할 유식관의
지관행과 좌선은 안외동일(案外同一, 생각의 밖에서는 일체가 동일하다)의

세계는 아닌가라고 생각되는 것이다.

유식관은 지관행으로, 선정을 배경으로 관찰이 행해지는 것이다. 그 선정의 관찰, 사마타(śamatha)와 위빠사나(vipaśyanā)는 오위백법의 아비달마 가운데 심소유법 중에서 사마디(samādhi, 정)와 프라즈냐(prajñā, 혜)에 상당하고, 따라서 다르마로서 다른 것으로 생각된다. 여기서의 관찰, 즉 혜(慧, 혜는 십대지법의 하나로 마음으로 하여금 택법을 행하게 하는 성질이다. 오늘날의 개념으로 말하면 올바른 판단을 의미한다)라는 심소의 활동은 간택(簡擇, pravicaya)이라 말해지는 것으로 분석적 판단을 의미한다. 하여튼 그 두 개의 활동은 다른 것이라 생각된다.

이것에 대해 선에서는 정혜일등定慧一等이라 하여 선정은 그대로 지혜이며, 지혜는 그 자체 선정인 수행이라 간주된다. 이 입장의 선을 주장한 중국의 흐름을 '조사선祖師禪'이라 부른다. 이 경우 지혜는 무분별지와 직결된다. 그와 같이 여기에도 하나의 큰 차이가 있는 듯이 생각되지만, 과연 그 내실은 어떠한 것일까?

우선 유식관의 내용, 즉 과정에 관해서 검토해 보자. 『성유식론』(권9)에는 아래와 같이 설명된다.

난煖 등의 네 가지 법은 네 가지 심사(四尋伺)와 네 가지 여실지(四如實智)의 처음과 나중의 지위에 의거해 건립한다. 네 가지 심사는 명칭·대상·자성·차별이 허망한 존재로, 실제로는 비존재라고 추구하고 관찰하는 것이다. 이 네 가지도 식에서 떠나 존재하지 않고, 식도 실재가 아닌 것을 있는 그대로 두루 아는 것을 여실지라 이름한다. 명칭과 대상은 양상이 다르기 때문에 별도로 추구한다.

두 가지(명칭과 대상)의 두 가지(자성과 차별)는 양상이 같기 때문에
함께 사유하고 관찰한다.[26]

사심사(四尋思, catus paryeṣaṇā)와 사여실지(四如實智, catur yathā-
bhūta parijñāna)의 각각에 전반과 후반이 있다. 그 네 개의 수행이
난·정·인·세제일법의 4단계에 해당된다. 사심사란 ①명칭(名, 의미를
표현하는 것)과 ②대상(義, 표현되는 의미)과 ③명칭과 대상의 자성(自
性, 주어적으로 보인 경우)과 ④명칭과 대상의 차별(差別, 주어-술어 중에
보이는 경우)의 네 가지(관찰의 대상은 본래 여섯이 되지만, 자성과 차별은
명과 의를 합해 관찰하기 때문에 넷이 된다)가 식으로만 존재하여 실재하는
것이 아니라고 관찰하는 것이며, 여실지견이란 그것(소취, 인식대상)이
존재하는 것이 아니기 때문에, 그것에 대응하여 존재한다고 생각되는
식(능취, 인식주체)도 없다고 여실하게 아는 것이다.

명득정明得定에 의지하여 하품의 심사(尋伺, 심은 거칠게 살피는 것이
며 사는 정밀하게 살피는 것)를 일으켜 인식대상이 비실재라고 관찰하
는 것을 난위煖位라고 한다. 이 단계에서는 처음으로 인식대상인
명칭 등 네 가지 법은 모두 자기 마음이 전변한 것으로 가정적으로
시설해서 존재하는 것이며, 실제로는 얻을 수 없다고 관찰한다.
처음으로 지혜의 태양이 현전해 작용하는 양상을 얻기 때문에

---

26 煖等四法依四尋思四如實智初後位立. 四尋思者, 尋思名義自性差別, 假有實無.
如實遍知此四離識及識非有, 名如實智. 名義相異. 故別尋求, 二二相同, 故合思
察.(『성유식론』 권9)

명득정이라는 명칭을 건립한다. 곧 여기서 얻은 도의 불꽃이 현전
해 있는 양상이기 때문에 난위라 이름한다.[27]

우선, 명득정이라는 선정에 의해 사심사의 최초의 관찰을 행한다.
여기서는 저 사법四法이 식의 상분으로 드러나는 한의 존재이며, 실체
적 존재가 아님을 관찰하는 것이다. 정말 언어와 그 의미대상은 의식
속에만 존재할 뿐이다.

명증정明增定에 의지하여 상품의 심사尋伺를 일으켜 인식대상이
비실재라고 관찰하는 것을 정위頂位라고 한다. 이 단계에서 거듭하
여 인식대상인 명칭 등 네 가지 법은 모두 자기 마음이 전변된
것으로 가정적으로 시설해서 존재하는 것이며, 실제로는 얻을
수 없다고 관찰한다. 광명과 같은 지혜의 양상이 점차 증성하기
때문에 명증정이라고 이름한다. 심사관 단계의 끝이기 때문에
또한 정위라 이름한다.[28]

다음으로 명증정이라는 선정에 의해 거듭 사심사의 관찰로 나아간
다. 앞의 4법이 실체적 존재가 아니라는 것을 충분하게 요해하고

---

27 依明得定發下尋思觀無所取, 立爲煖位, 謂此位中創觀所取名等四法, 皆自心變,
假施設有, 實不可得. 初獲慧日前行相故立明得名, 卽此所獲道火前相, 故亦名
煖.(『성유식론』 권9)

28 依明增定, 發上尋思觀無所取, 立爲頂位, 謂此位中重觀所取名等四法, 皆自心變,
假施設有, 實不可得, 明相轉盛, 故名明增. 尋思位極, 故復名頂.(『성유식론』 권9)

있는 것이다.

인순정印順定에 의지하여 하품의 있는 그대로 아는 지혜를 일으켜 인식대상이 비실재인 것을 결정적으로 인가하고, 인식주체도 비실재인 이치에 대해서는 또한 수순해서 즐겁게 인가한다. 인식주체인 식에서 떠난 독립적으로 존재하는 실재의 대상이란 이미 없는데, 어찌 인식대상에서 떠난 독립적으로 존재하는 실체의 식이 있겠는가? 인식대상과 인식주체는 서로 배대하여 건립하기 때문이다. 인가와 수순함의 인정하는 시기를 총체적으로 인위라고 건립한다. 이전의 것을 인가하고, 이후의 것에 수순하므로 인순정이라는 명칭을 건립한다. 대상도 식도 공이라고 인정하기 때문에 또한 인위忍位라 이름한다.[29]

다음으로 인순정이라는 선정에 의해 4여실지의 최초의 단계의 수행을 행한다. 여기서는 이미 소취(所取, 인식대상)로서의 4법이 없는 것에 관해서는 확실하게 인식한다. 그렇다고 한다면 그것에 알맞은 형태로 상정되고 있는 능취(能取, 인식주체)로서의 식도 없다는 것을 관찰해 간다. 우리는 언어의 대상으로 무엇인가 외부에 존재하는 것을 상정하고 있다. 이때 그것에 알맞은 주관을 무의식 속에서도 상정해 가는 것이 예상된다. 그러나 그와 같은 분열하고 대상화된

---

29 依印順定, 發下如實智, 於無所取決定印持, 無能取中亦順樂忍. 旣無實境離能取識, 寧有實識離所取境. 所取能取相待立故. 印順忍時摠立爲忍, 印前順後立印順名, 忍境識空, 故亦名忍.(『성유식론』권9)

주관·객관은 존재하지 않음을 간파하고 있는 것이다.

무간정無間定에 의지하여 상품의 여실지를 일으켜 인식대상과 인식주체의 공함을 인정하는 것을 세제일법世第一法이라 한다. 이전 상품의 인위에서는 오직 인식주체가 공한 것만을 인가하고, 지금의 세제일법에서는 두 가지 공을 겹으로 인가한다. 여기서부터 바로 다음 찰나에 반드시 견도에 들어가기 때문에 무간정이라는 명칭을 건립한다. 중생의 법 중에서 이것이 가장 뛰어나기 때문에 세제일법이라 이름한다.[30]

나아가 무간정이라는 선정에 의해 4여실지를 탐구하여 소취·능취 두 가지 모두 공임을 완전히 인식하여 이해하는 것이다. 여기에 이르러 무간에 (곧바로) 무분별지의 깨달음의 지혜가 일어나는 것이다.

이상과 같이 난위煖位와 정위頂位에서 인식의 주체인 식에 의지해 인식대상이 공이라고 관찰한다. 하품의 인가가 일어나는 때에는 대상의 공한 모습을 인가한다. 중품의 인가가 전전하는 단계에서는 인식의 주체인 식에 대해 대상과 같이 공한 것으로 수순하여 인가함을 즐거워한다. 상품의 인가가 일어나는 단계에서는 인식의 주체가 공함을 인가한다. 세제일법에서는 겹으로 공의 양상을 인가한다.

---

30 依無間定發上如實智, 印二取空, 立世第一法. 謂前上忍唯印能取空, 今世第一法 二空雙印, 從此無間必入見道, 故立無間名. 異生法中此最勝故, 名世第一法.(『성유식론』 권9)

그런데 모두 (현전에 공이라는) 양상을 띠기 때문에 아직 능히 참다운 성품을 증득할 수 없다.[31]

여기서의 설명은 앞의 해설을 참고한다면 알기 쉬울 것이다. 다만 세제일법의 여실지에서도 또한 이것(2공)을 형상에서 요해하고 있는 것이 실정이다. 여기서 아래의 것이 말해진다.

그러므로 보살이 이 네 가지 단계 중에서 아직 현전에 작은 사물을 안립해 이것이 유식의 참다운 승의의 성품이라고 말한다. 그 공과 실재의 두 가지 양상을 없애지 못하므로 모습을 띠면서 마음을 관찰하는 것이 얻는 바가 있기 때문에 진실로 참다운 유식의 도리에 안주하는 것이 아니다. 그 양상을 없애고 바야흐로 참으로 안주하게 된다. 이상과 같은 뜻에 의거하기 때문에 어떤 게송에서 다음과 같이 말한다.

보살은 정위에서
영상은 오직 마음뿐이라고 관찰하고
대상의 표상을 이미 소멸시키고
확실하게 오직 자기의 표상뿐이라고 관찰한다.

---

31 如是煖頂依能取識觀所取空, 下忍起時印境空相, 中忍轉位於能取識如境是空順樂忍可, 上忍起位印能取空, 世第一法雙印空相. 皆帶相故未能證實.(『성유식론』 권9)

이와 같이 내부의 마음에 안주하여
인식대상은 실재가 아님을 안다.
다음에 인식주체도 역시 비실재라고 알고
그런 다음에 무소득에 이르게 된다.[32]

주객의 실체는 존재하지 않고 오직 유식뿐이라고 여실하게 지혜를 얻어도, 거기에는 아직 무엇인가 유식이라는 상이 잔존해 있다. 그러한 한 참된 유식의 세계 그것에 머문 것은 아니라고 할 수 있다. 그렇다고 해도 소취의 비존재를 관찰하고, 능취의 비존재도 관찰해 갈 때, 주-객 이원의 대립을 초월하게 되며, 어떠한 것이든 대상적으로 파악하는 것을 내려놓을 수밖에 없을 것이다. 유식관에서는 그 급소로 몰아넣고 있는 것이다.

구체적인 선의 길

한편, 선 쪽 수행의 전형은 외형적으로는 『좌선의坐禪儀』에 보이며, 내면적으로는 『무문관無門關』의 서문에도 보인다. 실은 지금의 유식관의 실제 수행법에 관해서는 전통적으로 전하는 것이 없기 때문에 상세하게 알려져 있지 않지만, 선에서는 조신調身·조식調息·조심調心

---

32 故說菩薩此四位中猶於現前安立少物, 謂是唯識眞勝義性. 以彼空有二相未除, 帶相觀心有所得故, 非實安住眞唯識理, 彼相滅已方實安住. 依如是義故有頌言,菩薩於定位, 觀影唯是心, 義相旣滅除, 審觀唯自想. 如是住內心, 知所取非有,次能取亦無, 後觸無所得.(『성유식론』 9권)

의 방법론이 매뉴얼되어 전승되고 있다. 물론 구체적으로 스승의 지도를 받아야만 하지만, 최저한의 그 방법에 관한 문장이 전해지고 있는 것이다. 지금 참고로 위에서 기술한 두 가지를 제시하고자 한다. 먼저 『좌선의』(慈覺宗賾禪師)이다.

반야의 지혜를 수행하는 보살은 먼저 반드시 대비심을 일으키고, 큰 서원을 세우고 열심히 선정의 삼매를 닦아 맹세코 중생을 제도할 것을 서약해야 하며, 자기의 일신만을 위하여 홀로 해탈(깨달음)을 구해서는 안 된다.

그리고 여러 가지 잡다한 인연들을 떨쳐 버리고 번거로운 일들을 쉬게 하여 몸과 마음이 하나가 되어 움직일 때나, 조용히 선정의 경지에 있을 때와 일체 차이가 없도록 하라. 음식의 양을 조절하여 너무 많게도 혹은 너무 적게도 먹지 말고, 수면을 조절함에는 적게도 많게도 하지 말라.

좌선을 하고자 할 때에는 한적하고 조용한 곳에서, 두터운 방석을 깔고 옷과 허리띠를 느슨하게 하여 자세를 똑바로 정비한 뒤에 결가부좌를 하도록 한다. 결과부좌는 먼저 오른쪽 발을 왼쪽 허벅지(넓적다리) 위에 올려놓고 왼쪽 발을 오른쪽 허벅지 위에 올려놓는다. 좌선은 반가부좌의 자세로 해도 좋다. 반가부좌를 할 때에는 왼쪽 발을 오른쪽 발 위에 올려놓기만 하면 된다.

그 다음에 오른손을 왼발 위에 올려놓고 왼쪽 손바닥을 오른쪽 손바닥 이에 올려놓으며, 양손의 엄지손가락의 끝을 서로 맞대어 받쳐 둔다. 그리고 천천히 몸을 일으켜 앞으로 펴고, 또 좌우로 여러 번 흔들어 잘 정돈한 뒤에 몸을 바르게 하여 단정히 앉는다. 몸을 왼쪽으로 기울이지 않게 하며 오른쪽으로 치우치게 하지 말라. 혹은 앞으로 구부리게도 하지 말고 뒤로 넘어지게도 하지 말라. 허리와 등뼈, 머리와 목의 골절이 서로서로 떠받치어 그 모양이 마치 탑을 세워 놓은 것처럼 하라. 그러나 몸을 똑바로 곤두세우기 위해 지나치게 신경 쓰고 힘을 주어 불안하게 해서는 안 된다. 반드시 귀와 어깨가 서로 나란히 되도록 하며, 코와 배꼽이 서로 나란히 수직이 되도록 하라. 혀는 잇몸을 가볍게 떠받치게 하며, 위아래의 입술과 이는 서로 맞대어 가볍게 다물도록 하라. 눈은 반드시 반쯤 뜨게 하여 졸음이 오지 않도록 해야 한다. 이렇게 선정을 닦게 되면 그 효과는 실로 뛰어나다고 하겠다. 옛날에 선정을 닦는 어떤 고승이 있었는데, 그는 좌선을 할 때는 언제나 눈을 뜨고 앉았다고 한다. 최근에 동경 법운사의 원통 선사도 역시 눈을 감고 좌선을 하는 사람을, 흑산의 동굴에 빠진 죽은 사람의 좌선이라고 꾸짖고 있다. 정말로 깊은 의미가 있는 말이다.

좌선하는 몸가짐이 이미 안정되고 호흡이 잘 조정된 뒤에, 이번에는 하복부를 편안하게 하고, 일체의 선악 모두를 생각하지 말아야 한다. 만약 한 생각이 일어나면, 곧바로 망념이 일어난 것임을 깨닫도록 하라. 번뇌 망념이 일어난 것을 깨달으면, 곧바로 번뇌 망념이 없어지게 된다.

이렇게 오래 오래도록 하여 일체의 경계에 끄달리는 번뇌 망념이 없어진다면 자연히 나와 경계도 없어져 하나가 된다. 이것이 좌선

의 핵심 기술인 것이다. 자세히 생각해 볼 때 좌선이야말로 안락의
법문이라고 할 수 있는데 좌선을 하여 병을 얻은 자가 많으니,
이것은 대개 좌선의 마음가짐이 잘못된 것이기 때문이라 하겠다.
만약 이와 같이 좌선의 의미와 방법을 잘 알고 좌선 수행한다면
저절로 신체는 가볍고 편안하게 되며, 정신은 상쾌하고 의식은
통일되어 분명하게 된다. 선법의 희열이 정신을 돕고, 고요하고
맑은 정신으로 평안하고 즐겁게 된다. 또한 만약 자기에 본심을
깨닫고 밝히게 되면, 진실로 용이 물을 얻은 것과 같다고 할 것이요,
호랑이가 산에서 거닐고 있는 것같이 자유자재하다고 할 수 있다.
혹시 아직 자기의 본심을 깨닫지 못하여 밝히지 못했다고 할지라
도, 바람 부는 방향에 불을 놓는 것과 같이 불길이 쉽게 번지는
것처럼, 많은 노력을 쏟지 않더라도 곧 깨닫게 될 것이다. 다만
어디까지나 자기 스스로 자각하여 납득해야 할 것임을 명심해야
하며, 반드시 자기를 속이는 일이 없도록 하라.

그러나 도심이 높으면 높을수록 마구니의 장애가 많아지며, 어떤
때는 역경逆境에서 어떤 때는 순경順境에서 여러 가지 다양한 마구
니의 장애가 생긴다. 그러나 능히 본래심(正念)으로 자신의 일을
한다면, 일체의 어떤 마장에도 걸릴 것이 없게 된다. 『능엄경』이나
천태지의의 『마하지관』 및 규봉종밀의 『수증의』에서 한결같이
그러한 마구니의 경계를 자세히 설명하고 있는데, 예상치 못한
사태에 대비하기 위해서는 미리 알아두는 것이 좋다.

만약 선정에서 나오려고 할 때에는 천천히 몸을 움직여 편안하고
조심스럽게 일어나야 한다. 경솔하고 거칠게 (난폭하게) 해서는

안 된다. 선정에서 나온 뒤에도, 평상시의 일체 매사에서 언제나 (공안을 참구하는 등) 방편을 만들어 선정의 힘을 잘 간직하기를, 마치 어린아이를 보호하는 것과 같이 하라. 이와 같이 수행한즉 선정의 힘을 쉽게 이룰 수가 있다.

사실 선정을 닦는 수행은 누구에게나 가장 절실하고 중요한 일이다. 마음을 차분히 가라앉히고 조용히 좌선하여 사유를 하지 않는다면, 자신의 일상생활 매사에 지금 여기의 자기 자신을 상실하여 정신없이 멍청하게 살게 된다. 그래서 '물속에 떨어진 구슬을 찾으려면 먼저 물결을 가라앉혀야 하며, 물결이 흔들리면 구슬을 찾기란 어려울 것이다'라고 말하고 있는 것이다. 선정이라는 물이 맑고 깨끗하게 되면 마음이라는 구슬이 저절로 나타나게 된다. 때문에 『원각경』에도 '걸림이 없는 청정한 지혜는 모두 선정으로부터 생기는 것'이라고 말하고 있다. 또 『법화경』에도 '한적한 곳에서 자기의 마음을 잘 거두고 선정을 닦아 편안히 안주하여 동요됨이 없는 모습이 마치 수미산과 같도록 하라'고 설하고 있다.

범부의 경지를 뛰어넘고 또한 성인의 경계에까지 초월하기 위해서는, 반드시 정좌靜坐의 힘(緣)을 빌리고 있음을 알 수 있다. 앉은 채로 입적하고 선 채로 죽을 수 있는 것도 모두 선정의 힘에 의한 것이다. 한평생을 다하여 본래면목을 밝히려고 정진해도 오히려 시간이 모자랄까 두려운데, 하물며 이렇게 게을리 하여 어떻게 번뇌 망상의 업성業性을 이길 수 있으랴! 그래서 고인도 '만약 선정의 힘이 없으면 달갑게 죽음의 문턱에서 항복하는 수밖에 없다'라고 말씀하셨다. 눈을 감은 채로 한평생을 헛되이 보내고,

완연하게 생사의 고통 바다에 유랑하게 될 것이다. 바라건대 제발 모든 선을 수행하는 벗들이여! 이 문장을 몇 번이고 반복해서 읽고 자신을 구제함은 물론, 또한 타인들도 제도하여 모두가 한결같이 정각을 이루도록 하자.[33]

도겐은 마음으로 득도하는 것인가, 몸으로 득도하는 것인가를 논하고 몸으로 득도하는 것을 기술하지만(『정법안장수문기正法眼藏隨聞記』), 선의 본질은 어디까지나 몸의 제어를 통해 지혜의 실현에 도달하는 것에 있다.

다음으로 『무문관』 제1칙, '조주무자趙州無字'의 무문의 말이다.

어느 스님이 조주 화상趙州和尙에게 여쭈었다.
"개는 불성이 있습니까, 없습니까?"
조주 화상은 답하였다.
"없다(無)."[34]

무문無門이 이르노라.
참선은 모름지기 조사의 관문을 뚫어야 하고,
오묘히 깨달으려거든 마음의 길(心路)이 완전히 끊겨야 하거니와,
조사의 관문도 뚫지 못하고 마음의 길도 끊지 못하면

---

33 정성본, 『좌선의』 참조.
34 趙州狗子. 趙州和尙因僧問. 狗子還有佛性, 也無. 州云無.(『무문관』 제1칙, 조주 무자)

모두가 남의 말이나 문자에 휘둘리는(依草附木) 혼령(魂靈, 精靈)일
따름이다.

말해 보라. 어떤 것이 조사의 관문인가?

오직 하나 무無자가 결국 종문宗門의 유일한 관문인지라

그래서 선종무문관禪宗無門關이라 하거니와,

뚫고 들어간다면 조주를 친견親見할 뿐만 아니라

문득 역대 조사와 더불어 손잡고 함께 걷고,

눈썹을 서로 맺으며(眉毛廝結)

동일한 눈으로 보고 동일한 귀로 들을 것이니,

어찌 기쁘고 통쾌하지 않으리오?

관문을 뚫어보지 않겠는가?

삼백육십 뼈마디와 팔만사천의 모공(毛孔, 毫竅)을 가져다가

온몸으로 이 의단疑團을 일으켜

이 무無자를 참구하며 주야로 제시(提撕, 奮發)하되,

허망한 무無로 알지도 말고, 무無가 있다고 알지도 말아서

마치 달군 쇠구슬을 통째로 삼키듯 하고, 토하고 토해도 나오지
않듯이 하여,

종전의 그릇된 지각知覺을 몽땅 내던지고 오래오래 익혀 나가면

자연히 안팎이 한 덩어리로 이루어진 것을(打成一片)

벙어리 꿈꾸듯이(啞子得夢) 스스로만 알게 되리라.

홀연히 깨침이 발하면(打發) 하늘을 놀라게 하고 대지를 흔들 것
이며,

관 장군(關將軍, 관우)의 큰 칼을 빼앗아 든 것 같아서

부처를 만나면 부처를 죽이고(逢佛殺佛), 조사를 만나면 조사를
죽이면서

생사고해의 언덕에서 크게 자재해지려니와,

육도사생六道四生 속에서 삼매에 노닐게 되리라.

자, 어떻게 분발(提撕)할 것인가?

평생의 기력氣力을 다해 이 무無자를 들추는 것이니,

만약 끊임없이만 한다면 법의 등불 하나가 문득 켜짐과 같으리라.

게송으로,

구자불성狗子佛性은 정령正令을 전제全提한 것이니

잠깐만 유무有無를 논해도 신명身命을 잃으리라.[35]

여기에 제시된 것처럼, 선의 깨달음에로의 길은 극히 실 체험에
뿌리박은 구체적인 것이다. 그것은 저 유식관과 얼핏 보면 전혀 다른

---

35 無門曰. 參禪須透祖師關, 妙悟要窮心路絶. 祖關不透, 心路不絶, 盡是依草附木精
靈. 且道. 如何是祖師關. 只者一箇無字, 乃宗門一關也. 遂目之曰禪宗無門關.
透得過者, 非但親見趙州, 便可與歷代祖師, 把手共行, 眉毛廝結, 同一眼見, 同一
耳聞, 豈不慶快. 莫有要透關底. 將三百六十骨節八萬四千毫竅, 通身起箇疑團,
參箇無字, 晝夜提撕, 莫作虛無會, 莫作有無會. 如吞了箇熱鐵丸, 相似吐又吐不
出, 蕩盡從前惡知惡覺, 久久純熟, 自然內外打成, 一片如啞子得夢. 只許自知,
驀然打發, 驚天動地. 如奪得關將軍大刀入手, 逢佛殺佛, 逢祖殺祖, 於生死岸頭得
大自在, 向六道四生中, 遊戲三昧. 且作麼生提撕, 盡平生氣力, 擧箇無字. 若不間
斷好, 似法燭一點便著. 頌曰. 狗子佛性, 全提正令. 纔涉有無, 喪身失命.(『무문관』
제1칙, 조주무자)

과정을 거치는 것처럼 느껴질 지도 모른다. 유식관은 언어와 그 대상의 관계를 논리적으로 분석하고 규명하는 것을 통로로 한다. 그에 반해 선은 일거에 유라고도 무라고도 말할 수 없는, 주객 분열도 완전히 부정한 듯한 경지로 들어간다. 그 끝에서 주객 미분의 하나의 진실을 만난다는 방식이다.

그러나 유식에서도 결국 마지막 단계에 이르면 주관·객관 모두 성립하지 않는 지평에 이르게 되는 것이며, 그 경지는 선의 경우와 전혀 다르지 않은 세계라고 할 수 있을 것이다. 그렇다면 무분별지를 일으키는 단계, 그것은 아마도 견성의 단계에 이르기 위해서는 거기에 이르는 통로의 양상은 다르다고 해도, 주객 미분의 세계로 들어가는 것에 있어 결국은 같은 세계로 들어간다고 볼 수 있다.

이렇게 함으로써 실은 유식과 선은 표면적으로는 매우 다른 듯이 보여도 그 수행의 핵심은 같다고 말해도 좋을 것 같다. 아울러 선과 유식은 뿌리를 같이 하는 유가행이다. 나는 여기서 선과 유식이 연결되는 근본을 보는 것이다,

제4장 자기가 있는 곳

철학적 이치(哲理)와 시

선과 유식 사이에는 근원에서 하나로 연결된다고 간주할 수 있다 해도, 그 이상으로 각종의 대조적인 국면이 존재하고 있었던 것이다. 유식은 순수하게 인도에서 성립한 철학사상이다. 가령 삼장법사 현장이 한역을 완수하고 중국인 연구자에 의해 상세한 주석이 제시되어, 그것들이 한국이나 일본에 전해져 수용되었다 해도, 인도적 성격은 거의 대부분 남아 있다. 일상적 사고에서 벗어난 개념으로 구축된 사상체계, 오위백법으로 분석된 세계관은 다른 민족이 멋대로 수정하여 가공할 수 있는 성질의 것이 아니다. 그것은 언어를 다하고 논리를 다하여 장대한 체계를 구축한 것이었다.

반면 선은 불립문자不立文字와 교외별전敎外別傳을 표방하고, 언어를 초월한 하나의 진실한 세계를 직지直指하는 것이 일상이었다. 남아 있는 문헌은 어록이 중심이며, 그때그때의 '그 자리의 분위기에 맞춰

재치 있게 하는 발언', 즉 '임기응변(當意卽妙)'의 '몇 마디 안 되는 짧은 말(片言隻句)'이 때로 상대의 경지를 완전히 바꿀 정도의 힘을 지닌 것이었다. 보리달마가 인도에서 전한 것으로 전승되지만, 대부분 그 초기로부터 중국인의 자질 속에 육성되고, 한자漢字의 독특한 표현은 더욱 독자적 불교를 형성시켰다. 개념·논리·체계보다는 체험·사실·깨달음을 중히 여기고, 그 위에 더욱더 독자의 문화를 창조했다.

유식은 출가 수행자, 특히 교리의 창조와 책정을 담당할 수 있는 사람들에 의해 추구되었던 것이다. 인도의 승원은 대학처럼 광대하며 거기에 모인 많은, 같은 가사를 걸친 학승들은 열띤 철학적 논쟁을 거듭했다. 한편 중국의 선원도 또한 광대하며, 그러나 선정의 경지를 그대로 비추듯이 엄숙한 분위기를 가득 채우고, 생사를 초월하고자 좌선에 힘쓰는 다수의 운수납자雲水衲子들은 다만 고요하고 적정한 산수山水가 주어져 있을 뿐이다.

나는 유식의 철학적 이치(哲理)에 대해 선의 시적 경지가 서로 대조를 보인다고 생각한다. 거기에는 진리의 논리적 표현보다는 진실과 실상에 대한 직접적 표현이 있다. 물론 인도불교에도 시적 표현형식은 다수 존재한다. 우선 『유식삼십송』이란 30개의 시구로 구성된 작품이다. 그러나 인도불교 문헌에 나오는 시(게와 송)의 대부분은, 풍부한 철학적 사상을 응축하여 거기에 집어넣고 기억하기 쉽게 정리한 것으로, 산수나 정서를 읊은 것이 아니다. 이에 대해 선에서 존중되는 시구의 대부분은 자연이나 인간의 마음을 노래로 읊은 것이며, 게다가 그것이 깨달음의 풍광을 표현하고 있다.

비가 지난 뒤 이끼가 파릇하고

산호 끝 가지마다 달이 달렸구나.

바람은 자건만 꽃은 오히려 떨어지고

새가 우니 산은 더욱 그윽하네.

푸른 소나무 눈을 녹이고

시들어 가는 하이젠의 차가운 봄

훈풍이 남쪽으로부터 불어오니

전각엔 작은 시원함이 일어난다.

빗소리 듣노라니 추위는 다하였고

문을 여니 낙엽은 소복하네.

달빛 아래 대나무 그림자가 계단을 쓸어도

먼지 하나 나지 않고,

달빛이 연못 바닥까지 뚫었으나

물에는 흔적 하나 보이지 않는구나.

가랑비가 천 점의 눈물을 뿌리고

연기와 대나무로 가득 찬 근심

항상 강남 춘삼월이 기억나는구나.

자고새 우는 곳 온갖 꽃향기 가득하였지!

아름다워라, 해질 무렵 구름은 어둠에 잠기려 하고

먼 산은 아득히 푸른빛으로 늘어섰네.

주장자에 의지하여 다리가 끊긴 물을 건너고

주장자를 벗 삼아 달빛 없는 마을로 돌아간다.

구름은 산마루에 한가로이 떠 있는데

흐르는 물은 개울 아래에서 유달리도 바쁘더라.[1]

선은 시로써 철학을 표현하고 생활에서 미학을 실천하는 것이며, 그 풍류는 아마도 인도적인 교리보다도 직접적으로 동양인의 마음에 메아리쳤을 것이다.

겨울과 봄

그런데 중세 일본에서 겨울의 미학이 발견된 배경에는 도겐의 존재를 빼놓을 수 없다. 카라키 준조(唐木順三)의 말이다. 지금 당혹스럽지만 그 취지를 근거로 하면서 이 사이의 사정에 관해 기술해 보자.

헤이안(平安) 시기 왕조의 미학은 "꽃과 붉은 잎, 어느 것이 아름답지 않은 것이 있는가!"를 전적인 주제로 삼았다. 어지러이 피어나는 벚나무, 비단을 두른 듯한 붉은 잎, 그 모두 다 화려하고 현란한 아름다움의 세계이다. 그러나 헤이안 말기 무렵에 무사층의 대두와 귀족계급의 쇠퇴와 몰락에로의 추이를 맞이하기 전, 역시 꽃도 붉은 잎도 색이 바래지고 가을 석양의 미학이 드러나게 되었던 것이다. 세간에 '세 석양의 노래'로 친근한 노래는 실로 이것을 상징하고 있다.

---

1 雨過靑苔潤, 珊瑚枝枝撐著月. 風定花猶落, 鳥鳴山更幽. 高澗寒泉溶 靑松雪後凋. 薰風南自來, 殿閣生微凉. 聽雨寒更盡, 開門落葉深. 竹影掃階塵不動, 月輪穿海浪無痕. 細雨洒花千點淚 淡烟籠竹一堆愁. 常憶江南三月裏, 鷓鴣啼處百花香. 堪對暮雲歸未合, 遠山無限碧層層. 扶過斷橋水, 伴歸無月村. 雲在嶺頭閑不撤, 流水澗下太忙生.

외로움은 산 가을 석양(寂蓮法師)
무정한 몸도 화를 내는 강가의 가을 석양(西行法師)
주위를 둘러보면 꽃이나 단풍, 그리고 토마야의 가을 석양(藤原
定家).

특히 정가定家의 노래는, 일찍이 너무나도 아름다운 세계에 살았던 과거가 있을 뿐, 무일물無一物의 경지를 두드러지게 제시한다. 그러나 이것들은 역시 가을 석양에 머물 뿐, 그 앞으로 나아가지는 않았다.
  그런데 이미 가마쿠라 시대에 접어들어 이미 과거의 가치관은 붕괴되고 아직 새로운 가치관이 확립되지 않은 중세 시대로 접어들면, 늦가을의 쓸쓸함을 초월하여 겨울의 미학이 등장한다. 그 좋은 사례는 심경 승도心敬僧都의 연가론連歌論에 보인다.

옛날 어떤 시인에게 어떤 시를 지어야 하느냐고 물으면 들판의
억새, 지새는 달이라 대답했다. 이것은 말할 수 없는 곳에 마음을
기울이고, 차갑고 고요한 사람을 이해하고 알게 되는 것이다.
세상을 벗어난 이들의 시에는 이런 분위기가 있어야 한다.
(노래의 형상에 관해서) '수정의 그릇에 유리를 담는 것과 같다'고
한다. 이것은 차가워지면서 맑아진 것이다.(소곤거리는 말)

얼음만이 윤기 나는 소리
가시밭 들판의 아침 서리
반짝이는 태양의 처마 고드름

시든 들판의 초목
이슬 맺힌 분위기가 흥미롭고 윤기가 없어도 좋다.
(心敬僧都ひとりごと, 白隱, 『遠羅天釜續集』)

이렇게 해서 '차갑고 고요한 사람', '차가워지면서 맑아진 사람'과
같은 고요한 경계도 더욱 철저한 경지가 지향되며, 얼음이나 서리의
아름다움이 읊어지게 되었던 것이다. 당연히 서리의 아름다움도 그
같은 무리일 것이다.

이러한 미학의 배경에 가마쿠라 시대로부터 도입되어져 온 선의
세계가 배경이 되었음은 틀림없다. 카라키 준조(唐木順三)는 그 대표를
도겐에서 구하지만, 원래 선에는 그러한 세계와 공감하는 점이 있었다.
좌선의 수행에서 소위 얼음에 갇히게 된 경지를 체험하는 것이다.
임제종 중흥의 조라고 말해지는 백은白隱은 다음과 같이 말한다.

만약 어떤 사람이 큰 의심이 일어날 때, 다만 사방이 텅 비고
광활하여 삶도 아니고 죽음도 아닌 것이, 1만 리나 두꺼운 얼음
속에 있는 것과 같이, 유리병 속에 앉아 있는 것과 같이, 분에
넘치게 청량하고 분에 넘치게 고결하다. 무심히 앉아서 일어나는
것을 잊고, 일어나서는 앉는 것을 잊는다. 마음속에 한 생각도
일어남이 없이 다만 한 개의 무자(화두)만 있고, 마치 긴 허공에
서는 것과 같다. 이때 두려운 마음은 전혀 생기지 않고, 분별적
인식을 더하지 않고, 한 번에 나아가 물러서지 않는다면, 홀연히
빙판을 단번에 잘라내는 것과 같다. 옥으로 지어진 망루(玉樓)를

밀어 넘어뜨리는 것과 같이 40년이 지나도 아직 일찍이 보지도 않으며, 아직 일찍이 듣지도 못한 대 환희여!(白隱, 『遠羅天釜續集』)

실로 '1만 리나 되는 두꺼운 얼음 속에 있는 것과 같이, 유리병 속에 앉아 있는 것과 같은' 경지를 체험한다고 한다. 참고로 근대의 선사가 말하는 것도 들어보자.

이 '중생이 헛되게 헤아리고 가늠하는 판단을 버리고 주객의 차별을 떠난' 타성일편打成一片의 지위를 비유해 보면, 두꺼운 얼음 속에 갇혀 있는 것 같다. 상하사방上下四方, 전후좌우前後左右 모두 맑고 사무쳐서 너무나 보기 좋을 정도로 아름답지만, 나의 몸은 얼음에 갇혀 있기 때문에 몸이 움직이려고 해도 움직일 수 없는 것, 이때에 이르러 조금도 퇴각의 마음을 일으키지 않고, 한 생각도 움직이지 않고 다만 한결같이 "조주 선사 이르길 '없다, 없다, 없다, 없다'라고 하며, '둘이 아니다, 셋이 아니다'로 비집고 들어가 보면, 단박에 시절 소식이 도래하여 활연히 참된 깨달음이 열리는 것이다. 이것이 제1의 첩경이다.(川尻寶岑述, 『坐禪의 捷徑』, 秋月龍珉著作集 15, 『坐禪을 권함』 수록)

이와 같이 선의 세계에는 임제종과 조동종을 불문하고 좌선을 하여 입정入定한다면, 두꺼운 얼음에 갇혀 있는 듯한 세계에 들어가 차가우면서도 맑은 세계를 체험하는 것이다. 이때 겨울의 세계와 깊게 공감하는 것은 충분히 생각된다.

게다가 특히 도겐의 경우, 말년에는 멀리 도시를 떠나 에치젠(越前, 일본의 옛 지명, 현재의 후쿠이켄福井縣 동부) 산속의 에이엔지(永平寺)에 은거했다. 겨울이 되면, 그곳은 부근 일대가 온통 눈에 파묻혀 있을 뿐이다. 그 풍경은 역시 자주 도겐의 저술에 표현되는 것은 자연스러운 일이다. 가령 『정법안장』 「매화」의 말미에는

월주 길전현 길봉사에 눈이 3척이나 쌓여 아득한 곳에서.(『정법안 장』「매화」奧書)

라고 기술한다. 혹은 어느 한시에는 다음과 같이 읊고 있다.

조사가 서쪽에서 와서 우리 동쪽에 전한다.
달을 낚고 눈(雪)을 갈며 고풍을 사모한다.
세속의 홍진, 날아 이르지 못하고
심산설야深山雪野 풀로 엮은 암자 속에서.

시험 삼아 언어를 보충해서 현대어로 번역해 보자.

보리달마가 인도(서)에서 전한 선의 도를 나는 중국에서 일본으로 전했다. 지금 달을 사랑하고 눈을 사랑하는 마음을 밭 갈 듯 갈아서 구도에 마음을 쏟은 옛 조사 스님들을 생각도 없이 흉내만 내기도 했다. 세간 세속의 권력이나 명리에로의 욕망 등 여기에는 조금도 존재하지 않는다. 깊은 산속, 겨울 눈 밤, 조촐한 암자에서 도를

닦고 있다.

또한 와카(和歌)에도 가령 다음과 같은 것이 보인다.

'예배'
겨울 풀도 보이지 않는 눈 덮인 들판.

예배라고 하면 보통은 대상적으로 불상을 면전에 두고 그것을 향하여 행하는 것이다. 그러나 도겐은 백로가 설야에 몸을 숨기는 것이 예배라고 한다. 아마도 자기가 자기를 되돌아보는 것이 참된 예배이며, 귀명임을 전하고 싶었을 것이다. 그렇다고 치더라도 겨울의 마른 풀조차 보이지 않는데, 다만 어디까지나 이어지는 백은의 세계뿐이다. 또한 다음의 노래는 문학을 하는 사람들 사이에서 자주 회자되어, 일반인에게도 친근할 것이다.

'본래면목'
봄은 꽃, 여름은 두견새, 가을은 달, 겨울은 눈조차 서늘하다.

여기서는 눈의 아름다움이 기쁨 속에서 말해지는 취지가 있다. 이상과 같다면 선사 중에서도 특히 도겐이 겨울의 미학과 관련이 깊을 가능성이 클 것이다.
이러한 도겐의 겨울 세계 묘사는 다른 조사 쪽에서 겨울이라는 계절에의 친근을 상기시킨다. 도겐 자신이 『정법안장』에서 말하는 바를 하나 내지 둘을 인용해 둔다.

이 가르침을 듣고 조사는 바로 소실봉少室峰을 참례했다. 신인은 스스로 오랫동안 수도해 온 혜가를 지켜주는 수호신이다. 때는 추운 겨울인 섣달이었으며, 12월 초아흐렛날 밤이었다. 이러한 겨울에는 하늘에서 큰 비나 눈이 뿌리지 않더라도 깊은 산의 겨울밤은 사람들이 창밖에 서 있을 수도 없을 정도이고, 대나무 마디가 갈라질 정도이며, 혹독한 기후였다. 그럼에도 불구하고 대설이 땅을 뒤덮고 산을 메웠으며, 봉우리를 덮었다. 눈을 치우면서 길을 찾는다는 것이 얼마나 어려운 일이었을 것인가? 이어서 조실에 도달했으나 입실을 허락하지도 않고, 돌아봐 주지도 않았다. 이날 밤 자지도 못하고, 앉지도 못하며, 쉬지도 못했다. 부동자세로 서서 날이 밝기를 기다리는데, 밤의 눈은 인정사정없이 내렸다. 점점 더 쌓여서 허리를 덮었고, 흐르는 눈물은 방울방울 얼었다. 눈물을 보니 눈물이 쌓여졌고, 몸을 돌아보고 또 돌아보았다. 스스로 생각하기를, '옛 사람들은 도를 구할 때에 뼈를 깎고 골수를 꺼내어 피를 짜서 굶주린 사람을 구했고, 머리카락을 풀어 진흙땅에 깔았으며 낭떠러지에 몸을 던져서 굶주린 호랑이 밥이 되었다. 그들도 이와 같이 하였는데 나는 또한 어떤 사람인가?'(도원, 『정법안장』「행지行持」하)

위산이 옛날에 수행했던 것을 생각해 보라. 생각해 보라는 것은 내가 지금 위산에 살고 있는 것과 같이 생각해야 한다. 깊은 밤에 빗소리는 이끼만 끼게 할 뿐만 아니라, 바위를 뚫을 힘이 있음을 알아야 한다. 한겨울 눈 오는 밤은 새나 짐승이 다니는 것도 드문데, 하물며 인기척이 끊김을 알 수 있을까? 목숨을 가벼이 여기고, 법을 중시하는 그러한 행지가 없다면 있을 수 없는 활계活計이다. 풀 깎기도 서두르지 않았고, 흙이나 나무도 준비하지 않았으며 오로지 행지行持 수련하고 변도辨道공부(수행정진) 하였을 뿐이다. 참으로 유감스럽다. 정법을 전지한 조사들이 얼마나 많이 험난한 산중에서 고생하였는가? 위산에 대해 전해들은 것에 의하면 연못도 있고, 물도 있으며, 얼음이 두껍게 얼고 안개도 깊이 끼는 곳이다. 사람들이 도저히 참고 살 수 없다고 할지라도, 불도와 현묘한 이치를 추구하는 사람과는 어울릴 수 있는 곳이다.(도원, 『정법안장』「행지行持」 하)

더욱이 이것들을 접하면 저 『한산시寒山詩』의 세계를 생각하지 않고서는 말해질 수 없다.

한산에는 길이 없네

사람이 있어
한산의 길을 묻는다.
그러나 한산에는 길이 없네.

한여름에도

얼음이 녹지 않고
해는 떠올라도
안개만 자욱하네.

나 같으면
어떻게 갈 수 있지만
내 마음 그대 마음 같지가 않네.

만일 그대 마음이 내 마음 같다면
어느새 이 산속에 이를 것이네.

그렇지만 선은 겨울의 세계에만 머무르는 것도 아니다. 도겐의
『정법안장』「현성공안」에는 다음과 같은 유명한 한 구절도 있다.

불도를 닦는다는 것은
자신을 닦는 것이다.
자신을 닦는다는 것은
자신을 잊는 것이다.
자신을 잊는다는 것은
만법萬法을 증득하는 것이다.
만법을 증득한다는 것은
자신의 몸과 마음 및 다른 사람의 몸과 마음도 탈락시키는 것이다.
깨달음의 흔적에도 머물지 않고

머물지 않는 깨달음의 흔적을 계속 낸다.

사람이 처음으로 법을 구할 때는
아득히 멀리 법의 궁극에 떨어져 있다.
이미 법이 자기 자신에게 전해졌을 때는
바로 자기 자신의 본래모습(本分人)이 된다.

사람이 배를 타고 갈 때 눈을 돌려 해안을 보면
해안이 움직인다고 착각하게 된다.

눈이 직접 배를 보게 되면
배가 앞으로 가는 것을 알게 되는 것과 같이
몸과 마음이 혼란된 상태에서 만법을 분별하려고 하면
자기 마음과 자기 본성은 상주하는 것이 아닌가라고 착각하게
된다.
그러나 만약 본래의 자신의 모습을 돌이켜보면
만법에는 나라고 하는 것이 없다는 도리가 분명해진다.
모든 현상 속에 자기를 증명하는 것이다.

'자신을 잊은' 곳에 겨울에로의 경사가 있다. 그러나 그것은 반전하여
'모든 존재에 증득'되는 것이 있다. 거기에 겨울에서 봄으로의 전회가
있다. 『정법안장』「유시」에 의하면, 겨울이 봄으로 될 리는 없고,
따라서 연속적으로 변화하는 것이 아니다. 오히려 비연속적으로 봄이

오는 것이다. 겨울은 부정을 거쳐 봄으로 전회하는 것이다. 그것을 자연의 변천에 의지해 말하면, 가령 눈이 계속 내려 완전히 설원이 된 세계에서 매화나무에 꽃잎이 한 잎 두 잎 살짝 다시 피기 시작할 때, 이미 천하의 봄이 온 줄을 알 것이다. 그 기미를 도겐은 『정법안장』 「매화」에서 다음과 같이 말한다.

고불이 말한 '눈 속의 매화'라고 하는 설법은, 마치 우담바라가 핀 것과 같이 희유한 가르침이다. 평소에 말한 '눈 속의 매화'를 보면서 그것은 순간적으로 파안 미소한 우리 여래의 정법안장이라고 하는 것을 알지 못하고 헛되이 순간을 지나치고 말았다. 그럼에도 지금은 눈 속의 매화가 곧 진실로 여래의 눈인 것이 이 몸에 전해져 왔음을 수긍할 수 있다. 이와 같은 것을 몸으로 체험하고 이것을 받아 정수리의 눈으로 삼고, 눈동자로 삼고자 한다. 다시 매화 속에 들어가 매화를 참구하면, 의심할 것은 하나도 남김없이 없어지게 된다. 이것이 곧 천상천하유아독존의 안목이며, 법계 속 가장 존귀한 것이다.(도원, 『정법안장』 「매화」)

눈 속의 매화, 그것은 선정의 심화가 일전하여 변할 수 없는 지금·여기·자기로 소생한 것이다. "천상천하유아독존天上天下唯我獨尊"의 핵심 그것이다. 도겐에게는 여전히 역시 겨울은 겨울에서 멈추지 않았던 것이다.

그렇다면 그 깨달음의 단적인 것은 어떠한 것일까? 지금 앞에서도 인용하였지만, 마찬가지로 도겐의 『정법안장』에서 하나만 들어보자.

'경전을 따를 때'라고 한 것은 자기의 피육골수를 참구하고, 자기의 피육골수를 탈락하게 되면, 영운지근 선사가 복숭아꽃을 보고 깨닫는 것과 같이, 복숭아의 눈동자가 홀연히 나타나므로, 이것을 보고 깨닫는 것이다. 혹은 향엄지한 선사가 도량 청소를 하다가 작은 돌이 대나무에 부딪쳤을 때, 그 대나무 소리를 듣고 깨닫는 것과 같이, 대나무 소리가 청천벽력과 같이 들리기도 한다. 점차 경전에 의해 배우게 되면, 참으로 진실한 경전이 나타나게 된다. 그 경전이라고 하는 것은 시방을 다하는 세계이고, 산하대지이며 또는 초목이기도 하고, 자기이기도 하며 타인이기도 하다. 때로는 일상생활에서 밥을 먹기도 하고 의복을 입기도 하며, 잠깐의 움직임이기도 하다. 이와 같은 하나하나의 경전에 따라 도를 배울 때에 아직까지 경험하지 못한 경전이 수천만 권으로도 셀 수 없을 정도로 많은 경전이 눈앞에 나타난다.(도원, 『정법안장』「자증삼매」)

자기의 근원을 참구하고 자기의 핵심을 탈락했을 때, 꽃의 색깔 혹은 대나무 소리 등이 주관–객관의 분열을 돌파하는 존재방식으로 현성한다고 한다. 그 탈락이란 저 도겐의 신심탈락身心脫落, 탈락신심脫落身心으로 전해지는 깨달음의 체험에서 사용되는 표현임에 틀림없다. 그것이 눈 속의 매화에 다름 아니었던 것이다.

당돌하지만 여기서 다도의 고전, 『남방록南方錄』에 전하는 '쓸쓸함의 미학' 그것도 또한 정가의 무일물의 가을의 석양을 초월하여 겨울에서 봄에로의 소생을 포착한 것이었다.

지금 센 리큐(千利休, 1522~1591)는 '쓸쓸함의 미학' 다도의 심경을 그려낸 후지와라노 데이카(藤原定家, 1162~1241)의 짧은 시(와카)를 찾아내고, 이어서 후지와라노 이에타카(藤原家隆, 1158~1237)의 짧은 시(와카) 한 수를 또 찾아내어 글로 써서 걸어두고, 이를 차의 심정이라 해서 신봉하였다.

꽃이 피기를 애타게 기다리는 이에게 산마을의
봄눈 녹은 틈 사이에 피어난 새싹을 보여드리고 싶구나!

이 짧은 시(와카) 또한 후지와라노 데이카의 짧은 시(와카)와 더불어 마음에 새겨두어야 한다. 세상 사람들은 이 산 저 산, 이 숲 저 숲으로 벚꽃이 어디에 피었을까 하고 찾아 나섰지만, 참된 꽃 참된 단풍은 자신의 마음속에 있다는 것을 알지 못한다. 뿐만 아니라 눈에 보이는 형체가 있는 세계만을 즐기려 한다. 작년 한 해 동안 피어 있던 꽃도 단풍도 모두가 눈 속에 파묻혀 아무것도 보이지 않는 한적한 산마을은 물가의 뜸집과 같은 경지인 것이다. 그러나 그 아무것도 없는 세계, 즉 무일물의 세계 가운데 자연이 감흥을 불러일으키는 움직임이 사람의 손을 빌리지도 않고 여기저기에 나타난다. 이는 쌓인 눈 사이로 봄기운이 찾아와 군데군데 눈을 녹이고 눈 녹은 사이로 봄의 풀잎이 하나둘 돋아나는 것과 같다. 이 짧은 시(와카)는 사람들이 손대지 않은 자연 가운데 진실이 있다는 자연의 도리를 나타낸다.

현상이 곧 실재

이상은 동아시아나 일본의 선의 세계에 드러난 자기와 세계의 진실에 대한 표현이지만, 본래의 불교 교리에서 같은 것을 고려할 때, 그것은 어떠한 논리를 보는 것이 될까?

대승불교에서 본 소승불교의 특징은 생사를 떠난 열반에로의 지향이며, 유위법과 무위법의 전적인 분리와 무위법의 실체시가 그 근거에 있었던 것이다. 이에 반해 대승불교의 입장은 생사와 열반을 분리시키지 않고 제법과 법성을 하나로 보는 입장이었다. 그 가장 유명한 언어가 『반야심경』의 "색즉시공色卽是空, 공즉시색空卽是色"일 것이다.

이와 같이 법과 그 본성인 법성이 하나일 수 있는 것은, 그 본성이 공이며, 공성이기 때문이다. 서양철학의 언어로 말하면, 현상과 실재의 관계에서 실재는 존재한다고 간주되며, 현상은 가상에 지나지 않는 것이 되어, 모두 실재에 귀속되게 된다. 이때 현상이 곧 실재라고는 결코 말할 수 없을 것이다. 그러나 대승불교에서는 본성 측이 자성을 지니지 않는 공성이기 때문에 그 본성이 현상으로 되어 현상 이외에 있을 수 없다. 그러므로 현상이 곧 실재인 것이 된다.

이것이 실재일 때 깨달음이라는 것은 어떠한 것으로 생각되어야만 할까? 깨달음이라고 하면 그 누구라도 진여나 법성을 체득하여 증득하는 것이라 생각하기 쉽다. 선에서 자주 사용되는 견성이라는 말도 거의 그와 같은 인상을 준다. 그렇지만 차별상이 소멸된 평등일미의 세계로 깨달아 들어가는 것이 불교의 깨달음인 것이다.

유식의 경우, 이미 기술한 바와 같이 통달위通達位와 견도見道에서 우선 무분별지無分別智를 일으키고, 그 뒤 곧 분석적인 후득지後得智를 얻는다고 말해진다. 이때 아무래도 무분별지가 깨달음의 지혜라고 생각하기 쉽다. 그러나 깨달음은 단순히 무분별지뿐만 아니라 후득지도 일체가 되어 깨달음이라는 것으로 될 터이다. 왜냐하면 본래의 자기도 유식의 세계관에서 검토해 보면, 단순한 진여와 법성이 자기인 것도 아니며, 단순한 현상적인 마음 작용만이 자기인 것도 아니기 때문이다.

『반야심경』의 "색즉시공, 공즉시색"은 전적으로 진실이지만, 이 구절이 의미하는 바는 단지 대상적으로 물질적 현상이 공성과 하나라고 말하는 것이 아니다. 이 색이란 색·수·상·행·식의 오온 중의 색이다. 여기서 말하고자 하는 것은 "수·상·행·식, 역부여시(受·想·行·識, 亦復如是, 수·상·행·식도 또한 다시 이와 같다)"라고 기술하는 것처럼 "오온즉공성(五蘊卽空性, 일체의 세계인 오온은 곧 공을 본성으로 한다), 공성즉오온(空性卽五蘊, 공을 본성으로 하는 것이 곧 일체의 세계이다)"이라는 것이다. 요컨대 오온으로 세계를 표현하는 것도 있기 때문에, 그 경우는 "세계즉공성(世界卽空性, 세계는 곧 공성이다), 공성즉세계(空性卽世界, 공성은 곧 세계이다)"라는 것이 될 것이다. 다만 오온무아五蘊無我라고 하는 경우는, 자기 개체의 구성요소로의 오온은 존재한다고 해도, 상常·일一·주主·재宰의 자아는 없다는 것이 주된 요점이다.

이렇게 "오온즉공성, 공성즉오온"일 때 현상으로의 개체(오온)와 모든 현상에 보편적인 초월적 개체(공성)가 하나인 바에 자기의 진실이 있을 터이다. 이 부분을 조금 더 유식의 설명에 의해 추적해 보도록 하자.

유식은 모든 사람들은 오직 식일 뿐이라 하고, 한 사람 한 사람이 8식에서 성립하고 있다고 간주된다. 물론 식(심왕)뿐만 아니라 그것과 상응하는 심소유법도 그 8식의 언어 속에 포함되어 있는 것이지만, 이것을 언급한 위에 지금은 식에만 의거해서 기술해 간다. 8식은 찰나찰나 생성하자마자 소멸하고 변화하면서 상속되어 간다. 그것들이 개체로 통괄되는 것은 아뢰야식에서이고, 통합되는 것은 제6의식에서이다. 이 8식을 유식에서 설해진 삼성설(변계소집성·의타기성·원성실성)로 설명한다면 의타기성이다.

이 8식은 모두 찰나멸이며, 이것에서 이미 본체를 가지지 않은, 무자성인 존재이다. 또한 아뢰야식을 기반으로 하여 종자와 현행 사이의 연기 중에 성립하는 것으로 연기이기 때문에 무자성이기도 하다. 그와 같이 한 사람 한 사람으로서의 8식은 시간 속에서 변화해 가지만, 그 본질로서의 무자성이라는 존재방식 그 자체는 변화하지 않는다. 시간적으로 변화하지 않을 뿐만 아니라 어떤 한 사람 한 사람의 8식에서도 모든 현상에서도 변하지 않는 진리이다. 그것이 진여·법성이다. 이 진여의 의미는 진실眞實·여상如常이며, 미혹하든 깨달았던 간에 전혀 바뀌지 않는다는 것을 표현한다. 그것은 삼성설로 말하면 원성실성(圓成實性, pariniṣpanna-svabhāva)이다.

원성실성이라는 말을 보면, 무엇인가 수행 끝에 완성한 세계와 같이 받아들여지기 쉽다. 그러나 지금 설명한 바와 같이, 원성실성은 제법(현상)의 본성의 의미이며, 그것은 본래 공을 본질로 한 세계이며, 그 공의 존재방식은 미혹한 세계에 있다고 해도, 그 어떠한 것도 바뀌지 않는 것이다. 따라서 이 원성실성이라는 말의 의미는 이미 완전(圓)이며 본래 성취한 것(成)이며 진실한 것(實)이라는 것이다. 『섭대승론』에는 '자성원성실(自性圓成實, prakṛti-pariniṣpanna)'이라는 말이 보이지만, 그것은 범부에게도 이미 원성실성을 갖추고 있다는 것을 표명한다. 이 자성원성실은 유구진여有垢眞如, 무구진여無垢眞如 가운데 유구진여에 해당하는 것이다.

덧붙여 열반에 관해 대승불교에서는 네 개의 열반을 제시하여 설명한다. 본래자성청정열반本來自性淸淨涅槃·유여의열반有餘依涅槃·무여의열반無餘依涅槃·무주처열반無住處涅槃이다. 지금 이 네 개의 열반에 관한 상세한 해설을 할 수는 없지만(다음 장 참조), 이 본래자성청정열반에서 원래 열반에 들어간다는 사고방식이 제시되고 있다. 이것도 자성원성실의 사상과 동일한 것이다.

원성실성은 의타기성의 본성이기 때문에 의타기성과 전혀 다른 것은 아니다. 의타기성은 찰나찰나 변화해 가는 세계이며, 거기에 색·성·향 등이 존재하는 세계이다. 이에 대해 원성실성은 공·무자성이라는 존재방식이며, 그 존재방식은 불변·보편이다. 그것은 색·성·향 등도 아닌, 평등일미의 세계라고 해야만 할 것이다. 따라서 의타기성과 원성실성은 다르다. 양자는 결코 같다고 말할 수 없다. 그러나 원성실성은 그것만으로 어딘가에 존재하는 것이 아니다. 어디까지나 그것은 의타기성의 본성인 것이다. 따라서 의타기성과 원성실성은 다른 것도 아니다.

그래서 의타기성과 원성실성은 다른 것도 아니고 같은 것도 아닌 관계에 있다. 그 총체가 자기라는 것이 될 것이다. 그것은 개체와 초개체가 하나라는 것이라고 바꾸어 말할 수 있다고 생각한다. 그것이 진실이라고 한다면, 후득지는 이 자기의 구조를 명확하게 자각하는 것에 다름 아니다.

다만 이 자각을 참으로 성취하기 위해서는 그 전에 무분별지가 존재하지 않으면 안 된다. 즉 자아와 사물에 대상적으로 관계를 맺으며 집착하고 있는 한은 그 개체와 초개체는 하나인 것, 자기가 자기를 초월한 것에서 성립하고 있다는 것을 참된 의미에서 수긍할 수 없다. 자아에 대상적으로 관계하는 입장을 완전하게 내던져 버리고, 자기의 주체가 자기의 주체 그것으로 될 때, 그 주체의 활동 한복판에서 자기를 초월한 생명이 개체를 낳는 것의 자각이 얻어지는 것이다.

따라서 역시 무분별지를 경과하는 것 없이 자기의 진실한 존재방식에 관해 자각할 수는 없다. 원성실성을 깨닫지 못한 사람은 의타기성을 참으로 의타기성으로 이해할 수 없다고 『유식삼십송』도 분명하게 언급하고 있다. 신심을 일으켜 이해하는 것은 가능하다고 해도, 참으로 자아가 열리고 게다가 생생한 둘도 없는 개체로 작용하기 위해서는 아무래도 무분별지가 필요하다. 그러나 무분별지만으로 깨달음이 있을 수가 없고, 어디까지나 후득지가 실현되어야만 충분히 자기의 자각에 이를 수 있는 것이다.

이상에 대해 『유식삼십송』의 제21송 후반에

원성실圓成實은 저 의타기성依他起性이 항상 앞(遍界所執)의 것을 멀리 여읜 성性이다.[2]

---

2 圓成實於彼 常遠離前性.(『유식삼십송』 21송)

라고 기술하고, 이것을 이어받아 제22송에

> 그런 까닭에 원성실성과 의타기성은 서로 다른 것도 같은 것도
> 아니다. 마치 항상함이 없는 법의 본성과 같다. 원성실성을 보지
> 않고 의타기성을 보는 것은 있을 수 없다.[3]

라고 한다. 지금 기술한 그대로이다. 또한 이 개체와 초개체의 관계,
바꾸어 말하면 의타기성과 원성실성의 관계에 관해 앞에서도 언급한
바와 같이, 다르지 않은 것·다르지 않은 것이 아닌 것(非異·非不異)이라
고 말하면서, 그 논리구조에 관해 '무상 등의 특성과 같이'라고 제시한
다. 이것을 설명하여, 『성유식론』(권8)에는 다음과 같이 기술하고
있다.

> 앞서 말한 이치에 의거하기 때문에 이 원성실성은 그 의타기성과
> 다른 것도 아니고 다르지 않은 것도 아니다. 다르다고 하면 마땅히
> 진여는 그것 참다운 성품이 아니어야 한다. 다르지 않다고 하면
> 이것(진여)의 속성은 무상한 것이어야 하고, 그것(의타기성)도 이것
> (진여)도 모두 청정과 청정하지 않은 경계가 되어야 한다. 그렇다면
> 곧 근본지와 후득지의 작용이 차이가 없는 것이어야 한다. 어떻게
> 해서 두 가지 자성이 다른 것도 아니고 같은 것도 아닌가? 그
> 무상과 무아 등의 자성과 같다. 무상 등의 자성과 유위법 등의
> 법이 다르다면, 그 법은 무상 등이 아니어야 한다. 다르지 않다면

---

3 故此與依他 非異非不異 如無常等性 非不見此彼.(『유식삼십송』 22송)

이것은 그것의 공상이 아니어야 한다. 이러한 비유에 의거해 다음과 같이 나타낸다. 이 원성실성은 그 의타기성과 같은 것도 아니고 다른 것도 아니다. 법(의타기성)과 법의 본성(진여)은 이치가 반드시 그러해야 한다. 승의제와 세속제는 서로 의지해 존재하기 때문이다.[4]

즉 의타기성과 원성실성의 관계는 무상인 유위법(행 등의 법)과 그 본성인 무상성의 관계, 환언하면 특수와 보편(共相), 혹은 개체와 일반자의 관계에 있다고 할 수 있다. 확실히 이 관계에 관해서는 같다고도 말할 수 없고 다르다고도 말할 수 없다. 다른 예를 들어 말하면, 벚나무(특수)와 나무(보편)의 관계를 고려해 보면, 벚나무는 나무 일반이 아니다. 그러나 벚나무는 나무가 아닌 것은 아니다. 그와 같이 특수와 보편의 관계에는 다르지 않는 것과 같은 것이 아닌 것의 관계가 성립한다.

이와 같은 종차의 계층구조는 물론 인도 논리학에서도 고찰되고 있다. 다만 그 궁극의 보편을 존재성(sattā)으로 받아들이는 것이 상식이었다. 그 경우 특수 방향의 궁극에 존재하는 개체도 또한 그 존재성의 일부라는 것이 되지 않을 수 없다. 이때 참으로 둘도 없는 개체로서의 주체가 성립하는 것으로는 될 수 없다. 그러나 인도사상계에서는

---

4 由前理故, 此圓成實與彼依他起非異非不異, 異應眞如非彼實性, 不異此性應是無常. 彼此俱應淨, 非淨境, 則本後智用應無別. 云何二性非異非一. 如彼無常, 無我等性. 無常等性與行等法異, 應彼法非無常等. 不異, 此應非彼共相. 由斯喩, 此圓成實與彼依他非一非異, 法與法性理必應然, 勝義, 世俗相待有故.(『성유식론』 권8)

이단이라고도 할 수 있는, 불교에서는 궁극의 보편은 공성·무자성이라고 간주된다. 이것에서 개체는 둘도 없는 존재가 될 수 있는 것이다.

덧붙여 원성실성은 3무성설에서는 승의무성勝義無性이라 간주되며, 그것은 승의승의勝義勝義의 일진법계一眞法界라 여겨진다. 여기서는 그 궁극은 이언진여離言眞如라는 주장이 포함된다고 생각된다. 그것은 굳이 말하면 '절대무'이다.

구체적인 세계에서 절대를 보다

하여튼 그것은 이상, 유식의 삼성설에서 의타기성(8식·개체)과 원성실성(진여·초개체)의 존재방식을 검토하여 거기에 개체와 초개체가 하나라는 존재방식을 볼 수 있었다. 깨달음은 그 자각이며, 진실한 자기의 자각·이해이다. 물론 유식의 수행에서는 그 원만한 자각을 초래하지만, 다만 그것을 "이것(원성실성)을 보지 않고 저것(의타기성)을 볼 수 없다"라고 2단계적으로 설명하는 것이었다. 그렇다면 선에서는 이것에 관해 어떠한 것으로 되는 것일까?

우선 선은 색깔도 모양도 없는 세계가 본래의 자기라고 하는 것은 역시 결코 말하지 않을 것이다. 확실히 법신法身의 공안公案에서는 "하늘도 없고 땅도 없으며, 과거도 없고 현재도 없다. … 없다고 하는 것도 없다"라는 경지를 그대로 체현하지 않으면 안 된다. 무자공안無字公案이나 척수음성隻手音聲의 공안 등은 그것을 목표로 한다. 그것은 무분별지를 실현하는 길이라고 말해도 좋다. 그러나 그 한복판은 실은 반드시 지금·여기·자기로서 구체적인 세계이다. 가령, "무엇이

부처인가?"와 같은 소위 깨달음의 한복판을 묻는 질문에 대해 화락란
(花藥欄, 화장실의 담장) 혹은 간시궐(幹屎橛, 마른 똥 막대기)이라고 한다.
그것은 소위 초개체의 세계에 궁극의 세계가 있는 것이 아니라, 오히려
개체의 한복판이 절대의 세계임을 표현하는 것이다. 선은 오히려
그것을 존중한다. 개체는 엄연한 사실인 것이다.

일찍이 호부쿠(保福)와 조우케이(長慶)가 산에 놀러갔을 때, 호부쿠
는 손가락으로 가리키며 "다만 이곳이 묘봉의 정상이다"라고 말했다.
이것에 대해 즉각 조우케이는 "자네 말은 맞네. 그러나 애석하게도
아직 멀었어!"라고 말했다. 뒤에 이것을 들었던 쿄우조우(鏡淸)는
그때 조우케이가 없었더라면 "온 들녘에 해골이 가득 널려 있었을
것이다"라고 말했다고 한다.(『벽암록』제23칙, 「보복묘봉정保福妙峰頂」)

『벽암록』제45칙, 「조주만법귀일趙州萬法歸一」에는 다음과 같은
화두가 있다.

한 스님이 조주 화상에게 물었다.
"우주의 모든 것이 하나로 돌아간다고 합니다만,
그럼 그 하나는 어디로 돌아갑니까?"
조주 스님이 대답했다.
"나는 청주에 있을 때 베적삼 하나를 만들었는데, 그 무게가 일곱
근이었지."[5]

---

5 擧. 僧問趙州, 萬法歸一, 一歸何處. 州云, 我在靑州, 作一領布衫. 重七斤.(『벽암록』
　제45칙, '조주만법귀일趙州萬法歸一)

172

사태(事)는 이치(理)로 돌아가고 이치는 사태로 돌아간다. 그 사태란 추상적인 현상인 것은 아니다. 그때마다 지금·여기·자기 이외에는 있을 수 없다. "여산의 안개비와 절강의 물결이여! 가보지 못했을 땐 천만 가지 한이었네. 가보고 돌아오니 이렇다 할 것은 없고, 여산의 안개비와 절강의 물결이었네."⁶

이상과 같다면 선에서는 단순히 진여와 같은 것을 깨닫는 것이 아니라, 오히려 개체와 초개체가 구별되며 하나임을 자각하는 길이 될 것이다. 세간에 왕왕 보이는 종교적 신비주의에서는 무엇인가 상대를 떠난 절대의 세계, 현상을 초월한 실재의 세계, 사람을 초월한 신과 합일하여 거기로 녹아들어 가는 것이 궁극의 신비 체험이라고 생각된다. 그러나 선에서는 결코 그와 같이 되지 않는다. 그것은 유식 사상에서도 그러하다. 진정한 불교에서 개체는 초개체로 사라질 수 없다. 정토교적인 표현을 취한다면 아미타불의 빛으로 귀일하는 것이 왕생往生·성불成佛이 아니라, 자기도 또한 아미타불의 대비의 은혜를 입으며 독자적으로 무상정등각을 실현하여 부처가 되는 것이다.

도겐(도원)의 『정법안장』「현성공안」은 달과 물의 비유 속에 이것을 밝히고 있고(물이 개체이며, 달이 초개체), 나아가 진실한 자기가 '초개체의 개체'에 있다는 것을 극히 명료하게 밝히는 비유를 그 책에 기록하고 있다. 물고기와 물·새와 허공의 비유에 의한 다음의 설시說示이다.

물고기가 물속을 헤엄쳐 가지만 그 물은 끝이 없고

---

6 廬山烟雨浙江潮, 未到千般恨不消. 到得還來無別事, 廬山烟雨浙江潮.(소식蘇軾〔北宋〕, 〈관조觀潮〉)

새가 하늘을 날지만 하늘도 끝이 없다.

그렇지만 물고기도 새도 예로부터

지금까지 물이나 하늘을 떠난 적이 없다.

다만 많이 필요하면 많이 쓰고

적게 필요하면 적게 쓴다.

이와 같이 그때그때 사물에 따라 진력이 다하지 않음이 없고

처처에 해탈하지 않음이 없다고 할지라도

만약 새가 하늘을 떠나면 바로 죽으며

만약 물고기가 물을 떠나면 곧 죽고 만다.

물고기는 물이 생명임을 알아야 하고

새는 하늘이 생명임을 알아야 한다.

하늘은 새를 생명으로 삼고

물은 물고기를 생명으로 삼아야 한다.

생명은 새도 되고

또한 생명은 물고기도 된다.

다시 여기서 더 나아가 말하자면

수행도 있고 실증도 있으며

수자도 있고

명자가 있음도

모두 이와 같다.(도원, 『정법안장』「현성공안」)

여기서 물고기·새는 그것만으로 생명을 보존하는 것이 아니라는 것은 매우 선명하게 설명된다. 물고기·새는 물·허공을 떠나서는 살아

갈 수 없다. 즉 헤엄을 친다든가 하늘을 난다든가 할 수가 없는 것이다. 물고기·새의 생명의 근원은 물·허공과 같은 곳에 있는 것이다.

아마도 이 비유에서 최초로 물·허공이 있고, 그 뒤 물고기·새가 거기로 들어간다고 말할 수는 없을 것이다. 역으로 물고기·새만이 우선 존재해 있고, 그것이 물·허공으로 들어간다고 말할 수도 없을 것이다. 물고기·새 그리고 물·허공이 다른 것임에도 불구하고, 게다가 서로 분리되지 않고 불이일체不二一體인 것이 생명의 근원이며, 그 불이의 사태가 실현하고 있는 바에 오히려 물고기·새도 성립하는 것이다. 이것이 "생명이 새의 전부일 것이다. 생명이 물고기의 전부일 것이다"라는 말로 제시되고 있다고 생각된다. 이 '생명'이란 그 불이의 근원에 다름 아니다.

그것에 입각하면 "새가 생명이며, 물고기도 생명이다" 하는 말도 그 어떠한 문제도 없이 성립하게 된다. 요컨대 생명은 개체를 떠나서는 있을 수 없다. 저절로 여기서 도겐이 완시 쇼우가쿠(굉지정각宏智正覺)의 『좌선잠』에 있는 "물은 맑아 바닥을 훤히 드러내는데, 물고기는 유유자적하게 헤엄을 치도다. 허공은 광활하여 끝이 없는데, 새는 아득히 멀리 날아가도다"라는 구절을, "물은 맑아 땅을 뚫는 듯하고, 물고기가 헤엄쳐 가는데 물고기와 같다. 허공은 광활하여 하늘을 뚫는 듯하고, 새가 날아가는데 새와 같다"라고 고친 것을 상기하게 한다. 그 궁극에서는 "물고기가 헤엄쳐 가는데 물고기와 같다. 새가 날아가는데 새와 같다"는 의미 이외에는 아닐 것이다.

지금의 물고기·새 그리고 물·허공의 비유는 바로 개체와 초개체의 논리구조의 비유가 된다. 말할 것까지도 없이 물고기·새는 개체이고,

물·허공은 초개체이지만, 게다가 초개체가 무라고도 생각하게 하는 비유가 되는 바가 투철한 것이다. 니시다 기타로에 있어서는 절대자는 자기를 부정하여 다수의 개체를 성립시키는 것이었다. 개체는 그 자기를 초월한 것에서 비로소 개체이지만, 그 자기를 초월한 것은 절대적으로 자기를 부정하기 때문에 절대무로서 말해진다. 투명하게 무와도 유사한 물·허공은 실로 그 절대무를 상징하는 것 같다. 이 물고기·새, 물·허공의 비유에서, 개체는 개체만으로 성립하지 않고, 초개체도 초개체만으로 존재하지 않는다. 게다가 개체와 초개체가 하나이며, 결코 개체는 소실하지 않는 것이 충분히 표현된다. 따라서 수행의 의미도 자기를 떠난 절대자와 같은 존재를 궁구한다든가, 현상을 떠난 본성을 궁구한다든가 하지 않는다. 그것을 도겐은 다음과 같이 말한다.

그런데 물을 다 알고
하늘을 다 알고 난 연후에
물에서 헤엄치고
하늘을 날겠다고 하는
새나 물고기가 있다고 한다면
물에서도 하늘에서도
갈 길을 얻지 못하고
갈 곳을 얻지 못한다.
이곳을 성취하면
자기의 일상생활이

곧 현성공안이 된다.
이 길을 성취하면
자기의 일상생활이
곧 현성공안이 된다.
이 길과 이곳은 큰 것도 아니고
작은 것도 아니며
자기도 아니고
남도 아니며
예로부터 있는 것도 아니요
지금 나타난 것도 아니기 때문에
이와 같이 되는 것이다.(도원, 『정법안장』)

이 '길', 이 '곳'이란 물고기·새와 물·허공이 불이不二의 존재인 것이다. 이것은 실로 저 눈 속의 매화였던 것이다. 그것에 투철할 때, 자기의 참으로 자기가 되었던 운명이 실로 '현성공안(있는 그대로의 진리)'이 된다는 것이다. 이 책의 제목이 실로 여기에서 사용된다. 그것은 대상적으로 파악되는 것이 아니다. 대상적으로 개체와 초개체를 결합하여 이해해야만 하는 것이 아니라, 자기를 비우고 자기를 잊는 경지에 이르러서야 비로소 자각되는 것이다.

실은 이 사상(事)과 이치(理)를 근대의 탁월한 선사였던 스즈키 다이세츠(鈴木大拙)도 명확하게 지적하고, 니시다 기타로(西田幾多郎)도 또한 철학적으로 논하고 있다. 우선 시모무라 토라타로(下村寅太郎)가 스즈키 다이세츠의 흥미진진한 언어를 전하고 있기 때문에 우선 그것을 먼저 보고자 한다.

> 아주 만년의 일이지만, 어느 날 다이세츠 선생에게 니시다 철학의
> '순수정신'에는 주객이 아직 분리되지 않은 것과 주객이 이미 분리
> 되지 않은 것의 구별이 있다. 게다가 그것이 동일하다고 해석하고
> 싶다고 말씀드린 적이 있다. 그때 다이세츠 선생은 '아니, 이미
> 나누어지지 않은 것이 아닌 것인데, 나누어진 채로 두어도 좋은
> 것이다'라고 말씀하셨다. 그것은 나로서는 계시였다. 그 말씀이야
> 말로 다이세츠 선생의 체험과 사상이 아닌가 생각한다. … (下村寅太
> 郎「鈴木大拙・西田幾多郎・山本良吉」, 下村寅太郎저작집 12, 『서전西田
> 철학과 일본사상』, 487~488쪽)

이 말에는 선의 깨달음의 일반적인 인상을 뒤집는 것이 있다. 선에서
는 '견성'을 자주 언급하지만, 무엇인가 일미의 평등을 보는 것이 깨달음
인 듯이 생각되지만, 다이세츠는 진실은 주객 미분한 것에 있는 것이
아니라 주객이 나누어진 바에 있다고 보는 것이다. 물론 그것은 범부에
있어서의 주객 분열한 세계가 그대로 깨달음의 세계라고 하는 것은
아닐 것이다. 오히려 깨달음에 철저한 입장에 선다면, 주객이 분열한
한복판에서 진실을 보는 것이라 생각된다. 그것은 다이세츠의 깨달음
과 호응한다. 다이세츠는 메이지 28년 엔가쿠지(圓覺寺)에서 견성을
인가받은 뒤, 미국에서 우연한 기회에 '팔은 바깥쪽으로 굽지 않는
법'이라는 구절에 대해 깨달았다고 한다. 이 구절은 『벽암록』 제1칙,
원오 선사의 본질의 착어에 '팔은 바깥쪽으로 굽지 않는 법(臂膊不向外

178

曲)'이라고 기술한 것에 유래하는 것 같다.(秋月龍珉저작집 6, 『인류의 교사 鈴木大拙』, 143쪽)

'팔은 바깥쪽으로 굽지 않는 법'이라는 구절에는 팔은 팔, 무릎은 무릎, 주인은 주인, 손님은 손님의 세계가 현전한다고 말한다. 이 깨달음에서 다이세츠는 뒤에는 『금강반야경』에 설해진 것에 근거한 '즉비의 논리'를 소리 높게 주장하게 된다. 그것은 모순(非)이 그대로 동일(即)인 듯한 세계의 의미로 말해진다. 즉 '나누어진 채'로 그대로 '나누어져 있다'는 것이며, 역으로 '나누어져 있지 않은' 채로 '나누어져 있다'라는 것이기도 하다. 그 '즉비'의 관계에 있는 것으로 이윽고 개체와 초개체를 든다. '즉비의 논리'란 그 양자가 구별되면서, 그대로 하나인 듯한 세계를 말하는 것으로 제시되고 있는 것이다.

지금 그 하나의 예를 들어보자. 『선의 사상』에는 다음과 같이 기술 된다.

반잔호우샤쿠(반산보적盤山寶積)의 시중示衆에 이러한 것이 전해 진다.

아무리 하여도 그동안의 소식을 누설하고 있다.(아래는 의역) "여러 선사들이 말씀하신다. 비유해 보면 칼을 허공에 휘두르는 것과 같은 것이다. 닿는가, 닿지 않는가는 문제가 아니다. 허공에 그려진 선에는 윤곽의 흔적이 없다. 그것으로부터 칼날도 이지러 지지도 않는다. 이러한 방식으로 (생활을 규제해 가면) 심심무지 心心無知이다. (이것은 무의식이라고 말하는 것이 아닌, 분별은 있지만 다만 무분별의 분별이라는 것을 기억하지 않으면 안 된다.) 그래서

전심즉불全心卽佛, 전불즉인全佛卽人―사람과 부처는 다르지 않
다. 도라고 말하는 것이 여기서 비로소 성립한다. (개체는 개체이
다. 초개체는 아니지만, 초개체는 개체이어야만 비로소 사용이 가능하
게 된다. 개체는 초개체이지만, 개체만은 아니다. 초개체의 개체이다.
부처와 사람은 즉비무이卽非無二의 논리이다.)"(鈴木大拙전집 13, 121~
122쪽)

이 다이세츠의 입장에서 본다면, 선의 참된 깨달음의 세계는 결코
개체가 소멸하여 평등일미의 세계에 몰입하는 듯한 것은 있을 수
없다. 오히려 개체는 어디까지나 개체를 상실하지 않고 게다가 초개체
에게 열리는 것을 실현하는 것이다.

그 다이세츠와 평생 동안 친밀한 교제를 나누었던 니시다도, 실은
언제까지나 '순수경험'에 머물러 있지는 않았다. 그 심리학적으로 기울
어졌던 설명을 논리적 철학적으로 곧바로 파악하는 과정에서 결국은
니시다는 '개체의 철학'을 전개해 간다. '장소의 논리'란 그대로 진실한
개체, 즉 진실한 자기의 논리에 다름 아니다.

니시다는 만년에 종교철학을 논하는 「장소적 논리와 종교적 세계관」
의 논문을 저술하여 개체(자기)와 절대무의 장소의 '역대응'의 사태를
규명해 간다. 거기서는 선에 관해서도 논구해 가지만, 그 핵심을 대등
국사大燈國師의 '억겁이 엇갈려 잠시도 떠나지 않으며, 온종일 상대해
도 찰나도 상대하지 않는다'라는 구절에서 구한다.(西田幾多郎전집 11,
409쪽 참조) 그것이 니시다의 '역대응'을 잘 표현하는 언어이지만, 여기
에는 역시 개체와 초개체가 이미이건, 단순히 미분인 것이 아니라

180

나누어진 채로 접하는 구조가 된다.

나아가 니시다는 실로 '견성'에 관해 다음과 같이 논한다.

선종에서는 견성성불이라 말하지만, 이러한 말은 오해되어서는 안 된다. 본다고 말해도 밖으로 대상적으로 무엇인가를 본다고 말하는 것이 아니다. 또 안으로 내성적으로 자기 자신을 본다고 말하는 것도 아니다. 자기는 자기 자신을 볼 수 없다. 눈은 눈 자신을 볼 수 없다. 그렇다고 초월적으로 부처를 본다고 말하는 것도 아니다. 그렇게 말하는 것이 보인다면 그것은 요괴일 것이다. 본다고 말하는 것은 자기의 전환을 말하는 것이다. 입신入信이라고 말하는 것과 동일하다. 어떠한 종교에서도 자기의 전환이 중요하다. 즉 회심廻心이 종교의 핵심이다. 이것이 없다면 종교가 아니다. 그렇기 때문에 종교는 철학적으로는 장소적 논리에 의해서만 파악되는 것이다. 위와 같이 우리의 자기는 모순적 자기 동일적으로 자기 자신의 근원으로 돌아간다. 즉 절대자에게 돌아가 절대 현재의 자기 한정으로, 지금이 곧 절대 현재적으로, 어느 곳이라도 평상적, 합리적이라고 말하는 것은 일면에 우리의 자기가 어디까지나 역사적 개인으로서 종말론적이라고 하는 것이어야 한다. …
(西田幾多郎전집 11, 424~425쪽 참조)

선이라고 하는 것은 많은 사람들이 생각하는 것과 같은 신비주의가 아니다. 견성이라고 하는 것은 깊게 우리의 자기 근저를 깨닫는 것이다. 우리의 자기는 절대자의 자기부정으로 성립하는 것이다.

절대적 일자의 자기부정적으로, 즉 개체적 다자로서 우리의 자기가 성립하는 것이다. 그러므로 우리의 자기는 근저적으로는 자기모순적 존재이다. 자기가 자기 자신을 아는 자각이라고 말하는 것, 그것이 자기모순이다. 그러므로 우리의 자기는 어느 곳까지도 자기의 근저에 자기를 초월한 것에서 자기를 지니는, 자기부정에서 자기 자신을 긍정하는 것이다. 이러한 모순적 자기 동일의 근저를 깨닫는 것을 견성이라 하는 것이다. … (西田幾多郎전집 11, 424~425 쪽 참조)

이들의 논의에 입각하면 선에서 깨달음을 열고, 그것에 투철할 때는 개체와 개체를 초월하는 것이 다르게 존재하면서도 같다고 하는 자기 자신의 존재방식, 실행하는 존재방식이 명료하게 자각된 것이 될 것이다. 니시다는 다이세츠가 설한 바와 같은 지평을 본다고 말하지 않을 수 없다.

이와 같이 다이세츠나 니시다에 의하면 선의 깨달음에서는 소위 '초개체의 개체'가 자각되어 가는 것이다. 그것은 이미 기술한 바와 같이 유식에 의해서도 지지되어야 할 도리인 것이었다.

실은 견성이라는 말에 관해 도겐은 철저하게 부정했던 것이다. 견성이라는 말을 언급하고 있는『육조단경』은 심지어 위서에 다름없다고 말하며, 이것을 부정할 정도이다.(12권,『정법안장』「사선비구」참조) 대개 그것이 광대한 자기의 본성을 보는 듯한 것이라면, 그것은 선에는 있을 수 없는 것이다. 다만『정법안장』「불성」에는 불성을 본다는 것에 관해 몇 번 정도 긍정적으로 말한다. 그것은 불성이 광대한

182

자성과 같은 것이 아니라는 이해에서 긍정되는 것이다. 실제 그와 같이 언어를 자유롭게 읽을 수 있었던 도겐이라면, 견성도 또한 독자의 의미를 부여하여 긍정적으로 읽는 등 전적으로 간단한 것이었음에 틀림없다.

이미 니시다는 견성은 통속적으로가 아니라 본래적으로 읽고 있다. 나아가 저 도겐과 같이 견성은 성을 보는 것이어야만 하는 것이 아니라는 것을 강조하고 "그러므로 우리의 자기는 어느 곳에서도 자기의 근저에 자기를 초월한 존재에서 자기를 두며 자기부정에서 자기 자신을 긍정하는 것이다. 이러한 모순적 자기 동일의 근저를 깨닫는 것을 견성이라고 하는 것이다"라고 그렇게 읽어야만 한다고 주장한다. 니시다가 읽고 있는 견성의 본의를 도겐이 읽지 않았을 리 없다. 도겐의 견성 비판에는 어딘가 당시의 불교계·선불교계의 상황이 얽혀 있는 것이다.

덧붙여 다이세츠의 견성 이해에 관해서도 약간 언급해 두고자 한다. 이하는 『문화와 종교』(전집 19)의 「문명聞名과 견성見性」으로부터이다.

그런데 여기에 매우 경계해야 할 하나의 가닥이 있다. 그것은 견성이라고 하는 것을 두 글자로 나누어 '견'이라 하는 것이 있고, '성'이라고 하는 것이 있다고 믿는 것이다. 선을 파악하는 과정에서 이 정도의 잘못은 없다. 이 점에서 가장 명쾌한 해석을 지니지 않으면, 선은 무대 없이 되어 끝맺는다. 돌이킬 수 없게 되는 것이다. 선에서는 '견' 즉 '성', '성' 즉 '견', '견' 밖에 '성' 없고,

'성' 밖에 '견' 없으며, '견'과 '성'은 절대로 동일하다고 경험하는 것이다. '성'인 것이 있고 그것을 '견'하는 것이 있다고 하는 것은, 인간 일상의 분별 의식계의 사고방식을 선 경험상으로 옮겨가는 것으로, 그러한 험난한 사고방식은 있을 수 없다. 선에서는 그러한 분별 논리의 근저를 되풀이하는 것이 그 본지인 것이다. '성'이 즉 '견'이며, '견'이라고 하는 것이 곧 '성'이다.

잠깐 생각해 보면 멋쩍게도 보인다. '견'은 작동하기 때문에 그것은 무엇인가 작동하지 않으면 안 된다고 말한다. 그리고 그 '무엇인가'는 '성'이 아니면 안 된다. 그런데 '성'이 '성'을 '본'다고 말하는 것은 불가능하다. 원래 불가분의 '성'이 아닌가, 그것은 분열한다고는 생각하지 않는다고 하는 등, 분별에 고집하는 것을 말하는 것이다. 이것은 '성'을 정적靜的으로 공간적으로 생각하는 것이기 때문에, 이른바 '생각하는' 입장을 떠나지 않는 사람이 말하는 바이다. 사실상으로는 '성'은 동적動的이며 행위적이다. '성'에는 별로 정적인 체상이라고 할 것은 없다. '본'다고 말하는 것이 그 작용이며, 이 작용 그것이 그 본체이며 그 형상인 것이다. 이것은 분별 이론으로 결말이 나지 않는 문제다. 사실상 경험상 '견성' 그 사상 상에서 확실히 기다리고 있는 것이다. 분별 의식상에서 이러니저러니 따질 수 없는 절대성을 가진 사실이기 때문에 분별 의식은 우선 자기를 버리고 이 사실상에서 그 허리를 진정시키고 그것으로부터 무엇이라고 말한다면 말해야만 할 것이다. 이 사실을 벗어나서 조망하여 그러한 경험이 있는가 없는가 말하는 것은,

자기를 알지 못하는 것의 한계이다. 선의 궁극은 그러므로 '견즉성,
성즉견'이라고 하는 곳에 자리 잡게 마련이다. 다만 선은 '본'다는
것이기 때문에 그 선풍에 스스로 능동적인 지적인 바가 있다.(『문화
와 종교』, 전집 19)

이렇게 다이세츠는 '견성'이란 '견이 성이고, 성이 견'이라고 말한다.
그것은 결국 개체즉초개체個體卽超個體, 초개체즉개체超個體卽個體라
는 것에 다름 아니다. 고기는 물속에 있어야만 비로소 살아갈 수
있고, 새는 허공에 있어야만 비로소 살아갈 수 있다. 다만 일면의
설산의 세계에는 매화꽃이 한 잎 두 잎 필 때, 천하에 봄이 왔음을
아는 것이다. 많은 조사 스님들이나 도겐, 니시다, 다이세츠, 그리고
『반야심경』도 유식도 그 '초월적 개체의 개체'를 자기의 핵심의 논리로
서 말했던 것이다.

제5장 지금을 살아가다

공간적 연기와 시간적 연기

불교의 진리는 연기緣起에 있다고 말해진다. 대체로 연기사상은 모든 불교를 일관하여 주장되고 있는 것처럼 생각된다. 소승(설일체유부)의 제법연기諸法緣起, 유식의 아뢰야식연기阿賴耶識緣起, 여래장연기如來藏緣起, 화엄의 법계연기法界緣起 등 다양한 형태로 연기사상이 말해진다. 반야·공관에서도 '연기이기 때문에 무자성이며, 무자성이기 때문에 공'이라고 연기를 공의 근거로 삼고 있다. 연기는 불교를 특징짓는 핵심사상이다.

그러나 참으로 연기가 궁극의 진리인가는 더 검토할 필요가 있다. 원래 연기란 어떠한 것인가? 그것은 단순한 인과관계가 아니라 원인에 조건이 개재함으로써 결과가 있다고 보는, 인因·연緣을 종합적으로 보는 것이었다. 그 경우 연緣이란 대단히 넓은 개념이며, 어떤 원인(因)에 조건(緣)으로써 적극적으로 관여하지 않고 그 결과가 성립하지 않는 것도 있다면, 오히려 소극적으로 어떤 원인에 대해 다만 방해가 되지 않는 것만으로 그 결과를 성립시키는 것이기도 하다.

이 연기는 공간적(동시적) 관계와 시간적(이시적) 관계로 분석할 수 있다. 공간적 관계란, 가령 트럼프 카드 2장을 역 V자형으로 세워두면, 서로 의지하며 두 장을 동시에 세울 수 있다. 이것을 다시 몇 가지로 조합해 가면 큰 피라미드조차 만들 수 있다. 그 어느 하나의 역 V자형이 세워지게 됨으로써, 한쪽은 다른 쪽을 지지하고, 다른 쪽은 한쪽을 지지하게 된다. 이와 같이 동시에 상호 간에 지지할 때, 거기에 공간적 연기의 관계를 지적할 수 있다. 이 경우 두 장의 트럼프는 상호 원인 혹은 결과가 되는 것이며, 이때 지구에 작용하는 중력이라든가 바람이 없는 것 등이 조건이 되는 것이다.

그와 같이 공간적 연기라는 것도 생각된다. 찬드라키르티(Candra-kīrti, 月稱) 등은 오히려 이 상대성, 상의성에서 연기를 파악하고 있다. (『프라산나파다』) 그것은 오히려 물리적 세계보다 개념의 세계나 분별의 세계와 관계가 있다고 할 수 있다. 존재한다고 말할 수 있는 것은 비존재가 있기 때문이며, 비존재라고 말할 수 있는 것은 존재가 있기 때문이라고 하는 것은 너무나 당연한 사실이다. 이때 존재와 비존재는 실은 끊임없는 연기의 와중에 있다고 할 수 있다. 깊은 짧음에 상대하고, 오는 것은 가는 것에 상대한다. 이 사고방식에서 본다면 무릇 우리가 분별하는 세계는 모두 상의적 개념에 근거한 것이며, 모두 연기의 과정에서 성립하고 있는 것이다. 그 분별의 대상에 포지티브한 존재는 있을 수 없는 무자성인 것이 된다. 그러므로 분별은 해체되지 않을 수 없다. 연기는 저절로 희론적멸戱論寂滅의 연기가 되지 않을 수 없는 것이다.

한편 일반적으로 연기라고 하면 역시 시간적인 연기를 상기할 것이다. 현재 연기설의 근본이라고도 말할 수 있는 12연기설은 생사윤회를 설명하는 시간적 연기사상이다. 그렇지만 시간적 연기는 참으로 성립하는 것일까? 연기란 인과 연이 결합되어 결과가 생긴다고 하는 것이지만, 거기에는 인과관계가 역시 중심축으로 존재하고 있다. 그렇다면 과연 그 시간적인 인과관계는 참으로 존재한다고 말할 수 있을까?

실은 용수의『중론』은 이것을 문제 삼고 있다. 원인보다 이전에 결과가 있다는 것은 모순이다. 원인과 결과가 동시에 존재한다면 시간적인 인과관계에는 있을 수 없다. 원인의 뒤에 결과가 있다고 보통은 생각하겠지만, 그것은 원인이 소멸한 뒤에 결과가 있다는 것이다. 결국 원인은 이미 소멸하여 비존재로 된 것에서 어떻게 그 결과가 있다고 말할 수 있을까? 그와 같은 논의를 전개하면서 시간적인 인과관계도 부정한다.『중론』이 밝히고자 하는 세계는 어디까지나 희론적멸의 승의제인 것이다.

큰 강물의 비유

실은 유식설도 또한 시간적 연기는 가설이라는 것을 논한다. 그것은 모든 것이 찰나찰나 생기고 소멸하고 생기자마자 소멸하는 것이다. 결국 과거나 미래는 존재하지 않고 현재만이 존재한다는 시간에 대한 사고방식을 근본으로 하는 것이다. 덧붙여 도겐도 또한『정법안장』 12권본「발보리심」에서 "만약 여래의 정법안장·열반묘심을 밝히려고 할 때, 반드시 이 찰나 생멸하는 도리를 믿어야 한다"라고 말한다. 지금 이 유식의 찰나멸을 근거로 한 연기 해석의 내용을 보자. 『성유식론』 권3에는 우선 『유식삼십송』에서 아뢰야식은 큰 강물(폭포수)과 같다고 비유된다. 그것의 의미에 관한 설명이 이루어진다.

이와 같은 법과 비유가 의미하는 것은, 이 식이 아득한 옛적부터 원인과 결과로 단절되거나 상주하는 것이 아니라는 것을 나타낸다. 이 식의 본성은 아득한 옛적부터 찰나마다 결과가 생겨나면 원인은 소멸한다. 결과가 생겨나기 때문에 단절되는 것도 아니고, 원인이 소멸하기 때문에 상주하는 것도 아니다. 단절되는 것도 아니고 상주하는 것도 아닌 것이 곧 연기의 도리이다. 그러므로 게송에서 이 식이 항상 전전하는 것이 큰 강물(폭포수)과 같다고 설한다.[1]

시작도 없는 아득한 시간이라든가, 미래의 영원한 시간이라든가 그러한 말이 빈번하게 사용되지만, 궁극을 말하면 과거·미래는 존재하지 않는다. 지금 현재밖에 없다. 그 현재가 자기의 생각을 초월한 곳에서 옮겨져 가는 거기에 우리의 운명이 있다. 자기 자신을 초월한 것에서 자기 자신이라는 존재가 새롭게 태어나는, 그 자기의 근원을 어떻게 하든 붙잡지 않는 한 생사윤회를 반복할 것이다.

하여튼 '단절도 상주도 아니라는 것을 드러내는' 여기에 큰 강물

1 如是法喩, 意顯此識無始因果, 非斷常義. 謂此識性無始時來, 刹那刹那果生因滅. 果生故非斷, 因滅故非常, 非斷非常, 是緣起理. 故說此識, 恒轉如流.(『성유식론』 권3)

비유의 첫째 의미가 있을 것이다. 여기서 두 개의 극단적 견해를 떠나고 분별을 여읜다. 자아에 대상적으로 관계하는 존재방식에서 해방되어 가는 과정에서 본래의 자기를 자각하는 길을 여는 것이라 생각된다.

아뢰야식은 시작도 없는 시간 이래 다음 찰나의 아뢰야식이 생기면, 그 이전 찰나의 아뢰야식이 소멸한다. 그러나 결과가 생기기 때문에 단멸하지 않는다. 그렇지만 이전 찰나의 아뢰야식은 소멸하기 때문에 상주라는 것도 있을 수 없다. 그것은 단견(斷見, 모든 것은 순간에 지나지 않는다는 극단적 견해)·상견(常見, 모든 것은 상주 불변한다는 또 하나의 극단적 견해)을 떠난 입장을 가리킨다. 그것이야말로 '연기의 이치'라 할 수 있다. 실체적 존재를 상정하여 세계를 설명하는 것이 아니다. 그렇다고 해서 니힐리즘에 빠지는 것도 아니며, 큰 강물처럼 항상 전변함으로써 존재·비존재를 떠난 그 의미에서 '연기'의 입장을 표현하는 것이다. 이 '연기'의 세계라는 것은 바꾸어 말하면 '중도' 세계의 의미인 것이다. 대상적으로 분별하여 생각하는 것을 떠난 곳에 실존이 있다는 입장을 분명히 하기 위해, 큰 강물과 같다는 비유가 말해졌던 것이다.

찰나멸을 둘러싼 대론

나아가 『성유식론』에서는 이 찰나멸의 입장에서 연기는 어떻게 생각되는가를 문답의 형식으로 설명하고 있다. 논의 상대(대론자)의 입장은 "삼세실유三世實有·법체항유法體恒有"를 주장하는 설일체유부이다.

과거와 미래는 이미 현실적 존재(實有)가 아니라고 말한다. 상주가 아니라는 것은 그럴 수 있지만, 단절되지 않는다는 것은 어째서인가? 단절된다면 어찌 연기의 바른 이치를 이룰 수 있겠는가? 과거와 미래가 만약 현실적 존재(實有)라면, 단절되는 것이 아니라고 인정해야 한다. 그런데 어떻게 해서 상주하는 것이 아니라고 말하는가? 상주하는 것이라면 역시 연기의 바른 이치를 이루지 못한다.[2]

아뢰야식을 설명하여 과거도 존재하지 않는다고 한다면, 미래도 존재하지 않을 것이다. 다만 현재만이 지속한다고 유식은 주장한다. 불교의 입장에서 보면 모든 것은 제행무상諸行無常·제법무아諸法無我이기 때문에, 상주불변의 존재를 인정하는 것은 착오이다. 과거나 미래를 인정하지 않고 현재만이 찰나멸을 지속해 간다는 입장에 입각한다면, 확실히 상주가 아니라는 것은 인정될 것이다.

그러나 개체나 세계가 단멸한다는 단견도, 불교의 세계에서는 착오라고 간주된다. 이 단견에 빠지는 오류에 관해서는, 그러나 상주를 부정하고 찰나멸을 설하는 그 입장에서 참으로 모면될 수 있는가? 미래가 없다고 기술한다면 단멸해 버린다는 입장이 성립해 버리는 것은 아닌가? 그렇다면 불교가 생각하는 연기나 중도의 바른 도리의 입장이 성립하지 않게 되어 버리는 것은 아닌가? 이와 같이 설일체유부는 대승 유식에게 질문했던 것이다.

그러한 질문에 대해 유식의 측에서 역으로 질문한다. 그러한 삼세실

---

2 過去未來旣非實有. 非常可爾, 非斷如何. 斷豈得成緣起正理. 過去未來若是實有, 可許非斷. 如何非常. 常亦不成緣起正理.(『성유식론』 3권)

유라는 당신의 입장에 입각한다면, 과연 한 순간이 모든 것으로 되어
버린다고 하는 단멸의 견해에 빠지게 될 것이다. 그러나 "삼세실유·법
체항유"라면 어떻게 그 입장이 상주가 아니라고 말할 수 있는가?
그것은 불교의 근본적 입장에 반하는 것은 아닌가라고 반문하는 것이
다. 모든 존재가 상주라고 한다면, 불교 본래의 연기의 입장이 성립하
지 않는 것으로 되어 버리는 것은 아닌가라고, 설일체유부 입장의
문제성에 관하여 반론한 것이다. 이것에 대해 설일체유부는 즉시
다음과 같이 응수한다.

어찌 남의 오류를 논파함으로써 곧 자신의 뜻이 이루어지겠는가?[3]

어떻게 타자(설일체유부)의 과실을 부정함으로써 자기(유식)의 입장
이 성립하는가? 그대 유식 쪽에서 찰나멸 가운데 지속한다고 말하는
것에 관해 깔끔하게 설명하라고 말한다.

만약 삿된 견해를 논파하지 않으면 바른 도리를 드러내기 어렵다.
앞의 원인(종자)이 소멸하는 위상에서 뒤의 결과(현행)가 문득
생겨난다. 비유하면 저울의 양쪽 머리가 올라가고 내려갈 때 등과
같다. 이와 같이 원인과 결과가 지속하는 것, 그것은 물의 흐름과
같다. 어떻게 오고감을 의지해 바야흐로 단절됨이 없다고 말할
수 있겠는가?[4]

---

3 豈斥他過, 己義便成.(『성유식론』 3권)

4 若不摧邪, 難以顯正. 前因滅位, 後果卽生, 如秤兩頭, 低昂時等. 如是因果相續如

이에 대해 유식은 우선 잘못된 견해를 부정하지 않으면 바른 입장을 드러내기가 어렵다. 삿된 것을 논파하는 것이야말로 바름이 밝혀지게 된다고 응수한다. 우선은 상대측의 주장이 바르지 않다는 것을 확실하게 해두지 않으면 안 된다. 그렇기 때문에 "삼세실유·법체항유"의 입장에서는 아무 소용이 없다는 것을 기술한 것이라 응답한다.

나아가 전 찰나의 아뢰야식이 소멸하면 동시에 다음 찰나의 아뢰야식이 생긴다. 그것은 저울과 같이 한쪽이 내려가면 동시에 다른 쪽은 올라가는 것과 같은 원리이다. 그와 같이 소위 현재에 현재가 생긴다고 하는 존재방식에서, 그러나 비연속의 연속에서 지속하면서 지속해 간다는 것이다. 우리들 개개의 운명의 근저에 시작도 없고 끝도 없는(無始無終), 그러한 세계가 있다는 것이다. 그 원인과 결과가 지속해 가는 것은 큰 강물과 같다고 간주된다. 항상 전혀 간격도 없이 다음 현상이 일어나는 것이다. 그와 같은 존재방식의 아뢰야식이라는 세계를 근저에 두고 우리의 세계를 보는 것이며, 연기의 도리와 모순 없이 세계를 설명할 수 있다고 하는 것이 유식의 입장이다. 이렇게 과거나 미래의 존재가 없다고 해도 단견에 빠지지 않는 입장을 설명할 수 있다고 한다.

연기는 가설된 것

찰나멸의 지속 중에 인과가 지속해 간다. 유식은 이것으로 충분하다고

流. 何假去來, 方成非斷.(『성유식론』 3권)

주장하지만, 설일체유부는 계속해서 문제가 있다고 반론한다. 그것은 인과관계의 문제를 둘러싼 논의이다.

인과관계라는 것은 참으로 존재하는 것인가, 이것은 실은 대단히 어려운 문제이다. 특히 시간적인 인과관계는 참으로 존재한다고 말할 수 있는가? 영국 철학자 데이비드 흄(D. Hume, 1711~1776)은 객관적으로 인과관계가 있다고는 결코 말할 수 없다는 것을 논증했다. 그것에 대해 독일의 철학자 임마누엘 칸트(I. Kant, 1724~1804)는 "독단론의 깊은 수면을 벗어났다"라고 말하며, 실로 인과관계는 어떻게 성립하는가를 철학 상의 근본적인 문제로 추구했다. 칸트는 우리의 주관이 세계를 이해할 때 인과관계라는 형식 속에 이해해 가는 것이며, 그것은 오성이라는 주관이 세계를 파악할 때의 형식이라고 말한다. 그와 같이 서양철학의 사고방식에서 볼 때, 객관세계에 인과관계가 있다고 단언할 수가 없다.

불교는 연기가 진리라고 주장하지만, 이 연기 중에 인과관계가 들어가 있을 뿐이며, 그렇다면 참으로 그 인과관계는 존재한다고 인정되는 것인가? 나아가 연기는 무조건적으로 진리인 것인가? 앞서 기술한 바와 같이 『중론』에서도 인과는 성립하지 않는다고 말해졌던 것이다. 여기서 설일체유부도 그 논리를 제시하여 유식에게 따지고 있다.

원인이 현재에 있는 위상에서는 이후의 결과가 아직 생겨나지 않았는데, 현재의 원인은 무엇의 원인인가? 결과가 현재에 있을 때에는 이전의 원인이 이미 소멸했는데, 현재의 결과는 무엇의

194

결과인가? 이미 원인과 결과가 없는데, 무엇이 단절됨과 상주함을 떠난다는 말인가?[5]

원인이 현재 존재할 때 결과라는 것은 성립하지 않는다. 특히 대승의 입장에서 말하면, 현재만이 실제로 존재하며 미래는 아직 오지 않아 없는 것이기 때문에 원인이 있을 때 결과는 아직 성립하지 않는 것이다. 결과가 없는 이상 그 원인이라는 것도 또한 없는 것이 될 것이다. 그러나 결과가 성립했을 때 원인은 소멸한다. 소멸해 버린 비존재인 것이 어떻게 결과를 낳을 수 있는가? 이렇게 "현재실유現在實有·과미무체過未無體"의 입장 속에서 세계를 볼 때 결국 인과관계는 성립하지 않게 되는 것은 아닌가라는 것이다.

만약 인과관계가 원래 성립하지 않는다면 연기의 바른 도리라는 것도 성립하지 않는다. 그렇다면 단견·상견을 떠난 중도의 입장도 불가능하게 되어 버리는 것은 아닌? "삼세실유·법체항유"를 주장하는 설일체유부에서 본다면, "현재실유·과미무체"의 유식 입장은 인과관계, 나아가 연기의 도리는 성립하지 않는다고 해야 할 것이다. 그것에 대해 우선 유식은 역으로 '삼세실유'의 입장의 난점을 다음과 같이 지적한다.

만약 원인이 있을 때 이미 뒤의 결과도 있다면, 결과가 이미 본래부터 있는데, 어떻게 앞의 원인을 기다리는가? 원인의 뜻이 이미

5 因現有位, 後果未生, 因是誰因？果現有時, 前因已滅, 果是誰果. 旣無因果, 誰離斷常.(『성유식론』 3권)

없는데, 결과의 뜻이 오히려 있을 수 있겠는가? 원인도 없고 결과도 없는데, 어찌 단절과 상주를 떠난다는 말인가?[6]

설일체유부는 미래도 이미 존재한다는 입장을 견지한다. 미래가 이미 존재한다고 한다면 이미 결과가 있다는 것이며, 그렇게 되면 그 원인을 구하는 의미가 없어져 버릴 것이다. 원인이라는 것이 성립하지 않으면 결과라는 것이 어떻게 있을 수 있는가? 연기 그것이 성립하지 않는 것은 아닌가? 원인도 결과도 없는 것이라면 어떻게 단견과 상견을 떠난 중도의 입장에 설 수 있는가? 오히려 상견의 과실에 빠질 뿐이다. 이렇게 반론한 것이다.

이에 대해 설일체유부는 반론을 시도한다.

원인과 결과의 뜻이 성립하는 것은 법의 작용에 의거한다. 따라서 비판한 내용은 우리 학파의 교의에 해당되는 것이 아니다.[7]

설일체유부는 "원인과 결과의 뜻이 성립하는 것은 법의 작용에 의거한다"라고, 연기나 인과는 법 자체에서가 아니라 법의 작용에 있어서라고 주장한다. 이것은 설일체유부의 정통적인 입장이다. 다르마의 본체는 상주라고 인정하며 어떤 다르마가 작용을 일으킬 때 그 다르마의 현재이며, 아직 작용을 일으키지 않는 것이 미래의 다르마

---

6 若有因時, 已有後果, 果旣本有, 何待前因? 因義旣無, 果義寧有. 無因無果, 豈離斷常.(『성유식론』 3권)

7 因果義成, 依法作用. 故所詰難, 非預我宗.

이다. 이미 작용을 일으킨 다르마는 과거의 다르마가 되는 것이다. 그 찰나찰나 소멸하는 작용의 연속에 의해 세계를 설명한다. 이것이 설일체유부의 입장이다. 무수히 많은 다르마가 존재하지만, 그 가운데 아직 작용을 일으키지 않은 어떤 다르마에 조건(緣)이 갖추어지면 작용을 일으킨다. 작용을 일으킨 곳이 현재의 다르마, 작용을 마친 다르마는 과거의 다르마이다. 그와 같은 방식으로 모든 법 그것은 계속해서 존재한다고 한다. 이렇게 모든 존재 작용의 연기에 의해 세계를 설명하고 '상常·일一·주主·재宰'인 것과 같은 자아는 존재하지 않는다고 했던 것이다. 이에 대해 유식은 계속해 그 부당성을 지적하며 자신의 입장을 해명해 간다.

> 본체가 이미 본래부터 있다면 작용도 역시 그러해야 한다. 기다리
> 는 인연도 역시 본래부터 있어야 하기 때문이다. 따라서 그대의
> 주장은 원인과 결과가 반드시 없다.[8]

마땅히 대승 연기법의 바른 이치를 믿어야 한다. 이 바른 이치는 심오하고 미묘해서 언설을 떠나 있다. 인과 등의 말은 가정적으로 시설한 것이다. 현재의 법이 이후의 작용을 이끌어 내는 것을 관찰해서 가정적으로 미래의 결과를 건립하고, 그에 배대해 현재의 원인을 말한다. 현재의 법이 이전에 응수하는 양상이 있는 것을 관찰해 가정적으로 과거의 원인을 건립하고, 그에 배대해 현재의 결과를 말한다. 허망한 것이라는 말은 현재의 식이 그것(과거와

---

8 體既本有, 用亦應然. 所待因緣亦本有故. 由斯汝義, 因果定無.(『성유식론』 3권)

미래의 모습)과 유사한 양상으로 현현하는 것을 말한다. 이와 같이 원인과 결과는 논리의 취지가 분명하다. 양극단(상주와 단멸)을 멀리 떠나 중도에 계합한다. 모든 지혜로운 자는 수순해서 배우고 닦아야 한다.[9]

본체가 있다면 거기에 저절로 작용도 있을 터이다. 원인이든 조건이든 원래 존재한다면 각각의 작용도 이미 가지고 있을 것이다. 그렇다면 조건이 갖추어져 비로소 작용이 일어나는 것이 아니라 이미 다르마가 존재하고 있는 미래에서 작용은 어느 정도 일어나게 되는 것이다. 원인도 조건도 본체가 있다면 작용이 있고, 본체의 상주와 함께 모든 것이 상주라는 입장으로 될지도 모른다. 결국 연기는 성립하지 않는 것으로 되는 것은 아닌가? 유식은 그렇게 말하며 본체의 상주, 작용의 연기라는 사고방식에서는 설명될 수 없다고 논파한 것이다.

따라서 그 소승의 입장이 아닌 대승의 연기의 바른 도리를 믿어야만 한다고 주장한다. 유식에서 생각한 연기의 사고방식을 이해하지 않으면 안 된다는 것이다. 그 대승의 연기의 도리는 대단히 심오한 것이며 연기의 세계 그것은 본래 언어를 떠난 곳에 있다. 그 언어를 떠난 세계, 제법실상 위에 연기나 인과관계를 세울 뿐이라고 유식은 말한다. 일반적으로 불교는 '연기가 진리'라고 말한다고 생각되지만, 그러나

---

9 應信大乘緣起正理. 謂此正理深妙離言. 因果等言, 皆假施設. 觀現在法有引後用, 假立當果, 對說現因. 觀現在法有酬前相, 假立曾因, 對說現果. 假謂現識. 似彼相 現. 如是因果, 理趣顯然. 遠離二邊, 契會中道. 諸有智者, 應順修學.(『성유식론』 3권)

대승 유식에서 보면 그와 같이 연기의 이론도 또한 방편적으로 설정한 것에 지나지 않는다. 오히려 궁극의 깨달음 세계는 언어를 떠나 있고, 그것을 무엇인가 언어로 설명하려고 할 때, 연기라는 말을 사용한다는 것이다.

그 방편적 시설이란 어떠한 것인가 하면, 유식의 입장에서 말하면, 현재밖에 없는 것이며, 그 현재의 법만이 미래에 작용을 미친다고 하는 것을 보고, 거기서 현재에 대해 미래의 결과를 상정하여 그것에 대해 현재의 법에 원인이라는 말을 부여한 것으로 보고 있다. 한편 현재의 법이 과거에 과보라는 형태를 가진다는 것을 보고, 거기서 현재에 대해 과거의 원인을 설정하여 그것에 대해 현재의 법에 결과라는 말을 부여한 것에 지나지 않는다. 현재의 식이 미래에 관여하고 혹은 과거에 관여한다. 그 형태를 드러낸다고 하는 것이 방편이라는 의미이다. 이렇게 어디까지나 방편적인 시설로서 인과관계가 말해지는 것에 지나지 않는다. 그 인과관계의 존재방식은 명백하다고 한다. 연기는 불교 궁극의 진리라고도 말해지지만, 유식에서 본다면 이와 같은 의미에서 방편적인 설정 속에 연기나 인과관계가 언급된 것에 불과하다.

그 연기의 입장에서 일방적으로 존재라는 사고방식을 떠나고, 일방적으로 비존재라는 사고방식을 떠난다. 실체적인 존재로 상주인 자기를 붙잡는 것도 아니며, 사후는 아무것도 없다고 하여 니힐리즘에 빠지는 것도 아니다. 이것이 유식의 연기관이다. 그런데 이와 같은 본래 찰나멸하는, 현재밖에 없는 세계를 대상화하고 공간화하여 자아나 사물을 실체적 존재라고 간주하여 그것에 집착한다. 임시로 구성된

자아에 휘둘리고 사물에 휘둘려 괴로워한다. 지혜가 있는 사람은
이 유식의 도리만을 배워야 한다. 여기에 참된 실재가 밝혀지게 되는
것이 아닌가라고 말할 수 있다.

현재에서 현재로

그런 이유로 인과 혹은 연기는 방편적으로 설정된 것이지만, 이 가설임
을 밝힘으로써 보다 깊은 진리가 밝혀진다고 할 수 있다. 즉 연기도
초월한, 나아가 언어를 떠난 세계가 팔불중도八不中道의 희론적멸戲論
寂滅 세계이다. 그것이 승의제라는 궁극의 진리 세계라는 것이다.
다만 팔불중도의 세계는 언어를 초월한 세계라고 하면, 지금은 그러한
세계를 대상적으로 생각하기 쉽다. 그러나 그렇게 되면 그것도 또
하나의 상정된 것으로 되어 버린다. 참된 승의제, 궁극의 진리가 존재하
는 곳이라는 것은, 실은 전적으로 현재가 현재로 되는 세계, 방편적
시설 이전의 세계, 거기에 있을 것이다.

　이렇게 유식은 명확하게 현재만으로 우뚝 서서 그것으로부터 시간적
인 관계를 방편적으로 표현하고 있다고 한다. 연기는 사실의 설명이
아니라 방편(가설)의 설명에 지나지 않는다. 시간의 진실은 현재밖에
존재하지 않음과 동시에 나아가 그 현재가 소멸함과 동시에 현재가
생성하게 된다는 것이다. 이른바 현재에서 현재가 생기는, 그 영원한
지금이야말로 세계의 실상임을 표명한다. "끝없는 국토의 경계 속에
살고 있지만 나와 남은 털끝만큼도 떨어져 있지 않고, 시작이 없는
예부터 끝없는 미래를 향해 가고 있지만, 과거와 현재는 절대의 한

순간, 바로 지금 일어나는 한 생각(當念)을 여의지 않는다"[10]이다.

또한 연기 혹은 인과는 가설된 것이라 하여 전혀 인과를 부정해 버리는 것에도 문제가 있음에 틀림없다. 유식의 오위백법 가운데 번뇌의 심소유법인 악견惡見의 사견邪見에는 인과의 부정이 포함되어 있다. 그러한 이상 인과는 함부로 무턱대고 부정되어서는 안 될 것이다. 특히 행위의 세계에서 인과, 즉 "선인락과善因樂果, 악인고과惡因苦果"의 도리는 우선 부정되어서는 안 된다. 이것마저도 부정해 버리는 것은 최악의 니힐리즘으로 빠지는 것이다. 다만 그 인과는 실체적 존재에 있는 것이 아닌 것은 물론, 어떠한 의미에서도 2찰나 이상에 걸쳐서 지속하는 것 위에 말해져야만 하는 것도 아니다. 어디까지나 현재에서만 존재하고, 그 현재의 비연속의 연속에서 그것이 가설 속에서만 인정될 뿐이다.

삼세심불가득三世心不可得

하여튼 그것(시간=마음)이 본래 현재만 존재하는 것이라면, 우선은 그 현재 그것이 어떠한 것인가, 나아가 그것을 확실하게 파악해야 할 것이다. 그런데 현재를 대상화하여 파악한다면, 이미 파악된 현재는 과거가 되어 버린다. 현재는 현재 속에서 파악되지 않으면 안 되지만, 실은 그것은 파악되지 않는다는 존재방식 속에서 자각되지 않으면 안 될 것이다. 이것을 『금강반야경』은 '삼세심불가득三世心不可得'이라

---

10 無邊刹境自他不隔於毫端十世古今始終不離於當念.(고봉원묘, 『선요』)

한다. 즉 "과거심불가득過去心不可得, 현재심불가득現在心不可得, 미래심불가득未來心不可得"이라는 것이다. 이에 관해 선문에 유명한 화두가 있다. 『벽암록』 제4칙에 있는 화두이지만, 지금은 도겐의 『정법안장』 「심불가득」에서 그 아름다운 선율의 문장을 인용해 둔다.

소위 덕산선감 선사(德山宣鑑禪師, 782~865)는 당나라 시대에 『금강경』에 대해 가장 밝은 사람이라고 자타가 인정했다. 그래서 그는 스스로 '주금강왕周金剛王'이라 칭하고 다녔다. 그런 와중에 당나라의 청용사 도인道氤 선사가 찬술한 『금강경』 6권에 대해서는 가장 해박한 지식을 가지고 있었다. 그가 저술한 책만 하더라도 열두 짐 정도나 되었다고 한다. 이 정도로 『금강경』에 대해 뛰어났기 때문에, 어느 누구도 그와 견줄 만한 사람이 없었다. 그렇지만 그는 강사였기 때문에 늘 말단의 취급을 받고 있었다. 이러한 풍속은 당나라에서는 선이 유행하였으므로 경을 공부하는 사람이 크게 인정을 받지 못하고, 선을 하는 선사들은 높이 평가받을 때였기 때문이다. 당시에는 양쯔강 이남의 남방에서 혜능의 선이 유행하고 있었으며, 혜능이야말로 불법의 정법안장을 계승하였다고 주장하고 있었다.

덕산이 물었다. "그대는 무엇을 하는 사람입니까?"
노파가 말하기를, "저는 떡을 파는 늙은이입니다"라고 하였다.
덕산이 말하기를, "나를 위해 떡을 팔 수 있겠습니까?" 하니
노파가 말하기를, "화상께서는 떡을 사서 무엇에 쓰려고 하십니

까?" 하였다.

덕산이 "떡을 사서 점심으로 하려고 합니다" 하니

노파가 "화상께서 가지고 있는 그 짐은 무엇입니까?" 하고 물었다.

덕산이 말하기를, "그대는 듣지 못했습니까? 내가 바로 '주금강왕'이라는 사람입니다. 『금강경』에 대해서는 잘 알고 통달하지 못한 것이 없습니다. 내가 지금 들고 있는 것은 『금강경』을 해석한 것입니다"라고 하였다.

이와 같은 말을 들은 노파가 말하기를, "늙은이가 한 가지 물을 터이니, 화상께서는 여기에 대해 답을 하실 수 있겠습니까?"라고 하니

덕산이 말하기를, "좋습니다. 그대는 마음대로 하십시오"라고 하였다.

노파가 말하기를, "제가 『금강경』을 들은 적이 있었는데, 거기에는 '과거심불가득過去心不可得, 현재심불가득現在心不可得, 미래심불가득未來心不可得'이라고 하였습니다. 지금 어떤 마음에 떡을 가지고 어떻게 점을 찍으려 하십니까? 화상께서 만약 답하시면 떡을 팔 것이오, 만약 대답을 못하시면 떡을 팔지 않을 것입니다"라고 하였다.

그때 덕산은 망연해져 대답할 바를 생각해 내지 못했다. 바로 노파는 소매를 뿌리치고 가버렸다. 결국 덕산에게 떡을 팔지 않았다. 유감스럽게도 수백 권의 주석서를 썼고 수십 년 동안 강의를

한 사람이 고작 초라한 노파의 한마디 질문을 받고 바로 패하여 대답을 하지 못한 것이다. 바른 스승을 만나고 바른 스승으로부터 사법하고 정법을 받는 것은, 아직 정법을 듣지 못하고 바른 스승을 만나지도 못한 것과는 전혀 다름이 이와 같다. 이때 덕산은 처음으로 말하기를, "그림의 떡은 굶주림을 그치게 하지는 못한다"라고 했다. 그래서 용담에게 법을 받았다고 한다.(도원, 『정법안장』「심불가득」)

이 화두에 대해 도겐은 "유감스럽게도 수백 권의 주석서를 썼고 수십 년 동안 강의를 한 사람이 고작 초라한 노파의 한마디 질문을 받고 바로 패하여 대답을 하지 못한 것이다. 바른 스승을 만나고 바른 스승으로부터 사법하고 정법을 받는 것은 아직 정법을 듣지 못하고 바른 스승을 만나지도 못한 것과는 전혀 다름이 이와 같다"라고 평하고 있다. 덕산은 이 떡을 파는 노파의 역습에 깊이 반성하여 선의 길에 들어서고 임제와 어깨를 나란히 하는 선장이 되었던 것이다.

이 현재심도 또한 불가득이라는 것은 유식에서 인과는 가설에 지나지 않는 것이라고 말하는 것과 대조할 수 있는 것은 아닐까? 현재심을 파악할 수 없다는 것은 자기를 대상적으로 파악할 수 없다는 것을 의미한다. 자기는 주체 그것이라고 생각되지만, 주체는 실로 주체이기 때문에 붙잡을 수 없는 것이다. 자기는 자기의 존재로는 여태껏 한 번도 될 수 없는 것이며, 뒤를 돌아보지 않은 채로 다만 살아갈 수밖에 없는 것이다. 그것이 반케이(盤珪)가 말하는 '불생不生의 불심佛心'이라고 할 수 있을 것이다. 이와 같이 시간적인 인과도 해체되고 현재의 자기 그것을 만날 때, 그것은 실은 무엇보다도 긍정적인 주체 그것이며, 근원적인 주체가 실현된 것이다. 유식의 연기의 규명도 또한 여기에서 다할 것이다.

어떤 선사는 12시에 쓰이지 마라, 12시를 쓰라고 말했다고 하지만, 그 마음도 같을 것이다. 그것은 대상에 끄달리지 않고 주체로 활동하는 것이다. "머무는 곳 어디서나 주인이 되면(隨處作主), 서 있는 곳이 모두 진실이다(立處皆眞)"(『임제록』)이다. 『벽암록』에는 제6칙, 「운문 십오일雲門十五日」이라는 화두가 있다.

이런 얘기가 있다.
운문 스님께서 법문을 하셨다.
"십오일 이전에 대해서는 그대들에게 묻지 않겠다. 십오일 이후에 대해서 한마디 말해 보라."
(대중이 말이 없자) 자신이 (대중을) 대신해서 말씀하셨다.
"매일 매일이 좋은 날이다."[11]

이 "십오일 이전에 대해서는 그대들에게 묻지 않겠다. 십오일 이후에 대해서 한마디 말해 보라!"라는 것도 결코 미래의 일이 아니라, 바로 지금 여기의 자기가 어디에 있는가를 물었던 것이다. "매일 매일이 좋은 날이다"라고 하는 것은 반드시 좋은 것, 즐거운 것뿐이라는 것이 아니다. 실로 그와 같은 것은 있을 수 없다. 이 언어의 마음은 오로지

---

11 舉 雲門垂語云. 十五日以前不問汝. 十五日以後道將一句來. 自代云 日日是好日.
  (『벽암록』 제6칙, 「운문십오일雲門十五日」)

지금 철저히 해가는 것에서 열리는 경지를 말한 것이다.

유식에서는 이 자기를 붙잡는 것에도 많은 시간의 수행이 필요하다고 생각한다. 자기와 사물을 대상적으로 파악하고 또한 집착하는 경향은 몸에 젖어들기 때문에 그것을 뒤집어 가는 것은 참으로 쉽지 않은 것으로 보인다.

그러나 선은 "용맹스러운 중생은 성불하겠다는 한 생각뿐이다"라고 하듯이 좌선변도坐禪弁道의 과정에서, 지금 여기에서 실로 이 진실한 자기를 붙잡아 간다. 물론 자기 그것이 되어 현재 그것에 우뚝 섬으로써 그 일을 마치는 것이다. 이때 사람은 참된 근원적인 주체를 실현하는 것이다. 여기서 선적인 주체가 현성하는 것이다. 그것은 결코 대상화된 자기일 수는 없다. 그러한 측면을『경덕전등록』권5의「남악회양」의 장에 나오는 다음과 같은 화두가 말하고 있다.

남악회양 화상이 처음 육조 스님을 참례하였다.
육조 스님이 물었다.
"어느 곳에서 오는가?"
"숭산에서 옵니다."
"무슨 물건이 이렇게 왔는가?"
"설사 한 물건이라고 하더라도 곧 맞지 않습니다."
"증득하는 것을 필요로 하는가?"
"증득하는 것은 있지만 더럽혀지지는 않습니다."
"다만 이 더럽혀지지 않는 그것이 모든 부처님의 아끼는 것이다.
그대가 이미 이와 같으며 나도 또한 이와 같다."[12]

도대체 무엇이 그와 같이 왔는가라는 육조의 물음에 이전 남악회양은 전혀 답하지 못했지만, 이제는 자신의 견해를 드러낼 수 있었다. 그러나 그것은 한 글자조차도 발설하면 그것조차도 맞지 않다고 할 수 있는 것이다. 육조는 그 답을 인정했다. 참된 자기 존재는 말할 수 없고 붙잡을 수도 없는 것이다. 거기에 자기의 본래면목이 있다. 그것이야말로 천상천하유아독존天上天下唯我獨尊인 자기이다.

『무문관』제45칙, '타시아수他是阿誰'는 다음과 같은 공안이다.

동산법연東山法演 사조師祖께서
"석가나 미륵이 오히려 그의 노비다.
말해 보라. 그가 누구이겠느냐?" 하셨다.[13]

석가모니불도 미륵보살(미래불)도 자기 손아래로 보는 자란 어떠한 자인가? 말할 것도 없이 그와 같은 자야말로 선적인 주체이며, 진실한 자기이다. 과연 그와 같은 자란 어떠한 자인가? 적어도 주체 그것이 되어 활동하는 자, 지금 여기 우뚝 홀로 서 있는 자가 아닌가!

---

12 讓和尙, 初參六祖. 祖問什處來. 曰崇山來. 祖曰甚物伊來. 曰說似一物, 卽不中. 祖曰 還假修證不. 曰 修證卽不無, 汚染卽不得. 祖曰只遮不汚染底, 是諸佛之所護念. 汝旣如是, 吾亦如是.(『경덕전등록』권5, 「남악회양」)

13 東山演師祖曰. 釋迦彌勒猶是他奴. 且道他是阿誰.(『무문관』제45칙, '타시아수他是阿誰')

다이세츠의 선적 자유

여기에 설 때 실로 일체가 자기로 말미암는 것이 된다. 그것이 불교
특히 선의 세계에서 말했던 '자유'라는 것이다. 근대 일본의 위대한
선승 스즈키 다이세츠(鈴木大拙)는 선의 입장에 뿌리를 두고 '자유'라는
것에 관해 많은 것을 말하고 있다. 이하 진실한 자기가 현성한 모습을
다이세츠가 말한 '자유'라는 것으로 보고 가는 것으로 한다.

다이세츠는 서양의 자유, 프리덤(freedom)이라든가 리버티(liberty)
와 같은 것은 '무엇인가로부터의 자유'에 지나지 않으며, 압박이나
속박으로부터의 해방을 말할 뿐, 보다 포지티브한 것이 보이지 않는다
고 단정한다. 한편 선에서 말하는 자유란 실로 자기로부터 말미암는
것이며 "그것이 스스로부터의 그것이다"는 것에서 자유를 본다. 소나무
는 소나무를 낳고, 대나무는 대나무를 낳는 곳에 자유의 의미가 있다고
다이세츠는 말한다. 물론 소나무는 대나무가 될 수 없고, 대나무는
매화나무가 될 수는 없다. 거기에는 하나의 필연, 외형적 속박이 있다.
인간은 허공을 자유롭게 비상할 수 없고, 바다를 자유롭게 유영할
수 없다. 그러나 그 제약 그대로 그것을 받아들이며, 그 자기를 안으로
부터 살아갈 때, 거기에 참된 의미에서의 자유가 있을 것이다.

다이세츠가 말하듯 서양의 프리덤이나 리버티는 무엇인가로부터의
자유일 수밖에 없고, 무엇에로의 자유가 아니라고 하는 것은 실제로
그러한지 어떤지 검토를 필요로 함에 틀림없다. 그러나 다이세츠의
입장에서 본다면, 언어의 원래 의미 등보다도 실로 서구사회에 머물면
서 실감한 그 사회의 콘텍스트에서, 그 언어의 의미에 관해 기술하고

있는 것으로 생각된다. 실은 다이세츠에게 있어 이 '자유'라는 말은 의외로 깊이 사고하지 않으면 안 되는 언어이며 사상이었다. 왜냐하면 아직 가네자와(金澤)에서 청년 시대, 영어 공부에 매진하는 와중에 가장 영향을 받았던 것은, 지금까지 일본 사회에서 볼 수 없었던 자유라는 개념이다. 21세 무렵(메이지 24년), 동경을 떠나 그 뒤 엔가쿠지(원각사)로 들어가, 결국 메이지 28년의 로오하츠 셋신(臘八攝心, 양력 12월 1일부터 12월 8일 새벽까지, 마음을 화두에 집중하여 흐트러지지 않게 하여 주야로 부단히 좌선하는 혹독한 수행)에서 견성을 이루고, 그 다음해 봄 미국으로 건너간다. 그리고 "팔은 밖으로 굽지 않는다"는 구절에 의해 대오각성하였지만, 그 대오의 핵심에 실로 자유라는 것이 있었던 것이다. 다이세츠는 다음과 같이 그때의 일을 술회한다.

　선생은 말씀하셨다. "미국으로 건너가기 전 혹독한 수행에서 '이것이다'라는 것이 있었지만, 그때는 아직 무아몽중과 같은 상태였다고 말해도 좋을 것이다. 미국으로 건너가 라살(Lasale county)에서 무엇인가를 생각하고 있을 때, "팔은 밖으로 굽지 않는다"라는 구절을 보고 문득 알 것 같은 느낌이 들었다. "응! 이것을 알지 못한다. 그럴수록, 지극히 당연한 일이군. 어떤 조작도 없는 것이군. 그렇다. 팔은 굽어도 좋은 것이다. 부자유(필연)가 자유이다'라고 깨달았다. 그때의 견해라든가 경지를 붓으로 4~5매로 써서 『망상록妄想錄』이라 제목하여 일본에 보내 잡지에 실었다.
　저 구절은 무엇인가. 『괴안국어槐安國語』였나? 일본에 있을 때 코우센로우시(洪川老師)의 강좌에서 들었던 적이 있었지만, 그때는 왜 이런 당연한 일을 말하는 것인지 불가사의하게 생각하는 것만으로 아무렇지도 않게 지나갔지만, 미국에서 확실하게 알았다. 그것으로부터 무엇을 읽는다고 해도 확실하다. 지금까지와는 전혀 다른 경지가 나왔던 것이다. 다분히 그 무렵 책을 읽고 문제로 삼고 있었던, "의지의 자유와 필연"과 같은 것이 생각의 계기일 것이다. 너세서티(neccesity)와 프리덤(freedom)의 문제랄까, 그 무렵 윌리엄 제임스 등이 줄곧 그러한 것을 문제로 삼았다. 칸트 이래로, 아니 훨씬 이전부터겠지. 서양에서 프리 윌(free will)과 너세서티의 논의가 있다. 이 경험이 있었기 때문이다. 아무래도 서양철학이라든가 이거는 안 되고 역시 선禪이 아니면 안 된다고 하는 것이 나에게는 확실한 것이다. 모리모토 쇼넨(森本省念) 선생님 식으로 말하면 "무자가 깨지고" 그러한 형태로 그때 다시 나의 자각으로 들어갔던 것이다.

선생은 또 다른 기회에 나의 질문을 받고 스스로 이 "팔은 밖으로 굽지 않는다"라는 구절을 설명하여, "외부로부터 객관적으로 보는 한, 사람은 업의 지배에서 벗어날 수 없다. 소위 '불매인과不昧因果'이며 '인과역연因果歷然'의 세계, 필연의 세계가 거기에 있다. 그러나 이것을 내면에서 보면 여기에 초연한 그 하나가 엄연히 존재한다. 그 필연 중에 '자유'의 세계가 있는 것이다. 소위 '불락인과不落因果'이며 거기에 참된 자유의 세계, 주체적 창조적인 세계가 열린다. 팔은 밖으로 굽지 않는다ー'꽃은 붉고 버드나무는 푸르다'라는 것이다. 실로 어떠한 조작도 없는 극히 단적인 그것은 완벽하게 자명한 진리인 것이다. '뭐 당연한 일이잖아.' 거기에 임제가 말하는

'황벽의 불법다자佛法多子는 없다'라는 자세가 있다. 팔은 밖으로 굽지 않는 바에 그 부자유한 필연의 곳에 참된 자유가 있다고 하는 것이다. 자유의지라는 것도 객관적으로 말하면 그렇다고 말하지만, 주체적·자각적·내면적인 세계, 니시다가 말하는 행위적 직관의 입장에서 말하면, 거기에 참으로 '스스로'인 자유가 있다. 기독교에서도 신의 종에 대한 신앙에 투철할 때 거기에 '그리스도교인의 자유'가 있을 것이다. 진종眞宗의 묘호인妙好人의 입장으로 그러하기 때문이다. 실내에서 무자無字를 보았을 때보다도 라살에서 이 체험이 있고 나서 참으로 선이 선명했다. 이것에서 모든 것이 다한 것이 아닌가!라고 강력하게 맺어졌다.[14]

인과에 어둡지 않다

이렇게 보면 다이세츠에게 있어 자유는 실로 다이세츠 자신의 깨달음의 근본과 관련이 있었던 것이다. 우리는 여기서 인과의 필연과 자유가 지양된 지평을 볼 것이다. 이 문제는 생각해 보면 자기 삶의 가장 핵심에 있는 문제라고도 말할 수 있다고 생각한다. 선은 이 문제야말로 분명한 눈을 가지고 있으며, 진력해 왔다고 말할 수 있을지도 모른다. 『무문관』 제2칙은 바로 이 문제를 정면에서 제시하고 있다. 그것은 다이세츠의 지금의 해설이 그 그림풀이가 됨에 틀림없다. 그것은 다음과 같은 화두이다.

---

14 秋月龍珉著作集 6, 『인류의 교사 영목대졸』, 139~143쪽.

『무문관』 제2칙, 「백장야호」

백장百丈이 대중들에게 설법할 때마다 한 노인이 틈에 끼여 열심히 듣다가 슬그머니 사라지곤 하였다.

어느 날 대중이 모두 물러났는데도 노인은 가지 않고 남아 있었다. 이를 본 백장이 이상하게 여기고 누구냐고 묻자 노인이 대답하였다.

노인: "나는 과거 가섭불 시대에 이 산에서 살았는데, 어떤 학인이 '대수행인도 인과因果에 떨어집니까?'라고 묻기에 '인과에 떨어지지 않는다(不落因果)'라고 대답하여 그 과보로 오백생을 여우의 몸을 받았습니다. 바라오니 화상께서 한 말씀 하시어 부디 여우의 몸에서 벗어나게 하여 주십시오."

백장: "나에게 물어라."

노인: "대수행인도 인과에 떨어집니까?"

백장: "인과에 어둡지 않느니라(不昧因果)."

그러자 노인이 크게 깨닫고 하직 인사를 올리며

노인: "저는 이미 여우의 탈을 벗었습니다. 뒷산 중턱에 제 시체가 있을 것이니, 스님을 천도하는 방식대로 장례를 치러 주시기 바랍니다."

선사는 공양을 마치고 대중을 불러 모아 뒷산으로 가 여우의 시신을 찾아 스님의 천도 방식대로 화장을 하고 장례를 치렀다.[15]

---

15 百丈和尙凡參次, 有一老人, 常隨衆聽法, 衆人退, 老人亦退. 忽一日不退, 師遂問: "面前立者, 復是何人?" 老人云: "諾! 某甲非人也. 於過去迦葉佛時, 曾住此山, 因學人問: '大修行底人還落因果也無?' 某甲對云: '不落因果!' 五百生墮野狐身.

212

백장이 머물렀던 절에 아주 먼 옛날 머물고 있었던 화상은 지금의
주지인 백장에게 간절하게 서원했다. 자기 자신은 크게 수행한 사람도
인과에 구속되는가라고 묻자, 아니, 인과를 초월한다고 답했다. 그
이래 여우의 몸이 되어 버려 그것으로부터 벗어날 수 없는 상태였는데,
'부디 한마디 법어를 말씀하시어 이 몸에서 벗어나게 해 주십시오'라고
하였다. 이때 백장은 '인과에 어둡지 않다'고 말했다. 인과로부터 도망
치거나 부정할 수 없다고 말하는 것이다. 이때 저 화상은 백장의
말이 떨어지자마자, 크게 깨달아 여우의 몸을 벗어날 수 있었다. 탈을
벗은 여우의 몸만이 남겨지고, 백장은 그 장례를 집행했던 것이다.

크게 수행한 자도 인과에 구속된다면, 수행을 하지 않아도 마찬가지
일 것이다. 그렇다고 크게 수행하면 완전히 인과를 초월해 버리는
것도 아니다. 아마도 인과의 철칙은 변하지 않을 것이다. 그러나 그
인과에 머물면서, 그 인과를 살아내며, 안으로 인과를 초월하는 자유가
있을 수 있을 것이다. 이 이야기는 조금 더 이어진다.

그리고는 법당에 나와 앞의 사연을 이야기하자, 황벽이 일어나
물었다.
황벽: "노인이 잘못 대답하여 오백생을 여우의 몸이 되었는데,

今請和尙代一轉語, 貴脫野狐." 遂問: "大修行底人還落因果也無?" 師云: "不昧因
果!" 老人於言下大悟, 作禮云: "某甲已脫野狐身, 住在山後, 敢告和尙, 乞依亡僧
事例." 師令維那白槌告衆: "食後送亡僧." 大衆言議: "一衆皆安, 涅槃堂又無人病,
何故如是?" 食後, 只見師領衆, 至山後嚴下, 以杖挑出一死野狐, 乃依火葬.(『무문
관』 제2칙)

만일 잘못 대답하지 않았다면 어떻게 되었을까요?"

백장: "앞으로 가까이 오너라. 그대에게 일러주리라."

황벽은 가까이 다가서자마자 백장의 뺨을 한 대 후려쳤다.

그리고 백장이 크게 웃으며 말하였다.

백장: "오랑캐의 수염이 붉다더니 붉은 수염의 오랑캐가 있구나!"[16]

이것을 만년에 이르러 대중들에게 말하자, 황벽이 갑자기 말썽을 일으켰다고 한다. 그 마음은 아무래도 선문답과 같이 논리의 비약으로 충만한 것 같다. 그러나 이 한마당의 담판도 인과에 머물러 인과를 초월하는 경지를 피력한 것이다. 이 이야기에 대한 무문의 평이 우스우면서도 적절하다.

인과에 떨어지지 않는다고 했는데 무엇 때문에 여우 몸이 되었으며, 인과에 어둡지 않다고 했는데, 무엇 때문에 여우 몸을 벗어났을까. 만약 여기에 대해 외눈(一隻眼)을 얻었다면 문득 앞 백장의 오백생 여우 생활이 도리어 풍류風流였다는 것을 알 것이다.

불락不落 불매不昧는

한 번의 승부로 두 번의 승리

불매라고 해도 불락이라고 해도

---

16 師至晚上堂, 擧前因緣. 黃蘗便問: "古人錯祇對一轉語, 墮五百生野狐身; 轉轉不錯, 合作箇甚麼?" 師云: "近前來, 與伊道." 黃蘗遂近前, 與師一掌. 笑云: "將謂胡鬚赤, 更有赤鬚胡!"(『무문관』제2칙)

모두 다 어긋난다.

불락인과不落因果와 불매인과不昧因果는 아무래도 결코 두 개의 다른 것이 아니다. 인과에 구속되면서 인과를 초월하는 지평이 있고, 인과를 초월하면서 인과에 한정되는 지평이 있다고 할 수 있다. 그것은 다이세츠가 말하는 자유가 필연, 필연이 자유인 세계이다. 그 자유는 자기의 근원적인 주체에 입각해 제약 한정이 있는 생명을 살아갈 뿐이다. 대상화된 자기에 관계하는 것이 아니라, 주체 그것의 자기로 살아갈 때, 제약은 제약된 대로 살아가는 자기가 되는 것이다.

방금 언급한 백장은 임제의 스승인 황벽의 스승에 해당하는 존재이다. 육조혜능의 법맥에서 말하면 법손(육조혜능 → 남악회양 → 마조도일 → 백장회해 → 황벽희운 → 임제의현)에 해당하지만, 백장은 중국 선종사에서 큰 역할을 담당했던 거장이었다. 선종이 전문 도량의 독특한 운영규칙인 청규를 처음으로 대성·확립한 인물로도 알려져 있다.(百丈淸規) 또한 "하루 일하지 않으면 하루 밥을 먹지 않는다"라고 말한 것으로도 유명하다. 그 백장은 특히 인과에 대한 독자의 시점을 지니고 있었다. '불매인과'라고 갈파한 것과 백장의 언어는 무엇인가 관계가 있는 것처럼 생각된다.

백장산百丈山 대지大智 선사가 대중에게 말하였다.
"이는 연등불然燈佛의 뒤 부처님에 속하며, 최상승最上乘, 상상지上上智로 불도 위에 선 것이다. 이 사람은 불성을 가졌으며 스승(導師)으로서 막힘없는 바람과 막힘없는 지혜를 구사한다. 뒤에 가서는

인과와 복덕·지혜를 자재하게 굴리니, 수레를 만들어 인과를 실어
나르며 삶에 처하여도 삶에 매이지 않고 죽음에 처하여도 죽음에
매이지 않으며, 5음五陰에 처하여도 문이 여닫히듯 5음에 매이지
않아, 가고 머묾에 자유롭고 드나듦에 어려움이 없다. 이렇게
할 수만 있다면 지위와 우열을 논할 것이 없으며, 개미 몸을 받아서
까지도 이렇게 할 수만 있다면 모두 불가사의한 정토일 것이다."[17]

여기에는 부처라면 인과를 사용할 수 있다고 한다. 이것을 수레로
하여 인과를 운반해 간다고도 하지만, 그 수레가 되는 것은 부처로서의
지혜의 의미인 것과 같다. 이것들은 인과를 초월해 버린 것은 아니다.
인과 그대로 그것을 주체적으로 삶을 영위하는 과정에서 인과를 오히
려 사용해 간다는 것이다. 이때 거주는 자유롭게 되며, 출입이 무난하게
된다. 그것은 생사윤회의 세계에서 자유자재하게 된다는 것이다.
　이상 유식과 선사의 시간 내지 인과에 대한 시점을 살펴보았다.
도식적으로 말하면 소승불교에서는 생사윤회를 초월한 열반을 목표로
하여 수행해 간다. 거기에는 업으로부터의 해방, 인과로부터의 탈각,
생사로부터의 자유밖에 없다. 그러나 대승불교에서는 생사를 떠난
열반을 보지 않고, 열반을 떠난 생사를 보지 않는다. 생사즉열반生死卽

---

17 是屬然燈後佛. 是最上乘. 最上上智. 是佛道上立. 此人是佛. 有佛性. 是導師.
　是使得無所礙風. 是無礙惠. 於後能使得因果福智自由. 是作車運載因果. 處於
　生. 不被生之所留. 處於死. 不被死之所礙. 處於五陰. 如門開不被五陰礙. 去住自
　由. 出入無難. 若能潙麽. 不論階梯勝劣. 乃至蟻子之身. 但能潙麽. 盡是淨妙國
　土. 不可思議.(『天聖廣燈錄』9,「백장장」)

涅槃이며 열반즉생사涅槃卽生死이다. 거기에는 생사로부터의 자유뿐만 아니라 생사에로의 자유가 있다. 오히려 자진하여 악취에 태어나는 자유가 성립하는 것이다. 그것이야말로 저 석존과 미륵을 따르는 자라고 할 수 있다.

이때 인과를 단지 초월해 버리는 것은 전혀 있을 수 없다. 인과 속에 있으면서 인과에 구속되지 않고 오히려 인과를 사용하여 인과를 활용하는 것이다. 그 주체는 지금·여기, 바로 근원적 주체로 활동하는 것이다. 스스로 생명에 한결같이 진리 그대로 살아갈 때 생사로부터의 자유를 실현하면서 생사에로의 자유를 살아가는 것이다.

제6장 생사를 초월하다

윤회는 있는가?

"생사를 밝게 아는 것은 불가佛家의 일대사 인연이다"라고 도겐은 『정법안장』「제악막작」에서 기록했다. 불가(불교도), 특히 선에서는 이 생사를 어떻게 투철하여 해탈할 것인가가 전적으로 안목이다. 선원의 승당에 걸려 있는 현판에는 "생사사대生死事大, 무상신속無常迅速. 시부대인時不待人, 근물방일謹勿放逸(생사의 일은 크다. 무상하고 신속하다. 때로 사람을 기다리지 않는다. 삼가 조심하되 방일하지 말라)" 등으로 검은 글씨가 쓰여 있다.

생사란 윤회(saṃsāra)의 의미이기도 하다. 불교는 옛날부터 이 생사윤회를 말했다. 오늘날로 본다면 과연 생사윤회가 있는가, 어떤가를 믿지 않는다고 하는 사람도 많을 것이다. 선사禪師인 아키즈키 료민(秋月龍珉)은 사후는 없다고 분명하게 말하였다.(『오해투성이의 불교』, 『현대를 살아가는 불교』 등) 그러나 의외로 윤회가 있다는 것을 믿는 사람도

218

적지 않다. 최근 임사체험의 연구가 활발하게 행해지며, 거기에 사후의 세계가 확실히 존재하는 것처럼 말해지기도 한다. 신종교에는 과거세 치료법 등도 보인다. 또한 도겐은 삼시업三時業과 심신인과心身因果를 강조했기 때문에, 어떤 면에서는 생사윤회를 인정하고 있었던 것으로 볼 수 있다.(『보경기寶慶記』12권본, 『정법안장』, 『영평광록永平廣錄』 등) 그러나 도겐은 『정법안장』「현성공안」에서 "땔나무가 재가 되어 버렸다면, 다시 땔나무로 되지 않듯이" 등으로 기술하고, 그리고 "사람이 죽으면 다시 산 사람으로는 되지 않는다"라고 말하는 것도 간과할 수는 없을 것이다.

사실 불교는 생사윤회를 당연한 것이라 전제하여 교의를 조직하고 있다. 유식에서 아뢰야식을 세우기에 이른 것은, 무아이면서 게다가 윤회한다는 것을 어떻게 설명할 것인가에 대한 진지한 추구의 결과였다. 그렇다면 불교는 그 생사윤회에 관해 어떻게 설명했던 것일까? 생사를 투철하여 해탈의 길을 절실하게 추구하는 그것이야말로 종교의 핵심이기는 하지만, 지금은 우선 불교가 말한 윤회의 양상을 살짝 엿보는 것으로 하자.

불교에서는 십사불가기설(十四不可記說, 十四無記와 같다)을 말한다.(『대지도론』 권2 등) 이것은 석존이 형이상학적인 문제를 답하지 않았다고 하는 것이다. 이 중에서 여래의 사후 세계가 있는가 없는가에 관한 어떠한 대답도 하지 않았다는 것도 포함된다. 본래는 여래의 사후에 관한 것인데도 이것으로부터 고래로 석존은 사후의 세계에 대해서는 침묵하여 말하지 않았다고 말해진다. 과연 유식의 번뇌 분석 가운데 근본번뇌의 하나인 악견惡見 중의 변집견邊執見에는 "극단에 집착하는 견해이니, 그것(앞의 자기가 있다는 견해의 대상)에 대해 수반하여 단멸과 상주에 집착하는 것을 말한다. 의처 중의 수행과 벗어남(出離)을 장애하는 것을 업으로 한다"(234)(『성유식론』권6)라고 기술한다. 자기가 사후에 단멸한다고 보는 것도 상주한다고 보는 것도 모두 잘못된 견해이며, 이와 같은 견해를 견지한다면, 중도에 머무는 수행과 해탈을 성취할 수 없게 된다고 말하는 것이다.

그러나 불교가 생사윤회를 말하지 않았던 것은 아니다. 오히려 실제로는 적극적으로 언급했다고 할 수 있다. 그 하나가 사유四有 이론이다. 여기서 말하는 유란 개체의 구성요소인 오온五蘊을 의미하며, 그 존재방식에 네 개의 형태를 거친다고 보는 것이다. 즉 생유生有 → 본유本有 → 사유死有 → 중유中有 → 생유生有 → …라고 하여 개체는 돌고 돌아간다고 한다. 이 중 생유와 사유는 탄생하는 순간이며 죽어 가는 순간의 의미로서 한 찰나라고 생각된다. 본유는 업에 의해 결정되는 생애의 한 기간이며, 중유는 사후 다음 세계에 태어나기까지의 기간을 말하는 것이다.

불교경전은 죽어갈 때의 양상에 관해서도 그런대로 상세하게 묘사하고 있다. 죽음에 이르러 신체 중에 4~5백의 급소와 같은 말마(末摩, marman)가 끊어진다고 하는 단말마斷末魔의 고통(말마가 끊어진다)이 있다고도 한다. 악업을 지은 사람은 위에서, 선업을 지은 사람은 아래에서, 차가와져 가고 그 차가움이 심장에 이르게 되면 죽는다고 한다. 혹은 또한 죽어갈 때 빛을 만난다고 말해지기도 한다. 또한 중유(中有, 이생에 죽어 다음 생까지의 존재)의 세계에는 업에 의해 확정된 다음 생의 세계의 개체 신체와 유사한 것을 가지고 있지만, 그것은 보통의 육안으로는 볼 수 없다. 그 신체는 물리적 저항성에 의해 차단된 적이 없다. 게다가 이 중유에는 최장 49일간 머문다고 말해진다. (다른 설명도 있다.)

이 4유의 이론은 생사윤회의 기본적 이론이지만, 한편 세상에 널리 알려져 있는 윤회설은 육도윤회(六道輪廻, 六趣輪廻와 같다)의 이론일 것이다. 즉 중생은 지옥·아귀·축생·수라·인간·천상의 여러 갈래를 업에 따라 거쳐 간다는 것이다. 이들 육도는 삼계(욕계·색계·무색계) 속에 존재한다. 육도의 모두가 욕계에 존재하며(욕계의 천을 육욕천이라 한다), 그 위의 색계와 무색계는 모두 천상의 세계이다.

십이연기와 윤회

나아가 불교에서 예부터 말해져 왔던 십이연기설도 또한 생사윤회의 구조를 설명하는 것이다. 십이연기란 무명無明 → 행行 → 식識 → 명색名色 → 육입六入 → 촉觸 → 수受 → 애愛 → 취取 → 유有 → 생生 → 노사老死라고 하는 것처럼, 열둘의 사항이 연기를 이루어 생사윤회하고 있다고 설명하는 것이다. 이 십이연기를 설일체유부는 삼세양중인과설三世兩重因果說로 해석하고, 유식은 이세일중二世一重의 인과설로 해석한다.

설일체유부의 십이연기설(十二緣起說, 삼세양중인과설)은 참고로 간단하게 설명하면 다음과 같다.

[전세]

무명	근원적 무지	무명과 상응하여 지혜를 결여한 번뇌의 전부
행	업	행위와 그 미래에 대한 영향력, 선악의 업들

[현세]

식	심식이 처음으로 모태로 탁생하는 최초생각의 단계	4유 중의 생유
명색	명이란 비색非色의 사온(수·상·행·식)	명색에서 오온=개체(태아)
육입	육근(기관)이 갖추어진 태아	생을 받은 뒤 5주간 정도 이후
촉	근·경·식의 셋이 화합되는 촉의 심소	생후 2~3세까지
수	고·락·비고비락의 감수의 심소	감정이 두드러지는 12~13세까지
애	탐애의 마음이 활발해지다	애착과 집착이 두드러지는 14~15세 이후
취	탐애가 더욱 격렬해지다	청년기 이후 애와 취는 과거의 무명에 상당
유	애와 취에 근거한 업들이 집적하는 단계	업에 의한 미래의 결과를 지니기 때문에 업을 지닌다고 한다

[후세]

생	미래에 태어나는 초념의 단계	앞의 식에 상당
노사	생 이후(두 번째 생각 이후)	죽음까지

222

여기에는 소위 태생학적인 설명이 있다. 과연 윤회란 이와 같은 연쇄작용에서 이루어지는 것인가라고 생각하게 하는 설명이다.

한편, 유식설의 십이연기설(二世一重의 인과설)은 이 설일체유부의 설과 상당히 다르다. 이것에 관해서는 다소 상세하게 살펴보자. 유식은 우리의 존재를 팔식八識으로 보고 있다. 사람들은 오직 식일 뿐, 모두 한 사람 한 사람이 8식인 것이다. 그중 제8아뢰야식은 찰나찰나 생멸하면서 시작도 없는 아득한 시간으로부터 끝도 없는 아득한 시간까지 한 순간도 간격 없이 지속된다고 한다. 거기에 무아이면서 생사윤회하고 있는 존재방식이 고려되고 있는 것이다. 우선『유식삼십송』이 설하는 곳에서 살펴보자.『유식삼십송』의 제19송에는 다음과 같은 기술이 있다.

모든 업의 습기로 말미암아
이취二取의 습기를 함께한다.
전이숙前異熟이 이미 다하고 나면
다시 남은 이숙이 생기한다.[1]

업의 습기란 행위의 선성善性·악성惡性이 아뢰야식에 보존된 것이다. 소위 업종자(業種子, karmabīja)를 말한다. 이취의 습기란 해석에 따라 다르지만, 우선 아뢰야식의 상분·견분의 2종자로 본다. 아뢰야식은 아뢰야식 자신의 상분·견분의 종자로부터 현행한다. 그렇기 때문에

---

1 由諸業習氣, 二取習氣俱. 前異熟旣盡, 復生餘異熟.(『유식삼십송』제19송)

인간으로 태어난다는 것은, 아뢰야식의 상분에 인간으로서의 개체(有根身)와 그 환경세계(器世間)가 현현하여 그것이 70년 혹은 80년 한 시기 사이 지속되는 것이다. 죽게 되면 중유에 들어가기 때문에 거기서는 중유의 개체와 그 환경이 아뢰야식의 상분에 현현할 것이다. 그리고 업에 따라 또한 다음 세계에 태어나면, 인간이라면 인간, 축생이라면 축생의 그 개체와 환경이 아뢰야식의 상분에 현현하여 한 시기 사이 지속된다. 그것이 유식에서 본 윤회이다.

이렇게 차례로 태어날 때 지옥이나 천상의 어떤 갈래에 태어날 것인가를 결정하는 것이 업이며, 유식은 그것(업)을 업습기(업종자)라고 한다. 한편 지옥이든 천상이든 그 아뢰야식의 상분·견분의 현행을 낳는 것이 아뢰야식 자신의 종자이며, 그것을 보통 명언종자(名言種子, 이것은 아뢰야식만이 아니며 모든 식의 상분·견분의 종자에서 말하는 것)라고 하지만, 그것을 여기서는 이취습기二取習氣라 이해된다. 이렇게 업종자(緣)와 명언종자(因)가 협동함으로써, 앞의 일기의 생이 끝나면 이윽고 다음 생이 시작된다. 그 생은 업의 결과이기도 한데, 그것을 이숙異熟이라고 하는 것이다.

이 게송의 취지는 기본적으로는 지금 기술한 것과 같지만, 『성유식론』(권8)은 이 제19송에 대해서 4단의 해석을 제시한다. 그 전에 우선 업에 관해서는 '유루의 선과 불선의 사업이다'라고 밝히고 있다. 사思라는 심소유법은, 다소 상세하게 말하면, 제6의식에 상응하는 사의 심소(의지에 상당)가 업의 근본이며, 그것에는 선업도 악업도 있을 수 있다. 그 업은 복업福業·비복업非福業·부동업不動業으로 나누어진다. 복업은 인·천에 태어나게 하는 것, 비복업은 지옥·아귀·축생에

224

태어나게 하는 것이다. 아수라에 태어나게 하는 것도 이것이다. 부동업은 색계·무색계의 천상에 태어나게 하는 것이다.

그리고 제1의 해석은 세부적인 것은 다르지만, 거의 앞에서 설명한 것이 해당된다. 다만 2취의 습기는 아뢰야식의 종자에만 한정되지 않고, "이것은 내세의 이숙과의 마음과 그것에 상응하는 여러 인연 종자를 현현한다"라고 기술한다. 그것은 이숙에서 진이숙眞異熟과 이숙생異熟生의 구별이 있지만, 그 이숙생은 육식六識이기도 하며, 지금의 이숙과에는 그 쌍방을 포함하는 것이다. 진이숙이란 업과 전체(總報)로서의 제8식을 가리키며, 이숙생이란 이 제8식에서 생긴 전육식前六識의 이숙과로 귀천貴賤·고락苦樂·현우賢愚·미추美醜 등의 것(別報)이라고 한다(다만 이숙생이라는 명칭은 총보總報에도 적용되는 경우가 있다). 여기서 "이것은 내세의 이숙과의 마음과 그것과 상응하는 여러 인연 종자를 현현한다"라고 기술하는 그 인연의 종자는, 반드시 아뢰야식의 종자에만 한정되는 것은 아니다. 또한 진이숙을 느끼는 업을 인업引業이라 하고, 이숙생을 느끼는 업을 만업滿業이라 한다.

제2의 해석은 『섭대승론』에서 명언습기名言習氣·아집습기我執習氣·유지습기有支習氣라는 세 개의 습기가 설해지는 것을 이 게송에서는 회통하는 것이다. 게송의 업습기에 유지습기가 대응하고, 2취 습기에는 명언습기·아집습기가 대응한다. 요점은 거기에 있기 때문에, 여기서는 더 이상 상세한 것은 생략하고자 한다.

나아가 제3의 해석에서 십이연기설에 근거하여 이 게송을 해석하는 이론이 제시된다. 이것은 다소 상세하게 살펴보고자 한다. 그 해설은 우선 다음과 같다.

또한 태어나고 죽는 일이 지속하는 것은 혹惑·업業·고苦에 의거한
다. 업을 일으키고 윤회의 삶을 촉진하는 번뇌를 혹이라 이름한다.
능히 미래세의 삶(後有)을 초래하는 모든 행위를 업이라 이름한다.
업에 이끌려 생겨난 갖가지 고통을 고라 이름한다. 혹·업·고의
종자를 모두 습기라 이름한다. 앞의 두 가지 습기는 생사의 괴로움
의 증상연이 된다. 도와서 고를 일으키기 때문이다. 세 번째의
습기는 생사의 고에 대해 능히 인연이 된다. 직접 고를 일으키기
때문이다. 게송에서 말하는 세 가지 습기는 상응하는 것에 맞게
알아야 한다. 혹과 고만을 취라고 이름하는 것은 능취와 소취이기
때문이다. 취는 집착의 뜻이고, 업은 명칭을 얻지 못한다. 게송에서
'함께함' 등의 다른 문장은 뜻이 앞에서 해석한 것과 같다.[2]

혹·업·고에 의해 생사윤회가 지속되지만, 혹에는 업을 일으키는
것과 그것뿐만 아니라 미래의 생명 받음(受生)을 재촉해 가는(潤生)
것이 있다고 간주된다. 업은 내세의 결과를 이끌어 내는 업들이며,
고라고 하는 것은 그것에 의해 생긴 개체와 환경의 전부, 혹은 그
일기의 생의 전부이다. 혹의 습기(종자)와 고의 습기(종자)는 명언종자
이며, 특히 고의 습기는 인연이다. 혹의 습기는 악성을 띠고 있는
것이 많고, 업의 습기와 함께 증상연에 위치한다. 다만 이 제19송의

2 復次. 生死相續由惑業苦, 發業潤生煩惱名惑, 能感後有諸業名業, 業所引生衆苦名
苦, 惑業苦種皆名習氣. 前二習氣與生死苦爲增上緣, 助生苦故, 第三習氣望生死
苦能作因緣, 親生苦故. 頌三習氣, 如應當知. 惑苦名取, 能所取故, 取是著義, 業不
得名. 俱等餘文義如前釋.(『성유식론』 8권)

업습기는 업의 습기에 한정되며, 명언종자인 혹의 습기와 고의 습기는
2취 습기 속에서 읽게 된다.

그런데 이 기본적 구도 하에 혹·업·고와 십이연기의 관계가 설해
진다.

> 이 혹·업·고에 총체적으로 12유지를 포함한다는 것을 알아야 한
> 다. 곧 무명으로부터 나아가 노사에 이르기까지이다. 논서에서
> 자세히 해석한 것과 같다. 그런데 12지를 간략히 네 가지에 포함시
> 킨다. 첫째는 능히 이끄는 지분(能引支)이니, 무명과 행을 말한다.
> 능히 식 등의 다섯 가지 결과의 종자를 이끌기 때문이다. 이 중에서
> 무명이란 오직 능히 진정으로 다음 생을 느끼는 선악의 업을 일으키
> 는 것만을 취한다. 곧 그것이 일으킨 것을 행이라 이름한다. 이것에
> 의해 모든 현세에 받는 업과 미래세에 받는 업은 모두 행의 지분이
> 아니다.[3]

우선 능히 이끄는 지분(能引支)으로 무명·행의 2지를 든다. 실은
무명에도 다양한 방식의 존재를 분석할 수 있지만, 여기서는 생사윤회
와 관련된 것만으로 내세에 대한 영향력을 가진 업을 일으키는 것에
관계하는 것만을 읽는 것이다. 물론 행(업)은 내세에 영향력을 갖는
것이다.

---

3 此惑業苦, 應知摠攝十二有支, 謂從無明乃至老死, 如論廣釋. 然十二支略攝爲四.
  一能引支. 謂無明行, 能引識等五果種故. 此中無明唯取能發正感後世善惡業者,
  卽彼所發乃名爲行, 由此一切順現受業別助當業皆非行支.(『성유식론』 8권)

둘째는 이끌려지는 지분(所引支)이니, 근본식 안에서 직접 미래의 이숙과에 포함되는 식 등 다섯 가지를 일으키는 종자를 말한다. 이것은 이전의 두 가지 지분에게 이끌려 일어난 것이기 때문이다.[4]

다음으로 이끌려지는 지분(所引支)으로 식·명색·육입·촉·수가 제시된다. 이 내용은 뒤에 간단하게 기술하겠지만, 미래의 이숙과에는 아뢰야식(總報)뿐만 아니라 육식(別報)도 있을 수 있는 것이다. 그들 종자를 이 5지에 배당하여 이해하는 것이다. 또한 명색이란, 명은 비색의 4온이기 때문에 전체로서 5온이 되며, 이것으로 이숙과의 모두를 드러낸다고 보아도 좋다. 이때는 다른 4지는 그 5온 가운데 '수승하게 수반하여' 특별히 세워진 것으로 이해하는 것이 된다.

셋째는 능히 생겨나게 하는 지분(能生支)이니, 애(갈애)·취(집착)·유(존재)의 형성이다. 가까이 미래의 태어남과 늙고 죽음을 일으키기 때문이다. 내부의 이숙과에 미혹한 어리석음에 의하여 참으로 능히 미래세의 존재를 느끼는 여러 업을 일으켜 연으로 삼고, 직접 미래세의 태어남과 늙고 죽음의 단계의 5과를 일으킬 만한 종자를 이끌어 낸다. 다시 외부의 증상과에 미혹한 어리석음에 의해 경계수境界受를 인연으로 하여 갈애를 일으킨다. 갈애를 연으로 하여 다시 욕구의 집착 등 네 가지 집착(四取)을 일으킨다. 갈애와 집착을 합하여 촉진시키는 능인의 업종자 및 이끌려지는

---

4 二所引支. 謂本識內親生當來異熟果, 攝識等五種, 是前二支所引發故.(『성유식론』 8권)

228

원인을 바꾸어 존재의 형성이라 이름한다. 모두 능히 가까이 미래
세의 존재의 과보를 있게 하기 때문이다.[5]

다음으로 능히 생겨나게 하는 지분(能生支)으로 애·취·유가 있다고
한다. 이미 업종자의 인연에 근거하여 이숙과를 낳을 수 있는 인연의
종자가 있을 때, 그것을 이 애와 취가 더욱더 물이 스며들 듯 스며드는
것이라고 한다. 그것은 마치 어떤 곡물의 종자(명언종자에 상당)가
흙속(업종자)에 묻혀 있다고 해도 비나 바람이나 물 등이 더해지지
않으면 발아(과를 얻는 것)를 얻을 수 없는 것과 같다. 한편 이렇게
스며들어간 업종자와 그것에 의해 이끌어진 명언종자를 유有라 이름
한다. 가까운 미래에 다음 생의 업과를 얻는 것을 소유하고 있기 때문
이다.

넷째는 생겨나는 지분(所生支)이니, 태어남과 늙고 죽음을 말한다.
애(갈애)·취(집착)·유(존재)의 형성에 가까이 생겨나는 것이기 때
문이다. 중유로부터 본유에 이르기까지, 아직 노쇠하지 않은 미래
를 모두 태어남의 지분에 포섭시킨다. 모든 노쇠하는 단계를 총체
적으로 늙음이라고 이름한다. 몸이 부서지고 목숨이 다하는 것을
죽음이라 이름한다.[6]

---

5 三能生支. 謂愛取有, 近生當來生老死故. 謂緣迷內異熟果愚發正能招後有諸業爲
緣, 引發親生當來生老死位五果種已, 復依迷外增上果愚緣境界發起貪愛, 緣愛復
生欲等四取, 愛取合潤能引業種及所引因, 轉名爲有, 俱能近有後果故.(『성유식
론』 8권)

마지막으로 생겨나는 지분(所生支)은 생과 노사이다. 요점은, 생은
이전 생의 사후, 중유로 들어가고 나서 다시 태어나는 것이며, 게다가
늙음에 이르기까지를 말한다. 노와 사는 이해하기 쉽다.

이상을 정리하면 다음과 같다.

[제1세]

무명 　제6의식에 상응한 우치무명愚癡無明, 직접적으로 일어나는
　　　행위(正發業)＝분별에 의해 일어나는 번뇌장煩惱障, 보조적
　　　으로 일어나는 행위(助發業)＝동시적 생기에 의한 번뇌장煩
　　　惱障

행 　　업과業果의 아뢰야식의 종자

명색 　업과業果의 오온의 종자, 아뢰야식과 육근과 촉觸과 수受를
　　　제외한다.

육입 　업과業果의 육근의 종자, 의근은 육식의 등무간의 의미

촉 　　업과業果의 촉의 심소의 종자

수 　　업과業果의 수의 심소의 종자

애 　　제6의식 상응의 구생기의 하품의 탐애

취 　　제6의식 상응의 구생기의 상품의 탐애 및 나머지 일체의
　　　번뇌

유 　　업에 의해 미래의 과가 약속된 상태

---

6 四所生支. 謂生老死, 是愛取有, 近所生故. 謂從中有至本有中, 未衰變來皆生支攝,
　諸衰變位摠名爲老, 身壞命終乃名爲死.(『성유식론』 8권)

230

[제2세]

생　　사후 중유에서 수생하여 노쇠에 이르기까지의 업과의 오온

노사　노쇠하여 변하여 사멸의 단계에 이르기까지의 업과의 오온

이 유식의 이세일중二世一重의 인과에 의한 십이연기 이해는, 이미 알려진 바와 같이, 이전의 삼세양중의 인과에 의한 12연기 이해와 상당히 다르다. 그것도 『유식삼십송』에 있는 업종자와 2취 종자에 의한 생사윤회의 설명에 합해 12연기를 해석한 것이다. 여기서 대단히 흥미 깊은 것은, 생사윤회를 윤연潤緣이라는 것이 촉진한다는 사고방식이다. 이것에 관해 후카우라 세분(深浦正文)은 앞의 표에 보이는 것과 같은 주기 외에 다음과 같이 설명한다.(『유식학 연구』 하, 501~502항)

그런데 유정이 일으키는 번뇌는 단절 없이 생기기 때문에, 그것에 의해 충분히 저 명언종자와 업종자를 비옥하게 적시고, 결과를 낳는 세력을 증대시키는 것이다. 즉 명命이 다한 단계에 있으니, 하품의 탐애법이貪愛法爾를 일으켜 자체를 사랑하고 경계를 사랑한다. 『요의경了義燈』 권5 마지막 부분에 의거하듯이, 사유死有의 단계에는 아직 지금 여기 태어나는 곳을 조건으로 하지 않기 때문에 자체에 대한 사랑을 일으키고, 중유中有의 단계에서는 지금 여기 태어나는 곳을 조건으로 하기 때문에 경계에 대한 사랑을 일으킨다. 이것이 유식의 상식적 설명이라 여겨지는 것이다. 그 자체에 대한 사랑이란 현재의 자신에게 탐착하여 적어도 오래 살기를

바라는 것을 말하며, 경계에 대한 사랑이란 지금 여기 태어나는 경계에 대해 탐착하는 것을 말한다. 이밖에 별도로 지금 여기의 생을 사랑한다고 주장하는 이론이지만, 그 경계에 대한 사랑과 같은 뜻이라고 말해야만 할 것이다. 그리고 이 탐애를 일으키는 단계가 사랑이다. 이렇게 탐애가 지속하고 결국에는 상품의 탐애 및 그 밖의 일체의 번뇌를 일으켜 자주 이것을 윤택하게 한다. 그 단계가 취이다. 무릇 윤택한 삶을 가져오는 것들은 미혹들 어느 것도 가지고 있지만, 임종 순간의 탐애는 물(水)과 같이 특별히 그 세력이 강하기 때문에 별도로 이것을 윤택하게 하는 단계에 입각하는 것이다. 그것을 2지로 하면 자주 그 작용을 행하는 것을 드러내야 하며 초위初位를 애, 후위後位를 취로 나누는 것이다. 그러나 이 생을 윤택하게 하는 미혹은 동시적 생성(구생기)으로써 직접적으로 생을 윤택하게 하고 분별에 의해 일어나는 것으로써 보조적으로 생을 윤택하게 한다. 임종의 순간에는 삿된 스승(邪師)·삿된 가르침(邪敎) 등의 분별에 의하지 않고, 임의대로 동시에 생기는 탐애가 현행하기 때문이다. 또한 범부의 윤생은 반드시 현행하지만, 성자는 또한 종자를 가지고 윤생한다. 그렇기 때문에 이 둘은 종자 및 현행에 공통한다.[7]

실로 놀라울 정도로 극히 명쾌하면서도 세밀하며 게다가 구체적 설명이다. 유식은 이와 같이 상세하게 생사윤회의 구조를 해명하고 있는 것이다.

───────
7 深浦正文, 『유식학 연구』 하, 501~502항.

또한『유식삼십송』제19송에 대한『성유식론』제4의 해설은 분단생사分段生死와 변역생사變易生死의 2종 생사에 의해 이 게송을 보고 있지만, 그것에 관해서는 뒤에 보고자 한다.

이상 유식의 생사윤회의 설명을 살펴보았다. 이것에서 본다면 불교가 생사윤회를 말하는 것은 틀림없는 사실이다. 아미타불의 극락정토에 왕생하려고 하는 것도, 이 인식을 토대로 하고 있는 것이다.

생사는 없다

그렇다면 선에서는 생사윤회를 어떻게 다루고 있는가? 그러나 이때 나는 다만 다음 구절을 상기할 뿐이다.

혜현이 말하길, 이 속에 생사는 없다.[8]

이것은 무상대사 간잔에겐(關山慧玄)이 어떤 스님으로부터 생사의 문제를 어떻게 해결할 수 있는가를 질문 받았을 때의 대답이다. 간잔은 자기의 핵심에는 생사 등은 없다고 공언했다. 당연히 윤회 등은 떠나 있을 것이다. 도대체 선승은 왜 이와 같이 주저함이 없는 언어를 발하여 꿋꿋하게 말하는 것일까?

아마도 그것은 삶과 죽음을 초월한 지금에 우뚝 서 있기 때문일 것이다. 대상화된 주체를 왈가왈부하는 것이 아니라 주체 그것으로

---

8 慧玄が這裏に生死無し.

되어 다하기 때문일 것이다. 생사 없이 다만 절대의 생만이 있다. 불생不生의 생生이 있다. 그것은 대체 한 번 죽은 셈치고 힘껏 노력하여 숨이 끊어진 뒤 소생한 사람이다.

앞의 5장에서 본 바와 같이 유식에서도 무시·무종의 제8식의 지속은 현재의 한 찰나에 다하는 것이었다. 거기서는 인과관계조차 가설이다. 저 극명한 생사윤회의 묘사도 또한 가설이라 하면 가설이다. 자기는 궁극적으로 현재밖에 없다. 이 입장에서 도겐은 다음과 같이 불생불멸의 진리를 말한다. 앞서 조금 언급하였지만, 지금은 모두 제시해 두고자 한다. 『정법안장』 「현성공안」의 땔나무와 재의 비유에 의거한다.

땔나무는 재가 된다.
그러나 다시 돌아가서
재는 땔나무로 될 수 없다.
그렇다고 하여 재는 나중이고
땔나무는 먼저라고 보아서는 안 된다.
나무는 나무의 법위法位에 머물러 전후가 있다.
전후가 있다고 할지라도 그 전후는 별개의 것이다.
재는 재의 법위에 있으며
거기에도 뒤가 있고 앞이 있다.

그 나무가 재로 된 후에는 다시 나무로 될 수 없는 것과 같이
사람도 죽은 뒤에는 다시 살아날 수 없다.
그러므로 생이 사로 된다고 하지 않는 것은 불법에 정해져 있다.

그러므로 불생이라고 한다.

사가 생이 되지 않는 것은 법륜에 정해진 불전이다.

그러므로 이를 불멸이라고 한다.

생도 그때의 모습이며

사도 그때의 모습이다.

예를 들면 겨울과 봄과 같은 것이다.

'겨울이 봄이 된다'고 생각하지 말며

'봄이 여름이 된다'고 말하지 않는다.

사람이 깨달음을 얻는 것은 마치

물에 달이 비치는 것과 같다.

달은 물에 젖지 않고

물도 부서지지 않는다.

달이 아무리 넓고 큰 빛일지라도

적은 물에도 비치며

달과 하늘은 풀잎의 이슬에도 비치며

한 방울의 물에도 비친다.

깨달음이 사람을 다치지 않게 하는 것은

달이 물을 흐트러뜨리지 않게 하는 것과 같다.

사람이 깨달음을 방해하지 않는 것은

한 방울의 이슬이 하늘에 뜬 달을 방해하지 않는 것과 같다.

물이 깊을수록 하늘의 달은 높이 뜬다.

깨달음의 시절이 길고 짧은 것은

물이 많고 적음이나 하늘의 달이

넓고 좁은 것과 같은 이치임을 깨달아야 한다.(『정법안장』「현성

공안」)

 여기서 도겐은 전후 시간이 단절되는 지금에 입각하여 생이 사가

되는 것도 아니며, 사가 생이 되는 것도 아님을 말하고 있다. 이러한

한, 역시 생사는 없는 것이다. 혹은 "살 때는 전체로 살고, 죽을 때도

전체로 죽는다(生也全機現, 死也全機現)"이다.

 이 현재는 과거나 미래와 마찬가지로 본래 불가득이다. 과거나

미래는 없는 것이며, 대상적으로도 본래 불가득이지만, 현재는 대상화

되지 않기 때문에 마찬가지로 불가득인 것이다. 그 의미로『금강반야

경』이 설하는 바와 같이, "과거심불가득, 현재심불가득, 미래심불가

득"은 확실한 진리이다. 자기라는 것은 결코 자기의 존재로는 되지

않는 존재방식 속에 있다. 그 현재심불가득에서는 오히려 절대의

주체가 작동하게 된다. 거기에 생사를 초월한 세계가 있다.

 이것은 실은 생사윤회에 관해 정치하고 세밀하게 말하는 유식에서

도, 한편 찰나멸의 상속의 입장에 서 있으면서 현재만 존재하며, 과거나

미래는 존재하지 않는다(現在實有, 過未無體)고 말하기 때문에, 선과

입장은 같다.

 그렇다고 한다면 다음의『무문관』제47칙,「도솔삼관」도 짐작이

갈 것이다.

 도솔열兜率悅 화상은

세 관문을 마련하여 학인들에게 물었다.

"무명을 제거하고 현묘함을 참구하는 일(撥草參玄)은

다만 성품 보는 것(見性)을 도모하고자 함이거늘

요즈음 사람들의 성품(性)은 어디에 있더냐?

자기의 성품(自性)을 알아야 마침내 생사에서 벗어나거늘

눈빛이 흐리멍덩해서야 어떻게 벗어나겠느냐?

생사를 해탈하면 문득 가는 곳을 알거니와

사대四大가 분리되어 어디로 가겠느냐?"⁹

무문無門이 말했다.

"만일 이 삼전어三轉語에 미련 없이 할 수 있다면

문득 어디서나 주인공이 되어

인연을 만난 즉 주장할 것이지만

그가 혹 그렇지 못하다면

빨리 먹어서 배불리기는 쉽지만, 흡수하기는 어려우니라."¹⁰

라고 말하고 있다. 혹은 또한 『갈등집』의 다음과 같은 공안은 어떤가?

위산의 영우 선사는 대중들에게 말했다. "내가 백 년 뒤, 산 아래의

9 兜率悅和尙. 設三關問學者, 撥草參玄只圖見性. 卽今上人性在甚處, 識得自性. 方脫生死. 眼光落時. 作麼生脫, 脫得生死. 便知去處. 四大分離. 向甚處去.(『무문관』제47칙, 「도솔삼관」)

10 無門曰. 若能下得此三轉語. 便可以隨處作主. 遇緣卽宗. 其或未然. 麤飡易飽. 細嚼難飢.

단월의 집에 한 마리의 물소가 되겠다. 그리고 왼쪽 옆구리 아래에 다섯 글자를 쓸 것이다. '위산의 스님, 아무개(潙山僧某甲).' 이때 만약 누가 만약 위산의 스님이라 부르면 또한 물소이다. 물소라고 부르면 또한 말하길 '위산의 스님, 아무개(潙山僧某甲)'라고 할 것이다. 또한 무어라고 부르면, 그렇다고 할 것이다." 앙산은 나와서 예배하고 떠났다.[11]

이렇게 선은 생사윤회의 유무를 불문하고 지금·여기·자기에서 생사를 탈각하여 지금에서 지금으로 살아간다. 실로 지금·여기·자기에서 "모든 상대적인 인식을 단칼에 베어 버려라(兩頭俱截斷 一劍倚天寒)"와 같이, 생사를 초월하여 해탈하는 것이다. 여기서 좌탈坐脫·입망立亡도 선가의 가풍이 되었던 것이다.

『무문관』 제29칙, 「대수겁화동연大隨劫火洞然」에는 다음과 같은 문답이 있다.

이런 얘기가 있다.
어떤 스님이 대수 선사께 여쭈었다.
"세상이 허물어질 때 큰불이 활활 타오르면 이 우주가 함께 무너진다는데
'이것(본래면목)'도 무너지는지 무너지지 않는지를 잘 모르겠습니다."
대수 스님이 답하였다.

---

11 『갈등집』.

"무너진다."

그 스님이 여쭈었다.

"그러면 곧 (이것도) 겁화에 의해 무너지는 것을 따르는 것이군요?"

대수 스님이 답하였다.

"겁화에 의해 무너지는 것을 따르느니라."[12]

불교는 삼천대천세계로서의 우주는 개인의 윤회와 마찬가지로 성成·주住·괴壞·공空을 반복한다고 한다. 우주가 붕괴되어 가는 즈음 화재의 난도 일어나게 된다. 이때 '지금, 여기'라고 하는 소위 개인의 핵심은 붕괴해 버리는 것인가, 붕괴해 버리지 않는 것인가? 사람의 본성이 본래 불생불멸인 존재라면, 소멸하지 않는다고 생각되지만, 도대체 어떠한 것인가?

『법화경』의 「여래수량품」에는

신통의 힘이 이와 같아 아승기겁 동안

항상 영취산이나 또는 다른 곳에 머무르노라.

겁이 끝날 적에 큰불이 타는 것을 볼 때도

나의 이 국토는 편안하여 하늘과 사람이 항상 가득하고

동산·숲·강당·누각은 갖가지 보배로 장엄하였고

보배·나무·꽃과 과실이 많아 모든 중생들 즐거이 노닐며

여러 천인들은 하늘북 치며

---

12 擧. 僧問大隋劫火洞然大千俱壞未審這箇壞不壞隋云壞 僧云恁麼則隨他去也隋云隨他去.(『무문관』 제29칙, 「대수겁화동연大隋劫火洞然」)

언제나 풍류 잡히고 만다라 꽃비 내려

부처와 대중에게 흩느니라.

나의 정토淨土 부서짐 없지만

중생들은 타고 부서져 근심과 공포와 괴로움이

이렇게 가득 찬다고 보느니라.[13]

등으로 기술한다. 구원실성의 석가모니불의 그 국토는 안은하여 상주라고 제시된다. 도대체 그 상주하는 국토는 어디에 있는 것인가?

양관良寬은 『법화찬法華讚』에 이것에 대해 다음과 같은 찬을 제시한다.

맹화猛火는 일체의 모든 것을 불태워 삼천대천의 시방세계 멸망하게 되는데

나의 이 국토는 길이 평안하다.

이것이 신선의 참으로 묘한 비결이니

누가 봉래를 가리켜 파란을 능멸하는가?[14]

대천세계가 붕괴해도 붕괴하지 않는 국토에 참된 장수長壽의 세계가

---

13 神通力如是 於阿僧祇劫 常在靈鷲山 及餘諸住處 衆生見劫盡 大火所燒時 我此土 安隱 天人常充滿 林諸堂閣 種種寶莊嚴 寶樹多華果 衆生所遊樂 諸天擊天鼓 常作 衆伎樂 인陀羅華 散佛及大衆 淨土不毁 而衆見燒盡 憂怖諸苦惱 如是悉充滿.(『법화경』「여래수량품」)

14 劫火同然大千壞, 我此國土長平安. 此是神仙眞秘訣, 誰指蓬萊凌波瀾.(양관良寬, 『법화찬法華讚』)

있다고 한다. 나의 국토라고 하는 것은 도대체 어디에 있는 것일까? 그것은 바다 저쪽의 봉래산에는 없다고 한다. 아마도 그것도 또한 지금·여기·자기에 있을 뿐이다. 오로지 현재에 우뚝 서 있는 것에 붕괴와 붕괴하지 않음을 초월하고, 생과 사를 초월한다. 이때 붕괴할 때는 다만 붕괴할 뿐이지, 붕괴하지 않는 것으로 됨에 틀림없다. 거기서 대수大隋도 또한 '붕괴한다'고 말하고, '겁화에 의해 무너지는 것을 따르느니라'고 말했던 것이다. 이것에 관해 더 알기 쉽게 기술한 것이 양관의 다음의 언어이다.

재난을 만났을 때는 만남 그것이 좋은 것입니다.
죽을 때는 죽음 그것이 좋은 것입니다.
이것은 이 재난을 벗어나는 묘한 방법입니다.

그것은 니시다가 말하는 절대수동이 절대능동이라는 것이다. 무엇보다도 이러한 것은 달인의 경지인지도 모른다. 범부는 도저히 도달할 수 없는 경지이다. 이때 선의 입장에서 생사에 대한 배려가 쉬운 가르침은 없는 것인가? 그것에는 여러 가지가 있지만, 도겐의 『정법안장』「생사」는 역시 하나의 큰 참고가 되는 것이다. 여기에 굳이 전문을 인용해 두고자 한다.

생사 가운데 부처가 있으면 생사는 없다. 또 말하기를, 생사 가운데 부처가 없으면 생사에 갈피를 잡지 못한다. 이는 협산夾山, 정산定山이라는 두 분 선사의 말씀이다. 도를 얻은 사람의 말씀이고, 정히 헛된 말씀이 아니다. 생사를 떠나고자 하는 사람은 바로 이러한 이치를 밝혀야 할 것이다. 만약 생사 밖에서 부처를 구한다고 한다면, 북쪽으로 간다고 하면서 남쪽을 향하는 것과 같고, 남쪽을 향하고서 북두칠성을 보려고 하는 것과 같다. 더욱더 생사를 거듭할 원인을 모으고, 또한 해탈의 길을 잃고 말리라. 다만 생사가 곧 열반임을 안다면, 생사라고 해서 싫어할 것도 없으며 열반이라고 해서 좋아할 것도 없으리라. 이러한 때라야 비로소 생사를 떠날 수 있게 될 것이다.

삶으로부터 죽음으로 옮겨간다고 생각하는 것은 착각이다. 삶이라고 하는 것은 어느 한때의 상태일 뿐이니, 이미 앞도 있고 뒤도 있다. 그런 까닭에 불법 중에는 생生이라는 것은 불생不生이라고 말한다. 죽음이라고 하는 것도 어느 한때의 상태일 뿐이니, 또한 앞도 있고 뒤도 있게 된다. 이러한 까닭에 (불법 중에는) 죽음이라는 것은 죽음이 아니라고 말한다. 삶이라고 말할 때에는 삶 이외에 다른 것이 없고, 죽음이라고 말할 때도 죽음 이외에 다른 것이 없다. 그런 까닭에 삶이 오면 다만 살고, 죽음이 오면 죽음을 향해 가야 한다. 싫어할 것도 없으며, 바랄 것도 없어야 한다.

이러한 생사는 곧 부처의 생명이다. 생사를 싫어해 그것을 버린다면 곧 부처의 생명을 잃어버리게 될 것이다. 생사에 머물러 생사에 집착하게 된다면, 이 역시 부처의 생명을 잃게 되고 부처의 모습에 집착하게 되는 것이리라. 싫어하는 것도 없고, 사모하는 것도 없고, 이러한 때가 되어서야 비로소 부처의 마음속에 있게 되리라. 다만 마음으로 헤아리지 말고, 말로써 표현하려고도 하지 말라. 다만 우리 몸도 우리 마음도 놓아 잊어버리고, 부처의 집으로 뛰어 들어가, 부처의 입장에서 행하고, 그에 따라 행하게 될 때 힘도 들이지 않고, 마음도 쓰지 않으며, 생사를 떠나 부처가 된다. 누가 감히 마음에 집착하겠는가.

부처가 되는 데는 가장 쉬운 길이 있다. 모든 악을 짓지 말고, 생사에 집착하는 마음이 없어야 한다. 모든 중생을 위해 깊이 슬퍼하고, 윗사람을 공경하고 아랫사람을 배려하며, 모든 일을 싫어하지 말고, 원하는 마음이 없으며, 마음에 생각하는 것도 없고, 걱정하는 것도 없으면, 이런 사람이 곧 부처라고 이름한다. 다시 밖에서 구하지 말라.[15]

또 하나 들어보자. 다음은 반케이 요타쿠(盤珪永琢)의 설법이다.

여러분은 종교인들이 '생사즉열반'生死則涅槃, 즉 살고 죽는 윤회가 열반과 같다고 말하는 것을 자주 듣습니다. 그러나 그들이 그것에 대해 말할 때 그들은 윤회의 관점에서 그렇게 하기 때문에 사실 그것은 열반과 관련이 없습니다. 그들은 항상 가지고 있는, 태어난 적이 없는 부처의 마음이 태어난 적이 없는 것을 통해 바로 오늘 모든 것을 바로잡는다는 것을 아직 깨닫지 못해 이런 실수를 하는 것입니다. 다른 곳에서 '생사즉열반'을 찾고 말과 글자에 몰두하는

---

15 道元, 『정법안장』 「생사」.

것은 무의미합니다. 그들이 하는 것은 아직 태어난 적이 없는 부처의 마음을 '윤회는 열반이다'라는 생각으로 바꾸어 밤낮을 한순간도 쉬지 않고 윤회 속에 갇혀 무의식적으로 보내는 것입니다. 불심은 태어난 적이 없는 것으로 모든 것을 보살피기 때문에 윤회나 열반과는 아무 상관이 없습니다. 태어난 적이 없는 곳에서 보면 둘 다 꿈속의 그림자 같습니다. 그러나 불심은 기이한 손재주를 가지고 있기 때문에 어제까지만 해도 윤회에 바빴던 사람들이 오늘 자신의 잘못을 깨닫고 이제부터 삼독三毒, 삼독 하는 것을 그만두면 그는 이제부터 부처님 안에 머물 수 있습니다. 윤회와 같은 일에 대한 모든 염려에서 벗어나십시오. 육체의 요소가 죽음으로 흩어질 때가 되면 온전히 자신을 흩어지게 하고 후회도 애착도 없이 죽을 것입니다. 그런 사람은 '생사즉열반'이라는 진리대로 사는 동시에 마음대로 살고 죽는 것입니다.(藤本槌重, 『盤珪禪師法語集』, 112~113쪽)

자비와 서원에 의한 생사

그런데 『유식삼십송』의 제19송에 대한 제4의 해설은 분단생사(分段生死, paricchinna-cyuti)에 대한 변역생사(變易生死, acintya-pariṇāmika-cy-uti)의 존재를 밝히는 것이 된다. 분단생사라는 것은 각각 한 생애의 형태나 업에 의해 확정되고 있는 것을 말하며, 변역생사란 스스로의 의사에 의해 자유자재하게 살아있는 시간의 길이나 몸의 형태를 바꾸는 것과 같은 생사를 말한다. 이것에 관해 『성유식론』(권8)은 다음과

244

같이 설명한다.

또한 태어나고 죽는 일이 지속하는 것은 내부의 원인과 조건에 의거한 것으로 외부의 연을 기다리지 않는다. 따라서 오직 식만이 있다. 원인이란 유루와 무루의 두 가지 업을 말한다. 진정으로 생사를 초래하기 때문에 원인이라 한다. 연이라는 것은 번뇌장과 소지장을 말한다. 도와서 생사를 초래하기 때문이다. 무슨 까닭인가? 생사에는 두 가지가 있다. 하나는 분단생사分段生死이다. 모든 유루의 선과 불선의 업이 번뇌장의 연이 돕는 세력에 의해 초래된 삼계의 구체적인 양상의 이숙과를 말한다. 신체와 목숨에 짧고 긴 것이 있고, 원인과 조건의 힘에 따라 결정적인 제한이 있기 때문에 분단이라 이름한다. 둘은 불사의변역생사不思議變易生死이다. 모든 무루의 유분별의 업이 소지장의 조건을 돕는 세력에 의해 초래된 뛰어나고 미세한 이숙과를 말한다. 자비와 원력의 힘에 의거해 신체와 목숨을 전환하여 결정적인 제한이 없기 때문에 변역이라 이름한다. 무루의 선정과 원력에서 진정으로 의지하고 초래되어 심오한 작용을 헤아리기 어렵기 때문에 불사의不思意라 이름한다.[16]

----

16 復次. 生死相續由內因緣, 不待外緣, 故唯有識. 因謂有漏無漏二業正感生死, 故說爲因. 緣謂煩惱所知二障助感生死, 故說爲緣. 所以者何. 生死有二. 一分段生死. 謂諸有漏善不善業, 由煩惱障緣助勢力, 所感三界麤異熟果. 身命短長隨因緣力, 有定齊限, 故名分段. 二不思議變易生死. 謂諸無漏有分別業, 由所知障緣助勢力, 所感殊勝細異熟果, 由悲願力改轉身命, 無定齊限, 故名變易. 無漏定願正所資感, 妙用難測, 名不思議.(『성유식론』 8권)

분단생사란 번뇌장(아집 중심)을 조건으로 하고, 유루(깨달음의 지혜가 생기기 이전)의 선업과 불선업을 원인으로 하는 바의 생사로서 범부의 생사윤회에 다름 아니다. 한편 변역생사는 상세히는 불사의변역생사라 하며, 소지장(법집 중심)을 조건으로 하여 무루(깨달음의 지혜에 의해 뒷받침된)의 유분별의 업을 원인으로 하는 생사로서, 자유자재하게 몸과 목숨을 변경할 수 있는 것이다. '자유자재하게'라는 말의 배경에는 자비와 서원에 근거한다는 것을 잊어서는 안 된다. 고뇌하는 중생의 고통을 함께하는 것과 무엇인가 구제하고 싶다고 하는 생각으로부터 필요에 응하여 자기의 신명을 개변해 가는 것이다.

이 소지장(법집)의 구체적인 내용은, 하나는 실현해야 할 보리(깨달음)가 있다는 것이다. 그렇기 때문에 이 생사에는 불과佛果를 실현하는 데 필요한 수행기간을 지탱하는 신체를 유지한다고 하는 측면도 있다. 특히 성문(소승의 수행자)의 아라한에 도달한 자는, 이미 아집을 끊었기 때문에 더 이상 분단생사를 받을 수가 없는 존재가 되었던 것이다. 그러나 또한 전향하여 불과를 실현하려고 할 즈음에는 이 변역생사에서 수행해 가는 것이다. 이것은 대승보살에 있어서는 팔지八地 이상에서 같은 사정이 된다.

또 하나는 구제해야 할 중생이 존재한다는 인식이다. 이 인식을 토대로 하면서 한편으로 중생구제에 힘쓰면서 최종적인 불과에로의 길을 걸어가는 것이다. 여기 약간 뒤에는

그는 또한 어째서 소지장으로써 돕는 것을 필요로 하는가? 무상無相과 대비大悲를 원만히 증득하지 않은 때에는, 깨달음과 유정과

참으로 존재하는 것으로 집착하지 않아, 맹렬한 자비와 원력을
일으켜야 함에 의하지 않는다. 또한 소지장은 큰 깨달음을 장애한
다. 영원히 단멸시키기 위해 몸을 두어 영원히 머물게 한다. 또한
소지장을 유루의 의지처로 삼는다. 만약 이 장애가 없다면, 그것도
반드시 있지 않다. 따라서 몸이 머무는 데 대해 크게 돕는 힘이
있다.[17]

등으로 설명한다. 수행의 궁극인 부처가 되기 전은 이 보리와 중생이
있다고 생각하지 않고서는 참으로 사람들을 구제하고자 한다는 마음이
성립하지 않는 것으로 된다는 것이다.

이 변역생사는 의성신意成身 혹은 변화신變化身이라고도 말해진다.
다음과 같다.

혹은 의성신이라 이름한다. 의지와 원력에 따라 이루어지기 때문이
다. 경전에서 말한 것과 같다. "취착의 지분을 조건으로 하고 유루의
업을 원인으로 하여, 미래세의 존재를 지속한 자가 삼계에 태어난
다. 이와 같이 무명습지를 조건으로 하고 무루의 업을 원인으로
하여, 어떤 아라한과 독각 및 이미 자재를 얻은 보살의 세 가지의
생신을 일으킨다고 한다."

역시 변화신이라 이름한다. 무루의 선정의 힘으로써 전환하여

---

17 彼復何須所知障助? 旣未圓證無相大悲, 不執菩提有情實有, 無由發起猛利悲願,
又所知障障大菩提, 爲永斷除, 留身久住. 又所知障爲有漏依. 此障若無, 彼定非
有. 故於身住有大助力.(『성유식론』 8권)

근본과 다르게 하는 것이 변화와 같기 때문이다. 어떤 논서에서 말한 것과 같다. "성문의 무학은 영원히 미래세의 존재를 다하는데, 어떻게 능히 최고의 깨달음을 증득한다고 하느냐 하면, 변화신에 의거해 최고의 깨달음을 증득한다. 업보신은 아니다"라고 말한다. 따라서 바른 논리에 위배되지 않는다.[18]

의성신의 교증으로 인용된 경전은 『승만경』이다. 그 무명습지無明習地란 오주지五住地 중의 하나로 소지장을 의미한다고 여겨지는 것이다. 이득자재보살已得自在菩薩이란 8지 이상의 보살이다. 한편 변화신의 교증으로 인용된 논서는 『현양성교론』이며, 무학이란 말할 것까지도 없이 더 이상 배울 것이 없는 자라는 것, 즉 아라한에 해당하는 자이다. 소승에서 전향하여 대승으로 들어간다는 것 자체, 타자와 함께 구제되는 것이 과제가 되었기 때문이다. 무상정등각을 구하는 것은 오로지 타자에 대한 자비와 서원 때문일 것이다. 이렇게 생사를 초월해도 의지와 서원에 근거하여 굳이 생사에 몸을 내맡긴다는 것이 있다. 한마디로 생사윤회라고 말하지만, 보살의 생사에는 이 두 개의 생사가 있다고 설해지는 것에도 충분히 유의해 두어야 할 것이다.

이 변역생사를 받는 것은 보살의 경우, 이전에 8지 이상이라고 말했지만, 확실히 8지 이상은 반드시 변역생사가 된다. 그러나 7지

---

18 或名意成身, 隨意願成故, 如契經說, 如取爲緣, 有漏業因續後有者而生三有, 如是 無明習地爲緣, 無漏業因有阿羅漢獨覺已得自在菩薩, 生三種意成身. 亦名變化 身, 無漏定力轉令異本, 如變化故. 如有論說, 聲聞無學永盡後有, 云何能證無上菩 提. 依變化身證無上覺, 非業報身, 故不違理.(『성유식론』 8권)

이전에도 "자비가 증가하는 사람은 소위 고류윤생故留潤生하여 분단신을 받는다. 지혜가 증대하는 사람은 초지 이상 구생기의 번뇌장을 잠복하기 때문에 변역신을 받는다. 또한 자비와 지혜가 평등한 존재에서는 그것에 2종이 있고, 번뇌를 두려워하는 존재는 23지 사이에 응당 수반하여 변역신을 받고, 번뇌를 두려워하지 않는 존재는 4지 내지 7지 사이에 변역신을 받는 것"도 그러하다.(深浦正文『유식학 연구』하, 514쪽)

무엇보다도『화엄오교장』은 화엄의 오교판 가운데 종교(終敎, 여래장계)의 입장에서는 10주의 처음부터 의성신을 받는다고 한다. "그 행상이란『대승기신론』에서 설하길, 삼현의 최초의 지위 속에서 소분 법신을 보는 것을 얻고, 능히 시방세계에서 팔상성도八相成道로서 중생을 이익되게 한다. 또한 원력을 가지고 몸을 받는 것이 자재이다. 업의 계박은 아니다."(「소전차별」 중 행위차별) 그 의미를 이어받아야 할 것이다.

또한 이 2종 생사에 의해 저『유식삼십송』의 제19송을 읽는 경우, 업습기에 유류의 업 혹은 무루의 업, 2취 습기에 번뇌장의 종자 혹은 소지장의 종자를 읽고 있는 것이 된다. 2종 생사가 함께 묘사되고 있다고 읽음으로써, 2취 습기는 이장二障의 종자라고 읽을 수 있을 것이다. 하여튼 이와 같이『유식삼십송』의 단 하나의 송에도 실로 다채로운 교의가 동시에 포함되어 있는 것이다.

'신묘'한 삶의 방식

그런데 이 변역생사를 세부를 살펴봄과 동시에 의지와 서원에 의한
생사, 자비와 서원에 의한 생사라고 보면, 그것은 선사에도 자주 보이는
것이다. 정토교로 말하면 그것은 왕상(往相, 사바에서 정토로 간다)에
대한 환상(還相, 정토에서 사바로 돌아온다)에 해당한다. 정토교의 경우,
그 환상은 아무래도 사후에 처음으로 성취된다는 것이다. 그러나
선사는 지금·여기·자기에서 '크게 한 번 죽어 다시 새롭게 태어나는
공전절후의 소식(大事一番, 絶後蘇息)'으로 생사를 초월하여 생사로
돌아온다. 이 뒤는 의성신의 생애라고 말해도 지나친 말이 아닐 것이다.
"처음은 향기로운 풀을 따라 가고, 또 떨어지는 꽃을 따라 돈다."

『법화경』「수학무학인기품」 제9에는 소승 성문의 수행자인 아난이
나 라후라 및 유학(有學, 아직 수학해야 할 것이 남아 있는 자), 무학(無學,
더 수학해야 할 것이 없는 자) 2천 명의 성문에게 대승의 부처가 되는
보증이 주어지는 것(授記)이 설해진다. 왜 아난이나 라후라에게 수기
가 행해진 것인가에 관해, 부처는 먼 옛날 공왕불空王佛 문하에서
자신과 함께 보리심을 일으킨 것이다. 다만 자신은 순조롭게 수행하여
지금 부처가 되었을 뿐, 본질은 바뀌지 않은 것이라 설명한다. 그
경전의 언어는 다음과 같다.

"선남자들이여!, 나는 아난과 함께 공왕불空王佛이 계신 데서 동시
에 아녹다라삼먁삼보리의 마음을 내었으나, 아난은 항상 잘 듣고
많이 듣기를 좋아하였으며, 나는 항상 부지런히 정진한 까닭으로

250

아뇩다라삼먁삼보리를 이루었고, 아난은 내 법을 받들어 가지며, 또한 장래 여러 부처님의 법장法藏을 받들어 가지며, 모든 보살들을 교화하여 성취시키리니, 그 본래의 소원이 이와 같으므로 수기를 주느니라."[19]

이러한 내용에 대해 양관 『법화찬』은 다음의 찬을 둔다.

나의 법은 종래 미묘하여 생각으로 헤아리기 어렵다.
누군가 두꺼비 입을 열어 함부로 형상을 평하지 말라.
라후라는 장자이며 아난은 시자이다.
본원력으로 중생을 제도한다.

양관은 단박에 부처가 되어 버린 자보다도 언제까지나 장자로서 가정을 유지한다든지 시자로서 타자와의 세상 이야기를 통해 자기를 돌보지 않는 자만을 높이 평가하고 있는 것 같다. 그 중생을 제도하고 싶다는 본원으로 살아가는 것만이 중대사이며, 자기가 어떻게 부처가 되는가 하는 것은 문제가 되지 않는다고 하는 것이 양관의 불도인 것이다. 중생제도를 위해서는 부처가 되기보다도 더 큰 의미를 가진 특별한 활동이 있다. 여기에는 깨닫고 난 뒤라기보다, 이미 본원을 세워 그 이래 역시 의성신이 되어, 변역생사에도 다름 아닌 삶의

---

19 諸善男子! 我與阿難等, 於空王佛所, 同時發阿耨多羅三藐三菩提心. 阿難常樂多
聞, 我常勤精進, 是故我已得成阿耨多羅三藐三菩提, 而阿難護持我法, 亦護將來
諸佛法藏, 教化成就諸菩薩衆, 其本願如是, 故獲斯記.

방식이 있을 것이다. 그것을 양관은 '묘妙'라고 한다.

그『법화찬』에는 많은 매력적인 시가 있지만, 지금의 문맥과 관련하는 시를 또 하나 선택하고자 한다. 「제바달다품」 제12에 나온다.

나무꾼의 살림살이 숲속에 있고
어부의 생애 물을 길로 삼는다.
잠시 서로 만나는 소란스러운 시장 속에
언어가 끝나는 산과 구름, 바다와 달의 정情.

또한 이 문제는 다음 장에도 약간 새삼스럽게 제시해 두고 싶다. 지금은 앞에서 인용한 「위산수고우」와도 유사한 다음의 화두를 가지고 결론으로 삼고자 한다. 출전은 『조주록』이다.

스님이 남전 스님에게 여쭈었다.
"(불법이) 있음을 아는 사람은 어디로 가는 것입니까?"
남전 스님이 답하였다.
"산 아래 시주 집에 한 마리 소가 되려 하네."
스님이 여쭈었다.
"스님께서 가르쳐 주셔서 감사합니다."
남전이 말하였다.
"어젯밤 삼경, 달빛이 창에 비쳤다."[20]

---

20 師問南泉. 知有底人, 向什麼處去. 泉云. 山前檀越家, 作一頭水牯牛去. 師云. 謝和尙指示. 泉云. 作夜三更月到窓.(『조주록』 2)

제7장 무공용의 경지

『능가경』과 『금강반야경』

선은 '불립문자不立文字·교외불전敎外別傳'을 표방한다고 하지만, 경전을 전혀 사용하지 않는 것은 아니다. 특히『능가경』과『금강반야경』은 선과 가장 관계가 깊은 경전이다.『능가경』은 보리달마가 2조 혜가慧可에게 전수했다고 전해진 것이며,『금강반야경』은 육조혜능이 그 한 구절을 듣고 깨달음을 열었다고 말해지는 경전이다. 다만 아마도 어느 것이든 오늘날의 선종 승당에서 주의 깊게 독송되는 것은 아마도 아닐 것이다. 승당에서 암송되는 경전은『반야심경』과『관음경』(『법화경』「관세음보살보문품」)이거나, 혹은『대비주大悲呪』나『소재주消災呪』일 것이다. 그러나 그것들은 '선도 수행에서 악마가 침입하는 것이 없이 원만하게 성취하는 것(無魔圓成)'을 기도하기 위해 독송되는 것이며,『반야심경』을 제외하고 사상적으로 그다지 선과 깊은 관계가 있는 것도 아니다.

선의 사상적 입장을 표명하고 있는 것은 우선『능가경』과『금강반야경』이라 할 수 있다. 물론『반야경』·『법화경』·『화엄경』등도 깊게 관련을 맺고 있지만, 선종과 직접적인 관계를 맺는 경전으로서는 우선 지금 두 개의 경전을 들 수 있다.

『능가경』은 대승의 잡기장이라 말해질 정도로 어수선한 정돈되지 않은 내용의 경전이지만, 경전 자신은 '오법五法·삼성三性·팔식八識·이무아二無我'를 설한다고 스스로 여러 번 주장한다. 그들이 주장하고 있는 내용들은 거의 유식의 교의와 일치한다. 실제 아뢰야식을 설하고 삼성설을 제시한다. 다만『능가경』의 특징은 여래장도 설하면서, 게다가 아뢰야식과 여래장은 같다고 설명하고 있다.『능가경』은 그와 같은 형식으로 여래장사상을 설명하면서도 나아가 그것은 외도의 아트만과 같은 것이 아니며, 여래장은 공을 특질로 하는 것이라 강조한다. 아마도『대승기신론』은 그 근본사상의 대부분을 이『능가경』에 빚지고 있는지도 모른다.

그렇다고 해도 선 사상과, 오로지 교의를 설명하고 있는『능가경』은 어디서 서로 연관을 맺고 있는 것일까? 가령,『능가경』에는 우부소행선愚夫所行禪·관찰의선觀察義禪·반연여선攀緣如禪·여래선如來禪의 4종선의 설명이 있다. 아공我空만 관찰하는 선에서 아我·법法 모두 공하다는 아공법공我空法空이 드러내는 진여를 관찰하는 선으로, 나아가 여래장에 이르러서는 자각성지自覺聖智에 머물며, 자리원만·이타원만의 선정이 된다고 한다. 여기에 선이라는 불도 수행의 분류가 제시된다. 다만 이 최고위에 위치하는 여래선이, 그 자체 중국에서 육성된 선과 다르지 않다고 말할 수 있는가라고 한다면, 반드시 그렇다고 할 수는 없을 것이다. 오히려 중국의 선은 조사선祖師禪이라 불리며, 인도의 선정과 지혜로 나누어서 보아가는 입장을 부정하고 혹은 초월하여, 선정과 지혜를 하나에서 보아 가며 정혜일등定慧一等의 선을 주장하는 것이었다. 또한 인도의 논리적 서술을 이어서 교의체계를 구축해 가는 입장과는 다르며, 신체의 동작이나 문답이라는 커뮤니케이션 등을 사용하여 진리를 개시해 간다는 차이도 존재했다.

오히려 『능가경』이 선과 관련이 있는 것은, 단지 하나 '사십구 년 동안 한 법도 설한 적이 없다(一字不說)'라는 것이 아니었던가. 석존은 성도를 이루고 나서 열반에 들기까지 단 한 자도 설하지 않았다고 말하는 것이다. "나는 어느 날 밤, 위없는 최상의 깨달음을 얻고 난 뒤, 그 다음 어느 날 밤, 반열반에 들기까지 그 중간에 한 글자도 말하지 않았으며, 이미 설한 적도 없거니와 앞으로 말하지 않을 것이다. 말하지 않는 것이 부처의 말이다"(사권 『능가경』, 대정 16권, 498항 하)라고 기술한다. 여기서 선의 깨달음이 언어를 떠나 있는 것과 통하는 것이 있다. 이렇게 선이 『능가경』이라는 가르침을 친숙하게 사용하는 것은, 실로 그 경전이 불립문자의 가르침이 있기 때문이라는 것이 하나의 이유인 것이다. 다만 선이 『능가경』에 의한 것이라면, '교외별전'이라고 말할 수 없는 도리가 되지만.

그 밖에 종통宗通과 설통說通이라는 말도 『능가경』에 보이며, 이 언어를 선사가 언급하는 것도 보인다. 이것은 쿄우쇼(鏡清)가 "몸을 벗어나는 것은 쉽지만, 마음의 본체를 벗어나는 길은 어렵다"라고 말하고 있는 것(제1장 참조)과도 관계있다고 생각한다. 혹은 오히려 언어로 표현되는 공안을 두게 되듯이, 말하는 것의 중요성에 관해서도 기술한 것이다.

『능가경』를 연구하여 박사학위를 취득한 스즈키 다이세츠는, 이 경전에 자주 보이는 자각성지自覺聖智와 자증성지(自證聖智, svapratyātma-buddhi)에 주목하고, 나아가 일체가 생기지도 않는다는 말에 경전 작자의 깨달음 체험의 직절한 표현을 보았다. 그것은 저 일본 근세의 위대한 선사인 반케이 요우다쿠(盤珪永琢)의 불생선不生禪의 주장과, 다이세츠의 마음속에서 서로 겹치게 되었을 것이다.

한편 육조혜능이 신봉했다고 하는 『금강반야경』도 과연 『반야경』의 하나일 뿐 언어를 초월하는 관점을 지니고 있다. 그러나 『금강반야경』은 단순히 언어를 부정할 뿐만 아니라 또한 재차 언어로 환원해 가는 길도 있다. 왜냐하면 『금강반야경』에는 "부처는 곧 부처가 아니다. 그러므로 부처라 이름한다"라든가 "세계는 곧 세계가 아니다. 그러므로 세계라 이름한다"라고 한 구절이 반복적으로 나오기 때문이다. 여기서는 '아니다'에서 언어를 초월하여 '이름한다'에서 언어로 환원하고 있는 것이다. 이 "A는 곧 A가 아니다. 그러므로 A라 이름한다"라는 구절에서 스즈키 다이세츠가 '즉비卽非 논리'를 주장한 것은 잘 알려져 있다.

도대체 "A는 곧 A가 아니다. 그러므로 A라 이름한다"라고 하는 궤변과도 같은 이 구절은 어떠한 것을 의미하고 있을까? 어떤 해석에 의하면 A의 이름으로 불리는 것은 실체로서의 A가 아니다. 그러므로 현상의 한계 안의 A로서 존재한다는 것을 의미하고 있다고 한다. 『반야심경』의 색즉시공(色卽是空, 색은 곧 공이 아니다), 공즉시색(空卽是色, 그러므로 색이라 이름한다)과 별로 다르지 않다고 말하는 것이다.

이 해석은 그다지 틀린 것은 아닐 것이다. 그러나 선사인 다이세츠의 이 구절의 독해방식은 약간 다르다. 아니 오히려 크게 다르다고 말해야만 할 것이다. 다이세츠에 의하면 이 구절은 선 체험 혹은 깨달음의 체험의 직절한 표현이라 보는 것이다. 그것은 곧바로 긍정이 부정이며, 부정이 긍정인 간단하고 적확한 표현에 다름 아니다. A와 비非A가, 게다가 같은 하나의 진실을 그대로 언표한 구절이라고 보고 있는 것이다.

나아가 이것은 단순히 객관세계의 사실을 말하고 있는 것이 아니라, 오히려 주체의 존재구조 그것에 다름 아니라는 주장으로까지 전개해 간다. 원래 A와 비A, 긍정과 부정이 같다고 하는 세계는 모든 분별을 부정한 곳에서 하나의 진실을 발견하는 것, 소위 순수경험의 한복판에 있어서일 것이다. 그것은 오히려 진실한 자기의 존재방식에 다름 아니다. 자아를 초월하여 자기로 살아가는 세계가 된다. 그러한 자세한 사정에서 다이세츠는 이 즉비의 논리에서 개체와 초개체가 하나임을 언표하고 있는 것이라 한다. 다이세츠의 대표작 가운데 하나인『선의 사상』에서 다이세츠는 반잔호샤쿠(盤山寶積)의 "마음 전체가 곧 부처(全心卽佛), 부처 전체가 곧 인간(全佛卽人)"이라는 언어를 인용하여, 그것에 관하여 개체와 초개체의 즉비무이卽非無異의 논리가 있다고 기술한 것은, 이미 앞의 제4장에서 보았다.

나아가 이 구절에 관해 다이세츠는 "반산의 대중은 무공용의 진상을 잘 시사하고 있다"라고 해설했다. 실로 초개체의 개체는 주체로서 활동하는 것이다. 그 활동의 존재방식의 특질은 무공용행無功用行과 같은 것이 된다고 주장하는 것이다. 무공용행이라는 것은 공을 헤아리지 않는 행위, 평가나 보수도 요구하지 않는 행위, 무심의 저절로 그러한 행위 게다가 그 행위를 했다고 하는 생각에 구애되어 막힌 것과 같은 것이 없는 행위, 흔적을 불식시키는 행위라 할 수 있다. 그 소식을 다이세츠는 다음과 같이 말한다.

무공용이란, 세간 일반의 언어로 말하면 객관적으로 목적론적으로 행위의 효과를 행위자 그것 위에 서서 생각하라고 말하는 것이다. 이것이 어떻게 가능한가라고 하면 모든 행위는 다수의 개체로부터 나오지만, 그 다수의 개체 각자의 주체가 무분별의 분별일 때, 즉 이 자각에 투철할 때, 그 행위는 무공용적인 것이 된다. 그것은 무분별의 분별의 자각에 투철할 때, 개체는 개체다운 성격을 상실 하지 않지만, 그 자체로 초개체라고 하는 의식이 나온다. 개체는 개체이며 그 자체로 초개체일 때, 그 개체는 모든 행위를 무공용적 인 것으로 하는 것이다. 그렇게 말하면 고의로 들릴 수 있지만, 자연스럽게 그러한 것이다.

이때 개체는 도구가 아니라 자유의지의 주체이다. 본능적·반사적 행위의 능동자가 아니라, 자기 자신을 자신으로 규제하고 주재해 가는 바의 창조자이다. 이 사람의 하나하나의 행위는 기계적으로 반복하는 또는 곤충의 자동기계적인 행동이 아니라 자유로운 인간 의 행위이다. 여기에 작동하고 있는 것은 원래의 개체이다. 그러나 그 개체는 초개체인 것이다. 즉 개체이면서 개체가 아니다. 개체 이외의 아무것도 아니라고 말하는 바에 독자의 면목을 또렷하게 하지만, 그것과 동시에 그는 초개체의 의지로 작동한다. 초개체는 그 의지를 이 특정 개체의 의지로서 그가 손과 다리·가슴과 등 그리고 배를 통해서 실현시킨다. 이것은 몰아沒我도 멸아滅我도 아니다. 개체의 의지의 자유로운 긍정이다. 이것을 무공용적 행위라 한다. 종교적 생애는 이것으로부터 시작한다.(영목대졸전집 13, 『선의 사상』, 103~104쪽)

이렇게 다이세츠에서 '즉비의 논리'는 "자기는 즉 자기가 아니다. 그러므로 자기라 이름한다"라는 존재방식의 자기의 존재구조와 거기에 존재하는 자유로운 행위를 오로지 드러내는 것이 되었다. 결코 대상적 사물에 관한 논리인 것은 아니다.

실은 그것은 니시다의 역대응이라는 것과 조응한다. 역대응이란 절대 모순적 자기 동일이라는 논리가, 자신이 볼 수 있는 보다 역동적인 표현이다. 자기와 절대자는 자기 개체의 극한에서 만나게 된다. 자기의 죽음을 자각하고 자기가 소멸해야 할 존재일 수밖에 없다는 것을 응시할 때, 역으로 궁극의 절대자와 만나게 된다. 다만 그것은 자기에 대상적으로 매달린 채로는, 자기가 절대자의 슬하에 성립하고 있는 사실에 눈을 뜨는 것은 불가능하다. 자아에로의 대상적 집착을 손 놓고 내버려두었을 때, 절대자에 있어서 성립한 자기였던 것으로 깨어나게 된다. 이 일에 관해 니시다는 "자기는 자기를 초월한 것에서 자기이다"라고 한다. 실로 다이세츠의 즉비의 자기이다. 실제 니시다는 「장소적 논리와 종교적 세계관」에서, 다이세츠가 언급하는 반잔 호샤쿠(盤山寶積)의 말을 인용하여, 다음과 같이 자기의 설명을 제시한다.

다자와 일자의 절대 모순적이면서 자기 동일로서 절대자가 자기 자신을 한정한다고 말할 때, 무기저적으로 절대무의 자기 한정으로서 세계는 의지적이다. 전일적으로 절대의지임과 함께 개체적 다수로 무수한 개인적 의지가 그것과 대립한다. 이와 같이 반야즉비般若卽非의 세계로부터 인간세계라고 하는 것이 나오는 것이다. 이것이 '그 마음을 일으키되 응당 머무는 바가 없어야 한다(應無所住而生其心)'이다. 마조 문하의 반산보적이라는 선사가 말하는, 허공에서 칼을 휘두르는 것과 같은 것이다. 향방에 닿을지 어떨지는 문제가 아니다. 휘두른 허공에 아무런 흔적도 없고 칼도 이지러지지 않는다. 마음이 이와 같다면 마음 마음이 안다는 생각 일으키지 않는 것(心心無知)이 곧 생각으로 한정함이 없고 개념으로 규정함이 없는 것(無念無想)이며 마음 전체가 곧 부처(全心卽佛), 부처 전체가 즉 인간(全佛卽人), 인간과 부처가 둘이 아닌 것(人佛無二), 시작이 도인 것(始爲道矣)이다. 허공 속에서 칼을 휘두르는 것과 같이, 허공에는 흔적이 없고 칼 또한 온전하다. 자기와 세계, 개체와 전체의 모순적 자기 동일적으로 마음 전체가 곧 부처(全心卽佛), 부처 전체가 곧 인간(全佛卽人)인 것이다. 이러한 말도 대상 논리적으로는 만유신교萬有神敎적이라고 생각될 것이다. 그러나 선사의 말은 그렇게 이해되어서는 안 된다. 그것은 어디까지나 즉비적으로 모순적이면서 자기 동일적인 것이 아니면 안 된다. 부처 전체와 개인은 즉비적으로 하나인 것이다.(西田幾多郎전집 11, 430~431쪽)

이 니시다의 논의는 전적으로 다이세츠와 궤를 같이한다. 실제 니시다가 철학의 규명 마지막에서 종교에 관해 논하려고 했을 무렵, 다이세츠로부터 『일본적 영성』을 선물 받고, 그 속에 기술되어 있는 『금강경』의 선에 보다 감명을 받고, 그 「장소적 논리와 종교적 세계관」을 집필했던 것이다. 여기에 기술되어 있는 '응무소주이생기심'이라는 구절도 다이세츠로부터 시사된 것이라 생각된다. 왜냐하면 『금강경』의 선은 결코 '즉비의 논리'가 주제인 것이 아니라 오히려 '응당 그 마음을 내되 머무는 바가 없어야 한다(應無所住而生其心)', 환언하면 무공덕 영해행(無功德嬰孩行, 어린아이의 행)·무보상행 등이 오로지 주제가 되고 있기 때문이다.

『금강반야경』에는 '즉비의 논리' 외에 '삼세심불가득'이나 '여로역여전如露亦如電' 등 몇 가지 선과 깊은 관계를 가진 가르침이 있지만, 아마도 그것보다도 더욱 선사의 마음에 친밀한 가르침은 역시 뭐라 해도 '응무소주이생기심應無所住而生其心'이라는 구절일 것이다.

이 구절이 의미하는 바를 극히 간단하게 말하면 그 어떠한 것에도 머물지 않고 그 마음을 내어야 한다는 것이다. 물론 이것은 현재심불가 득과 공통기반을 이루고 있다. 나아가 다이세츠는 여기에 선사의 묘용으로 살아가는 존재방식, 자비의 마음 씀으로 살아가는 존재방식을 간파하고 있다. 선의 길은 결코 도도하게 좌선에 머물러 꼼짝하지 않고 앉아 있는 것만이 아니다. 마조의 전체 작용에도 보이는 것처럼 활동해 가는 바 선사의 본령 진가가 있다. '대도의 활동이 드러남은 세간의 법칙 속에 있지 않은(大用現前, 不存軌則)' 것이다.

움직이되 움직이지 않는다

나는 아키즈키 료민(秋月龍珉)께 늘 들었던 이야기지만, 다이세츠는 다음과 같이 말했다고 한다. 불교는 자주 '진공묘유眞空妙有'라는 것을 언급한다. 『반야심경』의 "색즉시공色卽是空, 공즉시색空卽是色"과 같이 '공즉시색'으로 소생한 것에 묘한 존재, 즉 묘유妙有라는 것이 자주 언급된다. 그러나 그것만으로 아직 완결된 것이 아니다. '묘유'에서 더욱이 '묘용妙用'으로 진전해 가지 않으면 안 된다. '진공묘용眞空妙用' 그것이 아니라면 철저하지 않은 것이다. 그렇게 다이세츠가 말했다고 한다. 아마도 다이세츠 선의 제일 핵심은 진공묘용이라고 말한 것에 있다. 그것은 환언하면 무작용의 작용이며 무분별의 분별이다. 실은 다이세츠가 '즉비의 논리'에서 말하고자 한 것도 거기에 궁극이 있는 것이다. 덧붙여 『성유식론』에는 자비·서원에 근거한 불사의변역생사 不思議變易生死의 불사의를 설명하여 '묘한 작용은 헤아리기 어렵다'고 기술한다.(다음 장 참조.)

또한 그 '진공묘용'이라는 말에 대해 오타니(大谷) 대학의 교수였던 하다야 아키라(幡谷明) 선생은 야마구치 스스무(山口益) 선생이 최초로 진공묘용이라는 말을 했다고 언명한다. 확실히 야마구치 스스무의 『반야사상사』나 세친의 『정토론』 등을 보아도 공성에서 '묘용妙用', 즉 공의 작용이라는 것을 열심히 언급하고 있다. 그 야마구치 스스무는 한때 아미타불이라는 존재는 '진공묘용'이 아니면 소용없다는 것을 다이세츠에게 말했다. 다이세츠는 '그렇다'고 수긍하며 이것을 크게 말하게 된다. 그때 물론 선의 입장에서 우리 각자가 묘용, 무작無作의

작作을 존중하고, 무공용행을 존중한다와 같은 의미로 사용했던 것이다. 하여튼 다이세츠가 '진공묘용'이라는 말을 자주 하는 배경에는, 오타니 대학에서의 야마구치 스스무와의 교류가 있었던 것이다.

그와 같이 다이세츠가 묘용을 중시한 증거로 일본 임제종 중흥의 조종인 백은白隱에 대한 귀중한 평어가 있다. 백은의 다음과 같은 에피소드와 관련이 있다.

선문에는 '동산오위洞山五位'라는 하나의 교의가 있다. 그 '오위'라는 것은 "정중편正中偏·편중정偏中正·정중래正中來·겸중지兼中至·겸중도兼中到'라는 것으로, '정'은 평등, '편'은 차별과 같은 것이다. '정중편·편중정'이라는 것은, 차별과 평등이 혼입되어 있는, "색즉시공, 공즉시색"이다. '정중래·겸중지'라는 것은, 그것으로부터 한 걸음 더 나아가 작용이 나오는 것이다. 그리고 '겸중도'라는 것은, 궁극의 경지라는 것이 된다. 그것은 화엄으로 말하면, 이치가 완전히 소멸한 사사무애법계事事无碍法界이다. 그 '겸중도'에 대해 동산의 오위에서는 다음과 같은 송(시)이 제시된다.

있고 없음에 떨어지지 않으니 누가 감히 화답하랴.
사람들마다 범상함을 벗어나려 하건만
끝내 돌아와 불속에 앉는다.[1]

유무에 떨어지지 않고, 요컨대 유무로 건너가지 않는 마음, 무분별의

---

1 不落有無誰敢和. 人人盡欲出常流. 折合還歸炭裏坐.

마음, 거기에는 누구도 화합할 수 없고, 그 누구도 엿볼 수 없는 그러한 세계가 있는 것이다. 사람들은 모두 분별의 세계를 초월하려고 하는, 그러한 유무에 떨어지지 않는 마음을 지향하여 수행을 한다. 그러나 수행의 결과 때맞춰 '불속으로 돌아와 앉는' 것이다. 이러한 것이 '겸중도'의 경지라 한다. 일단 생사의 세계를 벗어난 뒤, 다시 생사의 세계로 돌아오는, 평상에 투철한 그와 같은 것이라 한다.

그 '5위'에 관해 다이세츠는『금강경의 선』마지막 쪽에 조금 제시하고 있지만, 이 '때맞춰 돌아와 불속에 앉는다'라는 구절에 관해 다음과 같이 설명한다.

이것은 미묘한 표현이다. '때맞춰'는 셈을 몰아붙이는 마당에 부족함도 없고 초과함도 없다고 한다. 가령 그러한 뜻이라고 한다. 혹은 '결국'이라는 뜻으로 보아도 좋다. 즉 이러니저러니 여러 가지로 걱정하고, 고생이나 분별의 한계를 다해 온 끝에, 셈의 대부분은 어떻게 되었는가 하면, 숯불 속에 석탄 상자 속에 앉아 있다는 것을 말한다. 숯불 속에 앉아 있다는 것은, '머리에 재를 뒤집어쓰고 얼굴에 흙을 칠한다는 뜻으로, 속인俗人과 같이 어울려 그 처지에서 말하며 같이 고뇌를 나누어야 한다는 중생교화를 위한 거리낌 없는 노력의 의미'인 회두토면灰頭土面의 뜻이며, 칠흑 같이 캄캄한 데서 움직인다는 의미이다. 여러 가지, 무엇인가 그 사람인가 하고, 고생한다거나 생각한다거나 하여 항상 흘러나온다든가 나오지 않는다든가, 유有 또는 무無에 떨어지지 않는다고 말한다. 꽤 초조했던 것이지만, 결국 말한다면, 더 신기한 것은

없고, 이 몸은 도로 아미타불, 특별한 것도 없는 농사꾼, 수백
척의 땅 밑에서 석탄 캐는 광부에 불과하다.[2]

다이세츠는 여기 '불속에 앉는다'라고 기술하기 때문에 거기에 '머리
에 재를 뒤집어쓰고 얼굴에 흙을 칠한다는 뜻으로, 속인俗人과 같이
어울려 그 처지에서 말하며 같이 고뇌를 나누어야 한다는 중생교화를
위한 거리낌 없는 노력의 의미'인 회두토면灰頭土面의 칠흑같이 어두운
밤에 작용하는 바를 보았던 것이다.

그런데 이 백은白隱은 '동산오위'의 송이라는 것은 각각 훌륭하지만
'겸중도'의 송만은 못하다고 하여, 이것은 고쳐야만 한다며 다른 송을
제시한 것이다. 그것은 다음과 같은 유명한 시이다.

덕운의 끝이 닳아 뭉툭해진 송곳,
몇 번이나 묘봉 정상을 내려간다.
저 어리석은 성인을 고용하여,
눈을 짊어지고 함께 우물을 메운다.[3]

백은은 앞의 시를 여기에 배치해 버린 것이다. '저 어리석은 성인'이란
자기와 다른 타자를 의미하는 것이 아니라 오히려 진실한 자기, 하나의
무위진인, 이해타산에 구애되지 않는 근원적 주체를 의미한다.

이것에 관해 아키즈키 료민(秋月龍珉)의 『영목선학입문』(추월용민저

---

2 스즈키 다이세츠, 『금강경의 선』.

3 德雲閑古錐. 幾下妙峰頂. 傭他癡聖人. 擔雪共塡井.

작집 7)에는 다음과 같은 경위가 있었음을 시사한다. 약간 길지만 번거로움을 무릅쓰고 인용하면 다음과 같다.(119~120쪽)

백은에게는 『형총독약荊叢毒藥』이라는 한문으로 된 저서가 있는데, 그 권3에 '동산오위편정구결洞山五位偏正口訣'이라는 한 문장이 있습니다. 이 책은 선사의 생전에 간행된 것입니다만, 뒤에 제자인 토우레이(東嶺)는 그 자신의 저서 『오가참상요로문五家參詳要路門』의 조동종 장에서, 이것을 전문 인용하여(약간 문자의 출입은 있다), 게다가 다음과 같은 서문을 붙여 두고 있습니다.(原漢文·괄호 안은 필자 주)

관연 경오(3년, 스승 66세)의 봄, 선사先師 슌슈오우하라(駿州菴原)의 대승에 있어, 『벽암록』을 제창한다. 회중에 어느 날 아침 나를 불러 말하길, 그 법은 들어가면 갈수록 더욱 깊어진다. 옛날 정수正受의 방에 있을 때 참상參祥하는 것이 더욱 멀다. '변화가 다하여 다섯을 이룬다'라는 대사를 격 사형에게 궁구한다(보영 경인 7년, 대사 26세)고 해도, 행주하여 안은하지 않은 지 대략 30여 년이다. 오늘날에 이르러 비로소 철저하여 그 온오蘊奧를 다한다. 앞의 체득한 바에 비하면 그림자나 메아리와 같다. 그러므로 글로 써서 제자들에게 주노라.

그리고 '겸중도'의 조목에 스승이 착어하여 말하기를, "덕운의 끝이 닳아 뭉툭해진 송곳, 몇 번이나 묘봉 정상을 내려간다. 저 어리석은 성인을 고용하여, 눈을 짊어지고 함께 우물을 메운다고 한다. 학자가 만약 동산의 '겸중도'의 일위一位에 투철하고자 한다면, 우선 당연히 이 송을 참구하라"고 합니다.

그리고 동령東嶺 화상은 이것에 덧붙여 다음과 같이 말합니다.

한때 선사가 나에게 말했다. "동산오위의 게송은 각각 너무나 아름답다. 그런데 그중에서도 겸중도의 게송은 너무나 아름답다. 그대들은 어떻게 생각하는가?"라고. 나는 말하기를 "그렇다. 만약 운문이나 임제의 종지를 가지고 말하면 이 게송은 너무나 저열하다. 동산의 작품이 아닌 것 같다. 그의 종풍은 자세하게 뜻을 논하지 않는다. 그러므로 이 송은 이와 같이 지시하여 모두 한 글자를 상실하지 않는다. 만약 동산 문하의 일을 가지고 이것을 읊는다면 설두의 '덕운의 끝이 닳아 뭉툭해진 송곳'의 게송은 참으로 선을 다하고 미를 다한다고 말해야만 한다. 그대 뜻은 어떠한가?" 선사가 응락하며 말하였다. "참으로 그러하다." 그것에 따라 이 게송을 가지고 동산에 대별하여 이에 드러낼 뿐.(秋月龍珉의『영목선학입문』, 추월용민저작집 7)

이상 선의 핵심을 포함하는 극히 중요한 사건이기 때문에 인용해 두었지만 여기서 각각의 게송 어디가 선·미를 다한 것인가, 혹은 다하지 않은 것인가, 그것의 공개는 행해지지 않는다. 이 점은 오히려 『금강경의 선』에서 다음의 다이세츠의 해설은 참고가 될 것이다.

그렇지만 현실에서는 지혜의 방면이 너무나 강조되고, 자비의 방면이 너무나 등한시된다. 혹은 '천상천하유아독존天上天下唯我獨尊'은 일면에서는 대지혜이며 일면에서는 대자비이다. 우리는 문자상, 분별상에서 자비와 지혜를 나누어 보지만, 사람 그 존재는 전체가 자비이며 지혜이다. 사람에 있어서는 지혜가 자비이며 자비가 지혜이다. 사람의 일거수일투족은 자비와 지혜가 아니면 안 된다. 자비와 지혜원만의 본체에서 나오는 행위는 겸중도가 되지 않으면 안 된다. 겸중도 속의 사람은 다만 멍청한 사람이 아니다. 불속에 앉아 다른 세상 사람을 보고 있는 것은, 불속은 실로 무의미의 끝일 것이다.

이와 같이 문제는 '불속에 앉아 다른 세상 사람을 보고'라고 하듯이 어떠한 작용도 하지 않는 경우일 것이다. 아마도 백은의 입장에서 본다면 '때맞춰 돌아와 불속에 앉는다'라고 돌아와 앉는 것은 좋지만, 그러나 '앉는다'라는 것에서는 거기에는 활동이 없는 것으로 되어 받아들이기 어려웠던 것은 아닐까? 역시 활동이라는 것이 일어나지 않으면, 선의 운명이 상실되어 버린다. 여기서 백은은 '다른 어리석은 성인을 고용하여 눈을 지고 함께 우물을 메운다'라고 하는 이 구절을 겸중도에 배치했다고 사료된다. 물론 눈으로 우물을 메우려고 해도 영원히 메울 수 없다. 그러나 그 공을 바라지 않고, 다만 활동하는 바에 선사의 상미賞美해야 하는 경지가 있을 것이다.

실은 이것에 관해 다이세츠가 아키즈키 료민에게 언급한 말이 있다. 그것은 지금의 『영목선학입문』에 기술되어 있다. 백은이 겸중도의 동산의 게송을 고쳐 '덕운의 끝이 닳아 뭉툭해진 송곳, 몇 번이나 묘봉 정상을 내려간다. 저 어리석은 성인을 고용하여, 눈을 짊어지고 함께 우물을 메운다'라고 배치한 것에 관해 다이세츠는 아키즈키 료민에게

> 다만 엉망진창 활동하는 것이다, 활동하고 활동하여 활동하지 않는 것이다. 그 의미에서 나는 백은 선사가 오위의 '겸중도'에 착어를 두었던 견식을 높게 평가하고 싶다. 그 이외의 것은 하여튼 그것만으로도 백은은 위대하다고 생각한다.

라고 말했다고 한다. '그 이외의 것은 하여튼'이라고 하듯 하는 것을 말했다는 것이다. 아무리 다이세츠가 '눈을 지고 함께 우물을 메운다'라고 하는 것과 같은 '무공용행', 보상을 바라지 않는 존재방식으로의 활동, 게다가 활동하고 활동하여 활동하지 않고서 멈추지 않는다는 '작용(用)'의 세계를 존중하고 있지만, 어떻게 선의 핵심을 거기서 보고 있었는가를 엿볼 수 있는 말이다.

다이세츠는 『금강경의 선』에서 '공덕을 바라지 않고 공덕을 쌓는 행(無功德)'·'갓난아기처럼 순수하게 공덕을 쌓은 행(嬰孩行)'·'보상을 바라지 않고 공덕을 쌓는 행(無報償行)'의 세계 등을 논한다. 거기에는 단순히 활동이 강조되는 것이 아니라 그 본질을 묻고 있다. '자기의 마음을 내되 응당 머무는 바가 없다(應無所住而生其心)'라는 것의 본질이 해명되어 가는 것이다. 지금 그중에서 선적인 작용에 생생한 존재방식의 인상적인 해설을 두세 개 정도 들고자 한다.

그러나 앞에서도 말한 바와 같이 무분별의 분별로 또한 분별의 무분별로, 어떻게 해서든 분별 속에 무분별이 없으면, 우리는 아무리 해도 그 존재의 근저에 안정을 볼 수 없다, 즉 안심할 수 없는 것이 있는 것이다. 즉 무주의 근본이 무주라고 하는 그 무주인 곳에 안주하지 않으면, 언제든 자신이 머물고 있는 곳에 대해 말할 수 없는 압박을 느끼는 것이다. 종교인들은 숨을 수 없는 곳에서 자기의 입장을 얻는다고 말한다. 그러므로 무엇이라고 해도 무주의 장소를 하나 발견하는, 합목적적인 것이 아닌, 아무리 해도 몹시 어리석은 감을 발견하지 않을 수 없는 것이다.(다이세츠, 『금강경의 선』, 394쪽)

대인은 어린아이가 되어선 안 된다. 다만 어린아이의 마음을 가지지 않으면 안 된다. 한 사람의 대인으로서 논리와 지혜를 충분하게 갖추고 여러 가지 감정도 충분히 갖추며, 게다가 거기에 갓난아기의 무공덕성·비합목적성을 가지지 않으면 안 된다. 비합목적성이라기보다 몰합목적성이라고 말하는 쪽이 좋을지도 모른다. 그래서 공자는 "70세에 마음먹은 대로 해도 규거를 넘지 않는다"라고 한다. 이것이 갓난아기의 마음이다. 그런 내용을 가진 영해성嬰孩性에서 비로소 인간이 완성된다.(다이세츠, 『금강경의 선』, 395쪽)

합목적적이라고 말할 때는 거기에 두 개의 세계가 나누어진다. 목적을 향하는 데 있는, 그것을 획득하려고 노력하는 자기 자신이 거기에 존재한다. 양자가 서로 대치한다. 대치하는 세계는 상극相

剋·상살相殺의 세계이다. 거기에 악한 의미에서의 인간성이 드러
난다. 일단 악한 의미에서의 인간성이 드러나게 되면, 시름에
싸여 멍하니 이렇다 할 만한 아무 생각이 없어진다. 인간 자멸의
시기가 도래하는 것이다. 그러므로 출발점에 있어서 실수가 없도록
신경을 써야 한다. 집단생활을 규제하는 것은 합목적성의 원리가
아니면 안 된다. 그렇지만 이 원리는 또한 그 속에 자신을 세우고
타자를 배타하는 성격을 갖는다는 것을 잊어선 안 된다. 이것이
오히려 상호 멸망으로 이끄는 원리가 되는 것이다. 여기에 큰
모순이 있다. 어떻게 해서든 무분별의 분별의 세계가 거기서 전개
되지 않으면 안 된다, 즉 대자대비의 본원이라는 원리에 당착하지
않으면 안 된다.

대비본원의 원리는 일상생활의 인간성을 초월한 곳에서 나오는
것이다. 이것은 목적에 부합해야 한다는 생각 없이 행하는 것(沒合
目的性), 공덕을 바라지 않고 공덕을 쌓는 것(無功德性), 분별하되
분별하는 것에 응당 머무는 바 없이 그 마음을 내는 것(無分別性),
응당 머무는 바 없이 그 마음을 내는 것(應無所住性)이라고 해야
할 경지에 도달해야만 비로소 감득된다. 그래서 인간은 이 경지를
발견하지 않으면 안 되는 것이다. 머무는 바 없이 머무는(無所住)
경지에 머물지 않으면, 대비는 모르게 된다. 힘이 대치하는 세계는
여기서 비로소 극복되어 해소되며, 그리고 그것과 동시에 그 의의
에 투철할 수 있는 것이다. 몰합목적적인 곳에서만 합목적성을
세울 수 있으며, 후자는 그 본래의 임무를 담당할 수 있게 된다.(다이
세츠, 『금강경의 선』, 397~398쪽)

여기서 본래의 인간 삶의 방식을 간파하는 것은 나 한 사람만이 아닐 것이다. 마찬가지로 무심의 활동은 대비의 마음에 다름 아니라는 것이 지적되고 있는 것은 중요하다. 자기 자신이 불리하다고 해도 타자의 고뇌의 해방에 진력할 것 같은 사람의 입장에서 본다면, 바보 같은 행위는 이 무분별의 분별이 아니고서는 성립할 수 없다. 역으로 그와 같은 행위에 스스로 앞장서서 몸을 바쳐 일하면서 멈추지 않을 때, 거기에 합목적성의 분별적 생각은 존재할 수 없을 것이다.

확실히 선사는 실로 이런 행위로 살아가며 게다가 그 행위의 흔적마저도 소멸하게 하여 그 경지에 은밀하게 안주하고 있는 듯한 존재와 같다. 특히 한고추(閑古錐. 앞에서 언급한 뭉툭한 못)의 형용이 딱 조주에게는 그 취지가 들어맞는다고 할 수 있다. 『조주록』의 다음과 같은 문답은 유명하다.

어떤 스님이 조주 화상을 찾아와서 말했다.
"조주의 돌다리(石橋)에 대해 우러러 사모한 지 오래되었는데 막상 와서 보니 통나무 다리뿐이군요."
조주 화상이 말했다.
"그대는 통나무 다리만 보았을 뿐, 돌다리(石橋)는 보지 못했군!"
스님이 질문했다.
"어떤 것이 조주의 돌다리입니까?"
조주 화상이 대답했다.
"나귀도 건너고 말도 건너지."[4]

---

4 擧. 僧問趙州, 久響趙州石橋, 到來只見略. 州云, 汝只見略, 且不見石橋. 僧云,

조주에 있다고 하는 유명한 돌다리를 오랫동안 사모하여 간신히 와서 보았는데 멋있는 돌다리가 아니라 초라한 통나무에 지나지 않았던 것이다. 그래서 그들은 "아유! 통나무에 지나지 않네"라고 말하는 자가 있었다. 호화로운 빛이 빛나는 선사가 아니라는 의미일 것이다. 그 어떠한 인위적 조작도 없는 통나무가 무조작으로 건너게 하는 것으로 변함이 없다고 하여, 굳이 조주를 폄하하려고 했던 것이다. 그러나 조주는 깨달음이나 사상을 내세우려고 하는 수행인이 아니었다. 오로지 중생에게 무시를 당해도 침묵으로 제도의 행위를 하면서 수행을 멈추지 않는 사람이었다. 그 돌다리와 같은 작용을 보라, 이 작용에 참여하라고 한다. 이것은 조주 자신의 자비와 작용을 과시하고 있는 것이 아니다. 선의 본질이 있는가 하고 잘못 생각하고 있는 자에게 자비심으로 깨우치고 있는 것이다.

조주 선사께서 또 말씀하셨다.
"나는 한 줄기 풀을 가지고 장육금신丈六金身으로 쓰기도 하고, 장육금신을 가지고 한줄기 풀로 쓰기도 하니 부처 그대로가 번뇌이고, 번뇌 그대로가 부처이다."
한 스님이 여쭈었다.
"부처는 누구에게 번뇌가 됩니까?"
조주 선사께서 말씀하셨다.
"모든 사람에게 번뇌가 된다."
다시 여쭈었다.

如何是石橋. 州云, 渡驢渡馬.(『조주록』)

274

"어떻게 해야 면할 수 있습니까?"

조주 선사께서 말씀하셨다.

"면해서 무얼 하려느냐?"⁵

최 낭중崔郎中이 여쭈었다.

"큰 선지식도 지옥에 들어갑니까?"

조주 선사께서 말씀하셨다.

"내가 맨 먼저 들어가지."

최 낭중이 또 여쭈었다.

"큰 선지식이신데, 어째서 지옥에 들어갑니까?"

조주 선사께서 말씀하셨다.

"내가 들어가지 않는다면, 어떻게 중생을 만날 수 있겠는가."⁶

조주는 가만히 육도를 거쳐 중생제도에 여념이 없었다. 자기의 번뇌를 모면하는 것만이 조주의 선도의 목적은 아니었다. 이러한 조주의 삶의 방식은 역시 앞 장에서 본 '변역생사'라 말할 수 있는 것은 아닐까? 여기에는 다만 자기 자신만이 생사의 고통으로부터 벗어나려고 하는 삶의 방식은 없다. 오히려 스스로 지옥에 들어가서라

---

5 師上堂云此事如明珠在掌, 胡來胡現, 漢來漢現. 老僧把一枝草作丈六金身, 用把丈
   六金身作一枝草用. 佛卽是煩惱煩, 惱卽是佛. 問佛與誰人爲煩惱. 師云與一切人
   爲煩惱. 云如何免得. 師云用免作麼.(『조주록』)
6 崔郎中問. 大善知識還入地獄也無. 師云. 老僧末上入. 崔云. 旣是大善知識. 爲什
   麼入地獄. 師云. 老僧若不入. 爭得見郎中.(『조주록』)

도 사람들을 위해 상에 머물지 않고 행위하는 삶의 방식이 있다. 거기에는 조주 그 사람의 자비와 서원이 존재하는 것이다. 이미 조주의 생사는 다만 오로지 자비와 서원에 근거한 것이다. 그것은 실은 조주뿐만이 아니다. 무릇 진정한 선사라면 누구라도 이 삶의 방식을 살아가는 것이다.

무주처열반

그런데 이 세계는 역시 선의 독무대처럼 생각될지도 모른다. 그러나 불교 교리에 이것이 없는 것은 아니다. 가령 보살행에서 『금강반야경』을 포함한 『반야경』에는 아무리 열반으로 사람들을 인도했다고 해도, 그 어느 한 사람도 열반으로 인도한 적이 없다는 것이 반복적으로 말해진다. 이것에는 사람이라는 존재를 실체시하지 않는다는 의미도 있지만, 행위를 하면서 자신이 누군가를 위해 행위한다는 생각을 일으키지 않는다는 의미도 있다고 생각된다.

　나아가 열반의 해석에서 실로 위에서 기술한 세계가 지향된다. 소위 머무는 바 없이 번뇌와 구속으로부터 벗어난 경지(無住處涅槃)의 사상이다. 대승불교가 소승불교라 폄하했던 불교의 내용은, 수행하여 생사윤회로부터 해방되어 열반으로 들어가 만족한다는 것이었다. 그 열반이란 최종적으로 '더 이상 생존의 근원이 남아 있지 않은, 정신과 신체의 일체 번뇌가 소멸한 상태(無餘依涅槃)'라고 말해지며, 몸도 마음도 소멸한 세계로 말해졌다. 그것은 몸을 재로 만들고 지혜마저도 소멸한다는 소승불교 수행의 최종 목적인 무여열반의 경지(灰身

滅智)라고도 말해지며, 회신멸지를 회멸灰滅한 세계라고 간주되는
것이다. 아비달마 중에서는 택멸무위擇滅無爲라고 말해지는 무위의
다르마에 다름 아닌, 불변·상주의 세계라고 생각된다.

그러나 실로 이 자세가 대승불교의 비판의 과녁이 되었던 것이다.
그것은 소승불교에서는 아집을 단멸하는 것만으로 그렇게 되는 것이
라고 하지만, 대승불교에서는 아집(我執, 번뇌장)뿐만 아니라 법집(法
執, 소지장)마저도 단멸하기 때문에 일체법의 공을 통찰하는 것에 걸림
이 없다. 따라서 현실세계로부터 도피할 필요 없이, 고통의 세계조차
도 자유로이 들어가는 주체가 확립된다. 열반이 오히려 그 발밑에서
발견되어야만 하는 것이다. 존재가 공이라는 것은 우리의 집착이
소멸해야만 비로소 성립하는 것도 아니다. 우리가 어떤 것에 집착하려
고 하면 존재의 세계 그것은 원래 공이며, 우리는 그 공성의 세계에
처음부터 살고 있었던 것이다. 이것을 근거로 유식에서는 4종의 열반
을 세웠던 것이다. 즉 자성열반·유여의열반·무여의열반·무주처열반
이다.

이 4종 열반을 설명하는 부분에 나오는 번뇌장(煩惱障, kleśa-āva-
raṇa)·소지장(所知障, jñeya-āvaraṇa)에 관해 앞서 설명해 두면, 번뇌장
이란

변계소집인 자아를 실체로 고집하는 아견을 으뜸으로 하는 128가
지 근본번뇌 및 그것의 동류인 모든 수번뇌를 말한다. 이것이
모든 유정의 몸과 마음을 어지럽게 괴롭혀 능히 열반을 장애하는
것을 번뇌장이라 이름한다.[7]

라고 기술한다. 요점은 아집과 관계하는 일체의 번뇌를 의미하는
것이다. 소지장이란

변계소집인 존재(法)를 실체로 고집하는 법견을 으뜸으로 하는
아견·의심·무명·탐애·성냄·거만 등을 일컫는다. 인식의 대상과
전도됨이 없는 본성을 덮어 깨달음을 장애하는 것을 소지장이라
이름한다.[8]

라고 기술한다. 요점은 법집과 관계하는 일체의 번뇌를 의미하는
것이다. 번뇌장은 번뇌즉장煩惱卽障이라 말해진다. 소지장은 소지所知
에로의 장애, 즉 인식대상에 대한 장애라고 말해진다. 결국 번뇌장을
소멸하면 열반을 실현하고, 소지장을 소멸하면 보리를 실현하는 것이
되지만, 무주처열반은 그 보리·깨달음의 지혜도 실현한 곳에서 열리는
열반이다.

참고로 『성유식론』 서두에서 왜 세친이 『유식삼십송』을 저술한
것인가, 그 이유를 분명히 하는 부분에는 다음과 같은 기술이 있다.

지금 이 논서를 짓는 이유는 두 가지 공에 대해서 미혹하고 오류가
있는 자로 하여금 바르게 이해하도록 하기 위해서이다. 바르게

---

7 煩惱障者, 謂執遍計所執實我薩迦耶見而爲上首百二十八根本煩惱, 及彼等流諸隨
  煩惱. 此皆擾惱有情身心, 能障涅槃, 名煩惱障.(『성유식론』 권9)
8 所知障者, 謂執遍計所執實法薩迦耶見而爲上首見疑無明愛恚慢等, 覆所知境無顚
  倒性, 能障菩提, 名所知障.(『성유식론』 권9)

이해하도록 하는 것은 두 가지 무거운 장애(번뇌장·소지장)를 끊게
하기 위해서이다. 자아와 법을 (실체로) 집착하기 때문에 두 가지
장애가 함께 일어난다. 두 가지 공을 증득하면 그 장애도 따라서
끊어진다. 장애를 끊는 것은, 두 가지 뛰어난 증과(보리·열반)를
얻기 위해서이다. 윤회의 삶을 계속하게 하는 번뇌장을 끊음으로써
참다운 해탈을 증득한다. 지혜를 장애하는 소지장을 끊음으로써
큰 깨달음을 증득할 수 있다.[9]

번뇌장을 끊고 참된 해탈을 얻게 하고, 소지장을 끊어 대보리를
얻게 하기 위해『유식삼십송』이 설해진 것이라는 의미이다. 번뇌장은
아의 공을 증득하는 것에 의해, 소지장은 존재(법)의 공을 증득하는
것에 의해 끊어진다. 이 두 개의 공을 밝히는 것이 유식의 교리이다.
대승불교는 어디까지나 번뇌장·소지장인 이장二障과 아공·법공인
이공二空을 둘러싼 규명이다.

그 참된 해탈에도 관계하는 4종 열반은,『성유식론』에서 10지의
수행을 완성하여 두 개의 전의(轉依, 보리와 열반)를 얻는다고 말해지는
부분에 나온다. 전의란 개체의 소의로서의 오온이 전환하는 것이며,
특히 식온은 지혜로 변하는 것(轉識得智)이다. 그 전의에 여섯 단계의
과정이 있다고 한다. 그 가운데 여섯 번째인 '광대전廣大轉'에는 "광대한
전의이니, 대승의 지위를 말한다. 남을 이롭게 하기 위해 대보리에

---

9 今造此論, 爲於二空有迷謬者生正解故, 生解爲斷二重障故. 由我法執, 二障具生,
  若證二空, 彼障隨斷. 斷障爲得二勝果故. 由斷續生煩惱障, 故證眞解脫, 由斷礙解
  所知障故, 得大菩提.(『성유식론』 1권)

나아가고, 생사와 열반을 모두 싫어하지도 좋아하지도 않는다. 두 가지 공에서 나타난 진여를 모두 통달하고, 소지장과 번뇌장의 종자를 함께 단멸하여 최고의 보리와 열반을 단박에 증득하고, 뛰어난 자재함이 있는 것을 광대한 전의라고 이름한다"[10]라고 기술된다.

게다가 이 전의라는 것이 '수행이나 지혜'인 능전도能轉道·'아뢰야식이나 진여'인 소전의所轉依·'이장의 종자나 다른 종자'인 소전사所轉捨·소전득所轉得의 4종에 의해 밝혀지는 것이지만, 그 소전득에 '여기에 다시 두 가지가 있다'라고 간주되며, 소현득所顯得으로서의 대열반과 소생득所生得의 대보리가 제시되는 것이다. 이 가운데 소현득으로서의 대열반에 관해서는 다음과 같이 기술하고 있다.

제4는 전의해 얻어지는 것(소전득)이니, 여기에 다시 두 가지가 있다. 첫째는 현현해서 얻어지는 것이니 대열반을 말한다. 이것은 본래부터 자성청정이기는 하지만, 객진번뇌의 장애가 덮어 현현하지 못하게 하므로, 참다운 성스러운 도가 생겨나 그 장애를 끊는다. 따라서 그 모습을 현현케 하는 것을 열반을 증득한다고 이름한다. 이것은 진여가 장애를 떠난 것에 의거해 시설하기 때문에 당체는 곧 청정법계이다. 열반의 뜻에 차이가 대략 네 가지가 있다.[11]

---

10 『성유식론』.

11 四所轉得. 此復有二. 一所顯得, 謂大涅槃. 此雖本來自性清淨, 而由客障覆令不顯, 眞聖道生, 斷彼障故, 令其相顯, 名得涅槃. 此依眞如離障施設, 故體卽是清淨法界. 涅槃義別, 略有四種.(『성유식론』 권10)

유식에서 수행이 완성되면, 객진번뇌의 장애가 끊어지게 되며, 자성청정의 진여가 현현하는 것이 된다. 그것에 대해 열반이라는 말을 부여하는 것이라고 한다. 이 진여를 또한 청정법계라고도 부른다.

이 열반에는 4종이 구별된다고 하여, 여기에 소위 4종 열반이 언급된다. 『성유식론』 권10은 이들 4종 열반에 관해 아래와 같이 설명한다.

열반의 뜻의 차이가 대략 네 가지가 있다.

첫째 '본래 자성이 청정한 열반(本來自性淸淨涅槃)'이니, 일체법의 참다운 모습인 진여의 본체를 말한다. 비록 객진번뇌에 오염되긴 했지만, 본성이 청정하고 한량없는 미묘한 공덕을 갖추며, 생겨남도 없고 소멸함도 없으며, 담연해서 허공과 같고, 모든 유정에게 평등하게 공통적으로 존재한다. 모든 법과 하나도 아니고 다른 것도 아니며, 모든 형상과 모든 분별을 떠나 있고, 생각으로 헤아려서 아는 것이 아니며, 언어로 표현할 수 없으며, 오직 참다운 성자만이 스스로 내면적으로 증득하는 것이다. 그 성품이 본래부터 고요하기 때문에 열반이라 이름한다.

둘째는 '나머지 의지처가 있는 열반(有餘依涅槃)'이니, 곧 진여가 번뇌장을 벗어난 것을 말한다. 미세한 괴로움의 의지처가 있어 아직 소멸하지 않지만, 장애를 영원히 고요하게 하기 때문에 열반이라 이름한다.

셋째는 '나머지 의지처가 없는 열반(無餘依涅槃)'이니, 곧 진여가 생사의 괴로움을 벗어난 것을 말한다. 번뇌를 이미 모두 없애고, 나머지 의지처도 역시 소멸하여 많은 괴로움을 영원히 고요하게 하기 때문에 열반이라 이름한다.

넷째는 '머무는 곳이 없는 열반(無住處涅槃)'이니, 곧 진여가 소지장을 벗어난 것을 말한다. 대자비와 반야에 항상 둘러싸임으로써 생사에도 열반에도 머물지 않고 유정을 이롭고 안락하게 하는 일을 미래세에 다하도록 하더라도 항상 고요하기 때문에 열반이라고 이름한다.[12]

제1의 본래자성청정열반(本來自性清淨涅槃, prakṛtipariśuddhi-nirvā-ṇa)이란 미혹의 한복판에서도 존재하고 있는 진여 그것에서 열반을 보는 것이다. 그것 자신은 본래 자성청정이기 때문이다. 제2의 유여의 열반(有餘依涅槃, sopadhiśeṣa-nirvāṇa)이란 그 진여가 번뇌장을 벗어난 것을 말하는 것이지만, 그러나 업과로서의 신심(오온)은 아직 남아 있는 것이다. 제3의 무여의열반(無餘依涅槃, nirupadhiśeṣa-nirvāṇa)이란 앞과 같이 진여가 번뇌장을 벗어나고 또한 업과로서의 개체도 소멸한 것이다.

그리고 제4의 무주처열반(無住處涅槃, apratiṣṭhita-nirvāṇa)이란 진여가 번뇌장뿐만 아니라 소지장도 벗어난 것이다. 이때 대비大悲와 대지

---

12 涅槃義別, 略有四種. 一本來自性清淨涅槃, 謂一切法相眞如理, 雖有客染而本性淨, 具無數量微妙功德, 無生無滅湛若虛空, 一切有情平等共有, 與一切法, 不一不異, 離一切相一切分別, 尋思路絶, 名言道斷, 唯眞聖者自內所證, 其性本寂, 故名涅槃. 二有餘依涅槃, 謂卽眞如出煩惱障, 雖有微苦所依未滅, 而障永寂, 故名涅槃. 三無餘依涅槃, 謂卽眞如出生死苦, 煩惱旣盡, 餘依亦滅, 衆苦永寂, 故名涅槃, 四無住處涅槃, 謂卽眞如出所知障, 大悲般若常所輔翼, 由斯不住生死涅槃, 利樂有情窮未來際, 用而常寂, 故名涅槃.(『성유식론』 10권)

(大智, 반야)에 항상 도움을 받아 지지되며, 생사윤회에도 머물지 않지만, 열반에도 머물지 않게 된다. 실로 무주의 경지가 충분히 실현되는 것이다. 이때 유정을 이익되게 하는 활동을 미래의 시간이 다할 때까지 (대부분 영원히) 행하는 것이다. 게다가 그 한복판에 적정의 세계를 계속해서 보존하는 것이다. 여기에 대승불교 궁극의 열반이 있다. 그것은 소승불교와 같은 단순한 생사를 떠난 것만의 존재가 아니다. 오히려 생사의 한복판에서 열반을 보는 것이었다. 그것은 철저히 아·법의 2공을 증득하는 과정에서 번뇌장·소지장이 모두 단멸했을 때 실현되는 것이다.

예부터 생사즉열반生死卽涅槃이라는 것은, 대승경론이라면 극히 자연스럽게 이와 같이 말했을 것이다. 그것은 "색즉시공, 공즉시색"을 진리로 하기 때문이다. 다만 범부에 있어서의 그 진리는 자성열반의 세계를 벗어나지 않은 것이다. 한편 아·법의 2공을 증득한 이상, 실현하는 무주처열반은 생사에도 열반에도 머물지 않는 것이 되지만 그렇기 때문에 오히려 생사에 매이지 않고 생사를 살아가는 존재방식에 다름 아니다. 스스로 윤회를 유행하는 존재방식에 다름 아니다. 임제는

상당하여 말씀하시기를
"한 사람은 오랜 세월을 길 가는 중이지만
집을 떠나지 않았고
한 사람은 집을 떠났으나
길을 가고 있지 않다면

누가 인간과 천상의 공양을 받을 만한가?"

하시고는 법좌에서 바로 내려오셨다.[13]

라고 한다. 어떤 사람은 생사에 있어 열반을 떠나지 않고, 어떤 사람은 생사도 열반도 모두 떠나 있다고 한다. 그 어느 쪽인가라고 하면, 후자에 궁극의 존재방식이 있을 것이지만, 그것은 생사의 한복판에서만 보이게 되는 것이다.

그 생사를 살아가는 배경에 대비大悲가 설해진다든지, 유정의 이익과 즐거움이 설해진다든가 한다. 이 사상은 앞의 부사의변역생사不思議變易生死와도 관련된다고 생각된다. 그것은 나아가서는 서원하여 악취 (3악도. 지옥·아귀·축생)에 태어난다고 하는 '원생願生의 보살' 관념으로도 전개된다. 혹은 그 어떠한 타자도 구제되지 않을 경우에는 부처가 되지 않는다고 하는 대비천제(大悲闡提, 대비의 마음 때문에 성불하지 않는 보살)의 사상과도 연결된다. 미야자와 겐지(宮澤賢治)는 전 세계의 사람들이 행복하지 않다면, 자기의 행복은 있을 수 없다고 말한다. 하지만 바로 그것이 대승불교의 핵심이다. 유식은 그들 대승의 핵심 중의 핵심을, 가령 4종 열반과 같은 형태로 번뇌장·소지장의 분석 등도 배당하여 극명하게 교리 가운데 위치 지우는 것이다. 그리고 선사는 그것을 즉각 살아가고, 뒤를 돌아보지 않는 것이다.

---

13 上堂云. 有一人, 論劫在途中, 不離家舍. 有一人, 離家舍, 不在途中. 那箇合受人天供養. 便下座.(『임제록』)

제8장 불성과 부처

무자 공안

선에 처음으로 입문한 사람은 우선은 수식관修息觀을 배워야 한다.
이 수식관은 가령,『구사론』에서 수행의 최초 단계에서 수행하는 오
정심五停心 속에 포함된다. 오정심이란 부정관不淨觀·자비관慈悲觀·
연기관緣起觀·계분별관界分別觀·지식관(止息觀, 수식관)이다. 여기서
수식관에 관해서는 다른 뒤의 사제四諦 등 관법의 기초가 되는 것이라
한다. 수행은 결국, 지관행止觀行이 기본인 것이다. 즉 선정과 지혜의
수습이 최상이다.

　참고로 유식의 입장에서 선정(samādhi)과 지혜(prajñā)를 설명한다
면, 그것은 오위백법의 심소유법 가운데 별경심소別境心所에 속하는
것이다. 여기서는 선정에 관해,『성유식론』(권5)에는 다음과 같이
규정한다.

무엇을 선정의 심소라 하는가? 관찰되는 대상에 대해 마음을 기울여 집중해서 흩어져 어지럽게 되지 않게 하는 것을 본성으로 삼고, 지혜의 의지처가 되는 것을 업으로 삼는다. 덕과 과실 그리고 덕도 과실도 아닌 대상을 관찰하는 중에, 선정의 심소에 의해 심왕을 기울여 집중해서 흩어져 어지럽게 되지 않게 한다. 이것에 의해 문득 결택의 지혜가 생겨난다. 마음을 기울여 집중하게 한다는 말은, 머물고자 하는 것에 능히 머문다는 것을 나타낸다. 오직 하나의 대상에만 있는 것이 아니다. 그렇지 않다면 견도에서 여러 진리를 관찰해 나갈 때에 앞뒤의 대상이 다르기 때문에 삼매가 없어야 한다. 만약 마음이 흩어져 어지럽게 되는 것이 심왕을 구속에서 대상에 집중하지 못하게 하는 지위에서는 선정의 심소가 일어나지 않는다. 따라서 변행심소가 아니다.[1]

여기서 '오직 하나의 대상에만 있는 것이 아니다'라고 기술하는 것처럼, 선정은 반드시 다만 하나의 대상에만 줄곧 마음이 집중되는 것이 아니라고 여겨진다. 요는 마음을 그 순간의 관찰대상에 집중하는 것이며, 이것에 의해 지혜도 생기는 것이다. 불교에서는 선정 없는 지혜는 없다. 또한 선정을 의미하는 다른 언어로 사마디(samādhi) 등이 있으며 그중에서 심일경성心一境性이라는 말도 있다. 그러나

---

1 云何爲定. 於所觀境令心專注不散爲性, 智依爲業. 謂觀德失俱非境中, 由定令心專注不散, 依斯便有決擇智生. 心專注言顯所欲住卽便能住, 非唯一境. 不爾, 見道歷觀諸諦, 前後境別, 應無等持. 若不繫心專注境位, 便無定起, 故非遍行.(『성유식론』 권5)

선정은 그뿐만 아니라, 하여간 깊게 대상에 마음이 집중될 때, 거기에
선정이 있다. 참고로 선정의 동의어로는 다음과 같이 각종의 낱말들이
있다.

선정에 7종의 이름이 있다.

첫째, 삼마히다(三摩呬多, samāhita)라 이름한다. 한역으로는 등인
等引이라 한다. 즉 '삼마'를 등이라 하고, '히다'를 인이라 한다.

둘째, 삼마지(三摩地, samādhi)라 이름한다. 한역으로는 등지等持
라 한다.

셋째, 삼마발저(三摩鉢底, samāpatti)라 이름한다. 한역으로는 등지
等至라 한다.

넷째, 태나연나(馱那演那, dhyāna)라 이름한다. 한역으로는 정려靜
慮라 한다.

다섯째, 질다예가아갈라다(質多翳迦阿羯羅多, cittaikāgratā)라 이름
한다. 한역으로는 심일경성心一境性이라 한다. 즉 '질다'를 심이라
하고, '예가'를 일이라 하고, '아갈라'를 경이라 하고, '다'를 성이라
한다.

여섯째, 사마다(奢摩多, śamatha)라 이름한다. 한역으로는 지止라
한다.

일곱째, 현법락주(現法樂住, dṛṣṇadharmasukhavihāra)라 이름한다.[2]

한편 지혜에 관해 『성유식론』(권5)에는 다음과 같이 기술한다.

---

2 『요의경』 권5.

무엇을 지혜의 심소라 하는가? 관찰되는 대상을 판단(간택)하는 것을 본성으로 삼고, 의심을 끊는 것을 업으로 삼는다. 덕, 과실, 덕도 과실도 아닌 대상을 관찰하는 중에 지혜의 심소가 추구함에 의해 결정될 수 있기 때문이다. 대상을 관찰하는 것이 아닌, 우매한 마음속에는 판단(간택)하는 것이 없다. 따라서 변행심소에 포함되지 않는다.[3]

지혜의 본질은 간택(揀擇, pravicaya)에 있다고 한다. 그것은 판단이라는 뜻과 같다. 이것이 소승 반야의 기본일지도 모른다. 그러나 대승불교에서는 확실히 무분별지를 말하는 것이며, 그 지혜도 또한 통상의 판단이라고 생각할 수도 없다. 혹은 광의의 판단이라고 말할 수 있을지도 모른다. 흥미 깊은 것으로 선종 3조인 승찬僧璨의『신심명』에는 그 서두에 "지극한 도는 어렵지 않으니, 오직 분별적 판단을 꺼릴 뿐이다(至道無難, 唯嫌揀擇)"라고 기술한다. 간택揀擇은 간택簡擇과 같다. 승찬이 굳이 지혜의 심소를 부정했다고 한다면, 실로 흥미 깊은 일이다. 선의 깨달음 체험에서는 오히려 판단과 규명조차 넘어서지 않으면 안 된다. 그 무분별지의 뒤에 후득지가 스스로 작동하는 것이다.

그것은 하여튼 선종에서는 수식관을 배웠다면, 특히 임제종의 경우 차례로 '조주무자趙州無字' 공안이나 '척수음성隻手音聲'의 공안 등이 부과되어, 이것에 몰두하게 된다. 특히 '조주무자' 공안은 초심의 단계에서 수행하는 가장 대표적인 것이다. 그것은『무문관無門關』에 의하

3 云何爲慧. 於所觀境簡擇爲性, 斷疑爲業. 謂觀德失俱非境中, 由慧推求得決定故. 於非觀境愚昧心中無簡擇故. 非遍行攝.(『성유식론』권5)

면 다음과 같다.

　조주 화상이 한 스님으로부터 질문을 받았다.
　"개는 불성이 있습니까?"
　조주 화상이 말하길
　"없다."[4]

　이 공안의 수행방법에 관해서는 이미 앞에서 언급했다. 또한 그
실습의 체험에서는 좌선이 심화되기에 이르러, 마치 얼음에 갇혀
꼼짝 못하게 된 듯한 청정 투명한 마음의 경계가 된다고 한다. 그러나
가령 마치 청량하고 고결함의 한복판으로 들어가는 듯한 경지가 현전
한다고 해도, 물론 그곳이 깨달음의 세계인 것은 아니다. 그곳은 더욱이
마연타발(驀然打發, 갑자기 타파함)로 하나의 깨달음을 얻은 것이다.
그것은 하여튼 이 '조주무자'의 화두에는 조금 더 상세한 것도 있고,
또한 다른 방식의 문답도 볼 수 있다. 거기서는 '무'가 아니라 '유'라고
답한다.

　조주 스님에게 어떤 스님이 물었다.
　"개에게도 불성佛性이 있습니까?"
　조주 스님이 말했다.
　"없다."
　스님이 물었다.

---

4 趙州因僧問. 狗子還有佛性也無. 師曰無.(『무문관無門關』)

"위로 모든 부처에서 아래로 개미에 이르기까지 모두 불성이 있는
데, 개에게는 어째서 없습니까?"

조주 스님이 말했다.

"그에게 업식성業識性이 있어서이다."

또한 물었다.

"개에게도 불성이 있습니까?"

조주 스님이 말했다.

"있다."

스님이 물었다.

"이미 있다면 무엇 때문에 저 가죽 자루 안으로 들어가겠습니까?"

조주 스님이 말했다.

"알고도 고의로 범한 것이다."[5]

라고 한다면, 개에게 있다고도 없다고도 말해지는 불성이란, 선에서는
도대체 어떻게 생각하고 있는가? 궁금해질 것이다. 이 8장에서는
불성에 관해 생각해 보고자 한다.

자기가 되게 하다

불성(佛性, buddha-dhātu)이라는 말은 불교학에서는 부처를 실현하는

---

5 趙州因僧問. 狗子還有佛性也無. 師曰無. 曰上至諸佛下至螻蟻. 皆有佛性. 狗子爲
甚麼卻無. 師曰. 爲伊有業識性在又問. 狗子還有佛性也無. 師曰有. 曰旣有. 爲什
麼入這皮袋裏來. 師曰. 知而故犯.(『무문관無門關』)

원인임에 틀림없다. 부처의 본질이 지혜의 성취에 있을 때, 그 부처의 원인이란 즉 부처 지혜의 원인이 된다. 그러나 실제의 경우 '조주무자'의 공안을 참구하여 알려진 불성은 부처의 원인이라기보다 부처 그 자체 (buddhatva)일 것이다. 공안은 대응 국사大應國師 이래 이치理致·기관 機關·향상向上의 3종류로 분류되고, 혹은 백은에 의해서는 법신法身· 기관機關·언전言詮·난투難透·향상向上의 5종류로 분류된다. 말할 것 도 없이 '조주무자'는 최초의 법신 공안이며, 따라서 무로 표현되는 불성은 깨달음의 한복판을 의미하는 것이 될 것이다.

그와 같이 불성이라는 언어를 선에서는 성불의 원인으로 받아들이는 것은 적지 않다고 생각된다. 나카무라 하지메(中村元)의 『광설불교어 대사전廣說佛敎語大辭典』(동경서적)도 그것을 지적한다. 즉

② 선문에서는 종자라고 보기보다도 부처 그 자체로 본다. 부처
그 자체인 불성을 본래 있는 그대로의 형태로 드러나는 것이 수행
(妙修)이라고 말해진다.

라고 하며, 『육조단경』·『임제록』·『무문관』·『수문기』 등을 들고, 나 아가 『벽암록』 제14칙의 "선에서 불성의 뜻을 알고자 한다면(欲知佛性 義), 마땅히 시절인연을 살펴보아야 한다(當觀時節因緣)"고 한다. 나아 가 도겐은 『정법안장』「불성」에서 선의 입장 혹은 도겐 자신의 입장의 불성관을 종횡으로 말한다. 다만 그것은 상당히 독특한 것이다. 『정법 안장』「불성」은 『열반경』의 "일체중생一切衆生은 다 불성이 있다(悉有 佛性). 여래는 항상 머물러 있으며(如來常住), 바뀐 적이 없다(無有變

易)"라는 구절을 둘러싸고 시작한다. 이 구절의 전반 부분, '일체중생, 실유불성'을 들고서 도겐은 독특한 독법을 피력한다. 그것은 선의 '염롱拈弄'이라는 독해방법을 남김없이 발휘했다고 말할 수 있다.

이 책에서 도겐의 유명한 구절로는 "실유는 불성이다"가 있다. 이 구절만을 제시하면, 모든 존재는 불성이라고 도겐이 말하고 있는 것처럼 받아들여 버린다. 그러나 이 구절 앞에는 "실유라는 말은 중생이며, 무리이다"라고 기술하는 것이며, 이것에 이어 "즉 실유는 불성이다"라고 기술하는 것이다. '무리이다(群有)'는 그 전에 나오는 유정과도 다르지 않는 군생群生·군류群類이다. 따라서 이 실유란 중생을 의미하며, 거듭 말하면 오히려 다름 아닌 자기 자신이다.

이어서 이 실유悉有는 유무의 유가 아님은 물론 시유始有·본유本有·묘유妙有·연유緣有·망유妄有 등등 모든 유가 아님이 강조된다. 그것은 대상적으로 언어로 말할 수 없다는 취지이기도 할 것이다. 그리고 결론처럼 "실유 그것은 '본질을 관통하고 자유로운 상태(透體脫落)'"라고 단정된다. 이 구절이야말로 '불성'의 근본 구절이라고 나는 생각한다.

하여튼 이와 같이 도겐은 '본질을 관통하고 자유로운 상태(透體脫落)'가 실유, 즉 불성이라 하기 때문에 도겐은 불성을 성불의 원인으로는 생각하지 않는 것 같다. 불교에서 보통 불성이라고 간주되는 여래장이나 무루종자와 같은 것으로는 전혀 생각하고 있지 않은 것이다. 그것을 도겐은 이 뒤 불성이라고 해도 그것은 선니외도先尼外道의 아(我, atman)와 같은 것이 아니라고 말하며, 나아가 어떤 한 부류가 말하는 초목의 종자와 같은 것이 아니라고 말하는 와중에서 호소하고 있다고 말할 수 있다. 여래장도 유식의 종자도 부정한 도겐은 불성이라는 말에 대해 성불의 원인이라고 하기보다도 오히려 불성 그것, 불의 핵심과 같은 것을 생각하고 있었던 것이 아닌가라고 생각된다. 그것은 게다가 '본질을 관통하고 자유로운 상태(透體脫落)'인 것이다.

어쨌든 그 '실유는 불성이다'의 본래의 의미는, 실유가 중생의 의미라면 요컨대 어떤 개체도 그 존재방식의 근본은 탈락에 있다는 것이다. 그러나 그것은 사람은 단순한 비존재(무)를 본성으로 하고 있는 것이 아니다. '본질을 관통하고 자유로운 상태(透體脫落)'는 오히려 일체의 대상적 한정을 떠난, 주체 그것을 일컫는 것이지만, 그것을 다시 한번 환언하면 초개체의 개체라는 것이 되며, 개체와 초개체가 모순적으로 같은 것이 된다. 실로 '실유悉有는 불성이다'라는 구절은 이것을 의미하고 있다고 읽을 수 있다. 물론 이것은 대상적으로 개체와 초개체가 결합하고 있다는 의미는 아니다. '본질을 관통하고 자유로운 상태(透體脫落)'의 한복판에서 게다가 이 사태가 현성하고 있는 것이다.

그것은 이 책 뒤의 논술 속에서 어느 정도 확인할 수 있다. 지금은 우선 4조 도신과 5조 홍인의 문답에 관한 도원의 '염롱拈弄'을 보는 것으로 하자. 우선 그 문답에서 이 주제의 검토에 필요한 부분을 제시해 보자. 조는 도신, 사는 홍인이다.

걸식하며 세월을 보내다가 일곱 살이 되어 황매산에 갔더니, 길에서 4조 도신 대사를 만났다. 도신 대사가 물었다.
조: "너의 성은 무엇인가?"
사: "성은 있으나 보통 성이 아닙니다."

조: "그렇다면 무슨 성인가?"

사: "이것은 불성입니다."

조: "비록 불성은 있으나 너는 아직 알지 못할 것이다."

사: "비단 저만 알지 못할 뿐 아니라 삼세제불도 알지 못합니다."

조: "무엇 때문에 알지 못하는가?"

사: "불성이 공하기 때문입니다."

4조 대사는 그가 법의 그릇임을 묵묵히 아시고 곧 출가를 시켜 가사를 전하고 법을 부촉하였다.[6]

도신은 홍인에게 성姓을 묻자 홍인은 불성佛性이라 답했다. 이것은 불성(불이라는 성)이라고 답한 것이기도 하다. 어떻게 해서 그런가? 도신은 홍인에 대해 '너에게 불성은 없어'라고 말하자, 홍인은 불성은 공이기 때문에 없다고도 말하지 말라고 응수한다.

도겐은 이 문답에 대해 우선 도신이 말하는 "너의 성은 무엇인가?"라는 것은, 너는 성이 무엇인가?라고 들었던 것이 아니라, 너는 무엇이라는 성이라고 긍정문으로 말한 것이라고 한다. 또한 홍인의 "무슨 성인가?"라는 답도 또한 "무엇은 이것이며 이것을 무엇이라고 한 것이다. 이것은 성이다"라고 하여, 무엇이란 소위 여시如是의 시是를 가리키는 말이며, 그것을 성으로 하고 있다고 말한 것이라 한다. 여기서 도겐은 이것이나 무엇도 다 같이 대상적으로 한정할 수 없는 것을 가리키고

6 乞食度日 至七歲 携在黃梅 路上見四祖 祖問曰童子何姓 子答曰姓卽有 不是常姓 祖曰是什姓 子曰佛性 雖有佛性 汝且不會子曰非但我不會 三世諸佛 亦不會 祖曰 爲什不會 子曰性空故 祖識其法器 卽便出家 乃傳衣付法.

있다고 해석한다. 그것은 '본질을 관통하고 자유로운 상태(透體脫落)'
를 의미한다고 해도 좋고, '불성'을 의미한다고 해도 좋다. 즉 "무슨
성인가?"에 있어 그대는 부처의 가문에 속한 자라고 긍정적으로 말하는
것이라고 한다. 이것은 나아가 초월적 개체 속에 있는 개체라고 말하고
있음에 틀림없다.

도겐은 여기서 "성은 이것이고 무엇이다. 이것을 가지고 쑥을 끓이
고, 차를 끓이고 매일 차와 밥을 먹는 것이다"라고 말한다. 이것은
초개체의 개체로써 현실세계에 활동하는 바에 선의 세계가 있음을
시사한다. 그리고 "스승께서 답하셨다. '불성이다'"의 부분에 대해
다음과 같이 말한다.

오조가 '불성이다'라고 말하였다. 여기에서 말한 종지는 '이것이
바로 불성이다'라는 것이다. 왜냐하면 부처가 되기 때문이다. '이것
은 성만을 궁구하는 것이겠는가.' 이것은 이미 그렇지 않을 때
불성이 되는 것이다. 그렇다면 이것은 무엇이 되며, 부처가 된다고
할지라도 탈락하고 투탈하게 되어 반드시 성이 된다. 그 성은
곧 주씨이다. 그렇지만 아버지께도 받지 않았으며, 조상에게도
받지 않았다. 어머니의 성도 닮지 않았으므로, 방관자와 같겠는
가?(도원, 『정법안장』「불성」)

여기서 대의를 말하면 대상적으로 한정할 수 없는(不是), 그것 자체
(是)에서 탈락(佛性·초월적 개체)을 증득했을 때 반드시 현실세계에
개체(周姓)로 살아가는 것이 된다. 그것을 자각하고 실현한 자는 다만

범부와는 다르다. 여기서도 분명히 초월적 개체의 개체로써 자기의 존재방식이 시사된다. 이렇게 불성이라는 것을 검토의 주제로 하면서 게다가 초월적 개체의 개체인 바에 그 핵심을 보고 있는 것이다.

또 하나를 보면, 도겐은 육조혜능이 문인·행창에게 말한 "무상無常은 곧 불성이며, 유상有常은 곧 선악 일체의 모든 법에 대한 분별심이다"라는 구절을 제시하여 재차 독특한 독법을 개진해 간다. 여기서 "무상은 곧 불성이다"라고 기술하기 때문이라서 우선 불성이라는 것이 있다고 생각하고 그것이 무상이라고 생각한다면, 결코 도겐의 진위에는 도달할 수 없다. 도겐은 "소위 육조혜능이 말한 무상은 외도와 이승 등이 헤아릴 수 없다. 이승과 외도 모두가 무상이라고 말하지만, 그들도 궁극적인 것까지는 알지 못한다"라고 일침을 가하고 있다. 무상이라는 말에서 다만 직선적인 시간의 변화만을 생각한다면, 육조의 말의 진의를 이해할 수가 없을 것이다. 그렇다면 그것은 어떻게 이해되어야 하는가? 도겐은 다음과 같이 말한다.

그런데 무상 스스로가 무상을 설하고, 행하고, 증득하는 것은 모두 무상일 것이다. 지금 자신을 드러내어 득도하는 자는 곧 자신을 드러내어 설법하게 되는데, 이것이 불성이다. 때로는 장법신長法身으로 드러내고, 때로는 단법신短法身으로 드러낸다.(도원, 『정법안장』「불성」)

무상이 자기 스스로가 무상을 행하는 등이라는 것은, 자기가 스스로 자기를 행한다는 것에 다름 아니다. '자기 자신을 드러낸다고 해도'라고

하는 것은, 『법화경』 「관세음보살보문품」의 관세음보살이 33으로
몸을 나누어 상대에게 가장 어울리는 모습을 드러내어 제도한다고
하는 문언을 '자신'으로 변경하여 기술한 것이지만, 그 말하고자 하는
바도 자기가 스스로 자기를 행한다고 하는 것에 다름 아닐 것이다.

   자기가 자기를 배우고 자기가 되게 할(투체탈락) 때, 오히려 자기의
근원으로서의 불성을 만난다. 그것은 대상으로서가 아니라 자기가
자기를 비우고 자기를 잊는 것에서이다. 그러나 이때 둘도 없이 소중한
자기를 상실하는 것은 있을 수 없다. 그것이 사람들 각각에 혹은
장법신長法身을 드러내고 혹은 단법신短法身을 드러낸다고 할 수 있을
것이다. 그러므로 여기에도 또한 초월적 개체에서 개체의 의미가
말해진다고 볼 수 있을 것이다. '불성'의 이 부분에서는 이와 같은
소론을 언급한 뒤 아래와 같이 기술된다.

> 그러므로 초목총림이 무상인 것이 바로 불성이다. 인물신심이
> 무상인 것이 바로 불성이다. 국토산하가 무상인 것인 바로 불성이
> 다. 아뇩다라샴막삼보리가 무상인 것이 바로 불성이다. 대반열반
> 이 무상이기 때문에 불성인 것이다. 모든 성문승과 연각승과 같은
> 이승의 수행자들의 소견이나 경론사의 삼장 등도 이 육조 스님의
> 말씀을 듣고 놀라고 두려워할 것이다. 만약 놀라고 두려워하는
> 사람들은 사마외도의 부류일 것이다.(도원, 『정법안장』)

이것을 현상은 본성과 같다고 읽는 것도 틀리지 않을지도 모른다.
그러나 지금까지의 논지를 추구해 가면 초목총림이나 국토산하라고

해도 그것은 주-객 미분의 개체 그것이라는 것을 상실해서는 안 될 것이다. 이 국토산하 등은『정법안장』「산수경」에 "지금의 산수는 옛 부처의 도가 현성한 것이다"라고 말해지는 산수와도 같은 것이다. 그것은 곧 "공겁 이전의 소식이기 때문에 지금의 살림살이이다. 조짐이 아직 드러나지 않은 자기이기 때문에 현성의 투탈이다"라고 말해진다. 초목총림이든 인물신심이든 국토산하든 아뇩다라샴막삼보리나 대반 열반이든, 그 어느 것이든 자기가 자기라는 것을 가리키는 말이다. 그 한복판에서 무상이면서 불성인 간단하고 분명한 것, 개체이면서 초월적 개체인 간단하고 분명한 것을 지시하고 있는 것이다.

이밖에『경덕전등록』의「용수전」을 제목으로 독자적인 논지를 전개 하기도 한다. 용수는 법좌의 자리에서 둥근 달의 모습을 드러냈다. 이것에 관해 제바는 "이것은 존자이며, 불성의 상을 드러내어 우리에게 제시한다. 무엇을 가지고 그것을 아는가? 대개 무상삼매는 모양이 둥근 달과 같은 것이다. 불성의 뜻은 확연하여 텅 비고 밝다"라고 대중들에게 말했다. 용수는 제바의 말이 끝나자마자 본래의 자세로 돌아왔다. 그리고

몸이 원만상을 드러낸 것은
모든 부처님의 표상이요
형상 없는 법을 설한 것은
소리나 빛이 아님을 말하는 것이다.[7]

---

7 身現圓月相 以表諸佛體 說法無其形 用辯非聲色.(『경전전등록』「용수전」)

라는 게송을 읊었다는 것이 그 「용수전」 일절의 대강 줄거리이다. 이러한 한 아무래도 불성을, 무상삼매의 한복판이 확연하여 텅 비고 밝다고 한다. 그런데 도겐은 여기서 "신현원월상身現圓月相"은 "몸에 원만상을 드러낸다"라고 읽어서는 안 되고, "몸이 드러나기 때문에 원만상이다" 등으로 바꾸어서 읽는다. 용수는 원만상을 드러낸다든가 하는 것이 아니라 대개 앉아 있을 뿐이라고 주의하여, "이 몸, 이것은 원만상이 드러난 것이다"라고 제시하는 것이다. 그 취지는 역시 부처 자체(초월적 개체)와 개체가 같다고 하는 바에 불성이 있다는 것을 지시하려고 한 것이다.

『정법안장』의 「불성」 부분을 아주 오래도록 그 전체를 구체적으로 빠짐없이 보는 것은 여기서는 불가능하다. 그러나 지금까지 보아왔던 것 중에도, 도겐이 '실유는 불성이다'에서 말하고자 한 것은, 어디까지나 개체와 초월적 개체가 모순적으로 동일한 것에 다름 아니었다는 것이 알려졌던 것이다. 선에서 불성을 부처가 되는 원인이라 보지 않고 부처의 본성으로 보고, 특히 도겐은 단순히 현상과 구별된 진여·법성과 같은 것을 불성이라 한 것은 아니었다. 도겐은 "불성은 크지도 않고 작지도 않다고 하는 말을 세상의 일반 범부나 성문승·연각승의 이승에 연관시켜서는 안 된다. 우리들은 한쪽으로 치우치고 완고한 생각으로 불성은 광대하다고 생각하는데 이것은 잘못된 생각이다"(『정법안장』 「불성」)라고도 말한다.

도겐에 있어서는 소위 앞에서 본 바와 같은 초월적 개체의 개체야말로 자기의 핵심이며 거기서 불성을 본다. 게다가 그것을 자각하는 장은 '투체탈락'의 한복판이다. 개에게도 불성이 있는가 없는가를 질문

300

받고, 있다고 답하기도 하고 없다고 답하기도 한 조주의 그 답의
소재는, 유·무와 함께 이 '본질을 관통하고 자유로운 상태(透體脫落)'에
서 깨달아져야만 할 것이다.

본유무루종자와 불성

한편 유식에서 불성이라고 하면 역시 성불의 원인이라는 의미이다.
따라서 그것은 부처의 지혜의 원인이다. 유식은 불지佛智를 유위법(시
간적으로 변화하는 현상)이라 생각한다. 그 유위법의 원인을 유식에서는
종자에서 구한다. 다만 깨달음의 지혜는 번뇌의 누설이 없기 때문에
무루의 존재로 간주되며, 범부의 유류 존재와는 근본적으로 다른
것으로 여겨진다. 그것은 무시이래 생사윤회하는 와중에 실현한 적이
없는 이상, 훈습될 리가 없다. 그러나 수행하여 깨달음의 지혜를 일으키
는 것이 있는 이상, 그 원인으로의 종자가 없을 수는 없다.

　이렇게 그 종자는 범부에게도 본래 존재하는 것이 된다. 소위 본유종
자의 존재가 인정되게 된다. 그것은 아뢰야식에 의거하고 있다고
말해지는 것이다. 유식에서 불성을 말할 때 이 본유무루종자本有無漏種
子에서 구해지게 된다.

　다만 불성으로서 본유무루종자는 보살의 깨달음 지혜의 무루종자이
며, 성문에게는 성문의 깨달음 지혜를 위한 종자이며, 연각에게는
연각의 깨달음 지혜의 종자가 있다. 그것들도 마찬가지로 무루종자이
다. 그러나 그들 성문·연각의 지혜의 내용은 부처의 지혜 그것과는
매우 다르다고 생각된다. 원래 소승에서는 아의 공(人無我)만 깨닫고

법의 공(法無我)은 깨닫지 못한 것이다. 이것으로부터 생사에 들어가는 자유를 확립할 수 없고, 타자에 대한 충분한 활동도 할 수 없다고 본다.

그렇다면 인간은 본유의 무루종자의 성문의 부분, 연각의 부분, 보살의 부분의 그 어느 것이든 가지고 있는 것이다. 만약 '일체중생실유불성一切衆生悉有佛性'이라고 한다면 그 어느 누구든지 보살의 본유무루종자를 소유한 것이 될 것이다. 그렇지만 유식은 여기서 그렇지 않다고 한다. 각각의 무루종자만을 가지고 있는 경우도 있지만, 복수의 종자를 가진 경우도 있다. 그중에 그것들을 모두 가지고 있지 않은 자도 있다고 한다. 이것이 유명한 유식의 삼승三乘 사상, 또는 오성각별五性各別 사상이다. 즉 중생(유정)에게는 보살·연각·성문·부정·무종성의 다섯 종류의 존재가 원래 존재한다고 보는 것이다.

이런 입장은 이상주의적인 대승불교의 거의 전체에서 본다면 용인하기 어렵다. 여기서 무엇인가 이 입장을 일승의 입장과 회통하여 해석하려는 노력이 행해진다. 그중에서 다른 것보다 빼어나게 뛰어나다고 생각되는 것은 화엄종의 해석이다. 『화엄오교장』의 그 회통은 매우 흥미로운 것이기 때문에 여기서 간단하게 소개해 두고자 한다.

유식은 『유가사지론』 등에 '무한한 과거로부터 근본식에 의거하여 자유자재하게 법을 증득한 청정한 법인의 소유자'인 본성주종성(本性住種姓, prakṛtistha-gotra)과 '진리의 설법을 듣고 설법을 들은 업인이 근본식에 훈습되어 성숙된 종자를 지니고 있는 것'인 습소성종성(習所成種姓, samudānīta-gotra)이라는 것이 말해진다. 본성주종성이란 이른바 본유무루종자라는 의미이다. 그것은 스승을 만나 지도를 받는다든가, 경론을 읽고서 이해한다든가 해서, 불도로의 의지를 기르는 와중에 더욱 확고한 것으로 되어 간다. 그것이 습소성종성이라는 것이다. 습소성종성이 본성주종성과 별도로 존재하는 것이 아니라, 본성주종성이 존재하고 나서 신행에 의해 훈습되어 차례로 증장된 것이 습소성종성이다.

『화엄오교장』에 의하면, 오성각별이라고 할 때의 종성이란 이 본성주종성이 게다가 습소성종성이 되었지만, 그 유무에 의해서인 것이지, 결코 원래 본성주종성의 유무 즉 본유무루종자가 있는가 없는가에 의한 것이 아니다. 원래 발심하기에 이르러 종성이 말해지게 되었을 때, 그때 이전에 존재했던 것을 본성주종성이라 부를 뿐이다. 이와 같은 입장이나 사고방식을 세움으로써, 실제 그 어느 누구든 불성으로서의 무루종자를 가지고 있는 것이다. 그러나 성문승·연각승·보살승 등 어느 불도에 발심했는가의 여부에 의해 인간의 종성에 구별이 생긴다는 것이다. 이와 같이 일승과 삼승을 교묘하게 지향한다. 그 논의 본문(所詮差別)을 들어보자.

그런데 『유가사지론』에 이미 종성을 갖춘 자야말로 바야흐로 발심할 수 있다고 말한다. 즉 그 본성주와 습소성의 2법을 갖추고 하나의 종성을 이룬다는 것을 알아야 한다.
그러므로 이 둘은 연기불이緣起不二이며, 따라서 결여하면 이루어지지 않는다. 또한 본성주를 선으로 하고 습소성을 후로 한다고 말해서는 안 된다. 다만 이르기를 위位, 감임堪任에 이르고 나서 실로 근본에 준해서 종성이 있다고 말하고, 닦음에 준해서 말하여

습종으로 한다고 해야 한다. 그런데 두 가지 뜻이 있다 해도 두
가지 사건이 있을 수는 없다. 위의『섭대승론』의 두 가지 뜻이
화합하여 하나의 원인이 되는 것과 같다. 그러므로 알아야 할
것은 다음과 같다. …

묻는다. 만약 반드시 습종을 기다려 바야흐로 성종을 말하면 어리
석은 지위에는 아직 익히지 못했는데 어찌 성종이 없을 수 있겠는
가? 만약 그것이 없다면 뒤에는 응당 있을 수 없다. 앞서 없고
뒤에 있는 것은 성종이 아니기 때문이다. 만약 그것이 있다면
습종이 없이 성종만 있다고 하는 것은 이치에 맞지 않기 때문이다.
왜냐하면 논에는 말해지지 않기 때문이다.

답한다. 이 둘은 이미 연기를 행하는 것이다. 그러므로 습종이
없을 때 또한 그 성종도 없다. 이것으로 말미암아 또한 무성유정을
세운다. 앞은 없고 뒤에 있는 것은 성종이 아니라고 하는 것은
이것 또한 그렇지 않다. 습성하는 바를 가지고 결정코 성이 있다고
하는 것이다. 어리석은 지위에서 아직 익히지 않았기 때문에 성을
말하지 않는다. 뒤에 일어난 습은 이미 습이 없다고 이름할 수
없다. 그러므로 습이 이루어지면 뒤에 성이 있다고 말한다. 모든
수레에 따라서 어떠한 행을 관습하든 이때는 곧 본래 그러한 성종은
있다고 말한다.[8]

---

8 然瑜伽旣云. 具種性者方能發心. 即知具性習二法成一種性. 是故此二緣起不二.
隨闕(一)不成. 亦不可說性爲先習爲後. 但可位至堪任以(已)去. 方可約本說有性
種約修說爲習種. 然有二義而無二事. 如上攝論(云)二義和合. 爲一因. 故得知也.
… 問若要待習方說性者. 愚位未習. 豈無性種. 如其無者後不應有. 先無後有非性
種故. 如其有者. 無習有性不應理故. 論不說故. 答. 此二旣爲緣起. 故無習時亦無

요점은 『유가사지론』에 "종성을 갖춘 자이며 처음으로 발심할 수 있다"라고 기술하는 것이다. 발심한 이상은 무엇인가 신信 등의 수행이 행해지고 있는 것이며, 그런 사람이 처음으로 발심할 수 있다. 왜냐하면 본성주종성이 습소성종성도 되어 처음으로 발심할 수 있다는 것이다. 역으로 신행 등에 의해 아직 개발되지 않은 본성주종성만으로는 발심에 이르지 않는다. 이러한 사정을 포함하여 아마도 본성주종성은 일체중생에게 다 있는 것이지만, 습소성종성에 관해서는 차별을 끌어낸다는 이해를 이끈다. 적어도 오성각별은 습소성종성에 관해 말하는 것이며, 이러한 사고방식에서 본다면 일체중생실유불성과 오성각별은 모순되는 것은 아닐 것이다.

또한 본성주종성과 습소성종성은 연기緣起를 이루고 있으며, 아직 습소성종성이 없는 동안은 본성주종성을 본성주종성이라고도 말할 수 없다고 한다. 그것은 마치 자식을 낳기 전은 부모라고 말할 수 없는 것과 같다.

이상 실로 교묘한 논의이지만 화엄의 법장은 천태종이나 법상종 뒤에 나와서 이들을 통합하는 시점을 구축했던 것이다.

사지四智와 불佛

하여튼 유식에서는 불성을 무루의 지혜 종자에서 구하고 있다. 그런데

彼性. 由此亦立無性有情. 先無後有非性種者. 此亦不然. 以習成處. 定先有性. 愚位未習. 故不說性. 後起習已不名無習. 是故習性卽後說有性. 隨於諸乘串習何行. 爾時卽說本有彼性.(『華嚴五敎章』 제10장, 所詮差別)

역으로 부처란 그 종자가 완전히 현행하여 불지로서 활동하고 있는 존재를 말하는 것으로 될 것이다. 그렇다면 불의 지혜란 어떠한 것일까? 그것은 대원경지·평등성지·묘관찰지·성소작지의 4종으로 말해진다. 백은의 『좌선화찬坐禪和讚』에 "삼매는 걸림 없는 허공이며, 네 가지 지혜는 원명의 달밤이라"고 노래하고 있다.

　유식에서는 우리 범부는 8식의 존재로 설명된다. 수행하여 부처가 되었을 때는 8식 가운데 아뢰야식은 대원경지(大圓鏡智, ādarśa-jñāna), 말나식은 평등성지(平等性智, samatā-jñāna), 의식은 묘관찰지(妙觀察智, pratyavekṣā-jñāna), 전오식은 성소작지(成所作智, kṛtya-anu-ṣṭhāna-jñāna)로 전변한다고 한다. 이 4지는 『성유식론』(권10)에서 전의轉依의 소전득所轉得이지만, 소생득所生得을 밝히는 부분에서 설명된다. 여기서 우선 다음과 같이 설명한다.

　둘째는 '생겨나서 얻어지는 것(所生得)'이니, 대보리를 말한다. 이것은 본래부터 능히 생겨나게 하는 종자가 있긴 하지만, 소지장에 장애되기 때문에 생겨나지 못한다. 성스러운 수도의 힘으로써 그 장애를 끊기 때문에 종자로부터 일어나게 하는 것을 보리를 얻는다고 이름한다. 일어나고 나서는 미래세가 다하도록 지속한다. 이것은 곧 네 가지 지혜와 상응하는 심품心品이다.(408)[9]

　본유무루종자가 있어도 소지장이 있으면 그것은 현행할 수 없다.

9　二所生得, 謂大菩提. 此雖本來有能生種, 而所知障导故不生, 由聖道力斷彼障故, 令從種起, 名得菩提. 起已相續窮未來際, 此卽四智相應心品.(『成唯識論』권10)

특히 대원경지와 성소작지는 10지의 수행이 완성될 때까지 현행하지 않는다. 이 사이 무분별지를 수습하여 소지장도 완전히 단멸했을 때 4지는 실현된다. 이후 미래제를 다하여 자리自利와 이타利他의, 자각自覺과 각타覺他의 활동을 계속하는 것이다. 그렇다면 그 4지란 어떠한 것인가?

무엇이 네 가지 지혜와 상응하는 심품인가?
제1은 대원경지와 상응하는 심품이다. 이 심품은 모든 분별을 떠나고, 인식대상도 인식작용도 미세하여 알기 어렵다. 모든 대상에 대해 현전하고 미혹함이 없으며, 본성도 형상도 청정하며, 모든 번뇌에 물든 생각을 떠나 있다. 순수하고 청정하며 원만함의 덕이 있고, 현행과 종자의 의지처이다. 신체·국토·지혜의 영상을 능히 현현하고 생겨나게 하며, 미래세가 다하도록 중단이 없고, 끊어짐이 없다. 마치 크고 원만한 거울에 많은 사물의 영상을 드러내는 것과 같다.
제2는 평등성지와 상응하는 심품이다. 이 심품은 일체법과 자타의 유정이 모두 다 평등하다고 관찰하고, 대자비 등과 항상 함께 상응한다. 모든 유정이 즐거워하는 것에 따라 수용신과 수용토의 모습의 차이를 나타내 보인다. 묘관찰지의 불공不共의 의지처이고, 무주처열반이 건립되는 곳이다. 미래세가 다하도록 한 부류로 지속한다.
제3은 묘관찰지와 상응하는 심품이다. 이 심품은 모든 법의 자체상(자상)과 보편적인 특질(공상)을 관찰하는 데 걸림이 없이 전전한다. 수많은 다라니와 선정의 방법 및 생겨난 공덕의 보배를 거두어 관찰한다. 대중의 집회에서 능히 한량없는 갖가지 작용을 나타내는 데 모두 자재하다. 큰 법의 비를 내리고, 모든 의심을 끊고, 많은 유정들로 하여금 다 이익과 안락함을 얻게 한다.

제4는 성소작지와 상응하는 심품이다. 이 심품은 많은 유정을 이롭 게 안락하게 하기 위해 널리 시방에서 갖가지 변화의 세 가지 업을 나타내 보여서 본원력의 해야 할 일을 성취한다.[10]

대원경지는 '대원경에 뭇 색깔의 모습을 비추는 것과 같은' 지혜이다. 일체 삼라만상을 비추는 것이다. 또한 범부의 아뢰야식에는 상분에 유근신(有根身, 신체)과 기세간(器世間, 환경)이 현현하지만, 대원경지 에는 묘색신으로의 불신과 청정하고 화려한 불국토가 현현한다. 평등 성지는 타자와의 평등성을 보고 있는 지혜이다. 그렇기 때문에 대자비 의 근원이 된다. 타자에게 크게 활동하고 있는 근본이 되며, 특히 지상(地上, 십지의 수행에 들어간 단계)의 보살에 대해 공덕을 수용케

---

10 云何四智相應心品. 一大圓鏡智相應心品, 謂此心品離諸分別, 所緣行相微細難 知, 不忘不愚一切境相, 性相淸淨離諸雜染, 純淨圓德現種依持, 能現能生身土智 影, 無間無斷窮未來際, 如大圓鏡現衆色像. 二平等性智相應心品, 謂此心品觀一 切法自他有情悉皆平等, 大慈悲等恒共相應, 隨諸有情所樂示現受用身土影像差 別, 妙觀察智不共所依, 無住涅槃之所建立, 一味相續窮未來際. 三妙觀察智相應 心品, 謂此心品善觀諸法自相共相無㝵而轉, 攝觀無量摠持定門及所發生功德珍 寶, 於大衆會能現無邊作用差別皆得自在, 雨大法雨, 斷一切疑, 令諸有情皆獲利 樂. 四成所作智相應心品, 謂此心品爲欲利樂諸有情故, 普於十方示現種種變化 三業, 成本願力所應作事.(『성유식론』 권10)

하는 타수용신의 근본이 된다. 묘관찰지는 모든 존재들의 개별 독자상 (자상)과 보편상(공상)을 적확하게 판단하여 착오가 없는 지혜이다. 특히 설법을 하여 대법大法의 비를 내리게 하는 것이다. 성소작지는 범부 등에 변화의 신·어·의 삼업을 드러내고 스스로 수행에 들어가 처음으로 본원에 서원한 것(지어야 할 바)을 성취해 가는 지혜이다.

범부의 8식이 이 4지로 전변한 존재가 부처이다. 또한 4지는 앞서 말한 바와 같이 작용으로의 유위법이며, 무자성·공인 존재이다. 따라 서 그 본질·본성은 공성이며, 아울러 법성·진여(무위법)이기도 하다. 그것을 청정법계라고도 부르지만, 부처란 4지로써 작용하는, 그 본성 으로서는 청정법계인 것이 된다. 이 청정법계 즉 진여에 관해서는 범부와 한결같이 변하지 않는 것(유구진여·자성원성실·자성열반)이다. 다만 이 진여에 지혜의 요소는 전혀 고려되지 않는 것(理智隔別)이 유식 교리의 특질이다.

또한 유식은 이밖에도 부처라는 존재에 관해서 상세하게 분석 규명 한다. 대승불교의 불신론의 전형이라고도 말할 수 있는 법신·보신· 화신의 3신론은 유식에서 확립되었던 것이다. 『섭대승론』에는 자성 신(自性身, svābhāvika-kāya)·수용신(受用身, sāṃbhogika-kāya)·변화 신(變化身, nairmāṇika-kāya)이라 하며, 그 전체를 법신(法身, dharma -kāya)이라 하지만, 일반적으로는 법신·보신·화신이라는 말이 친숙 하다.

또한 간단하게 말하면, 이 가운데 법신이란 유위법의 본질·본성으로 의 진여·법성을 불신론에서 불렀던 이름이다. 지금의 청정법계이다. 보신이란 수행에 의해 보답을 받은 몸이라는 의미이며, 요컨대 4지 그것이다. 화신이란 오히려 우리 범부의 마음에 현현한 부처의 모습 등이며, 그것은 성소작지의 활동에 의한 것으로 여겨진다. 또한 보신은 수용신이라고도 말해지지만, 이때 수행한 성과의 공덕을 자기에게 수용하는 것이 자수용신, 그것을 다른 사람에게 수용하게 하는 것은 타수용신이 된다. 자수용신은 4지 그것이지만, 타수용신은 주로 평등성지(자비의 근원)와 묘관찰지(설법의 주체)이다.

나아가 이러한 각각의 불신에 응하여 각각의 불국토가 있게 된다. 법성토法性土·수용토受用土·변화토變化土 등이다. 가령 염불하여 왕생하고 싶다고 생각할 때, 물론 임시적이며 실질을 가지지 않은 화토化土 보다는 진실한 불국토인 보토報土에 태어나고 싶어 할 것이다. 법연法然의 『행상회도行狀繪圖』(6)에 의하면 법연은

소승이 정토종을 세운 취지는, 저 범부조차도 아미타불 극락정토에서 왕생할 수 있기를 나타내기 위함입니다. 만약 천태종의 교의에 의하면, 범부의 극락왕생을 허용하는 듯이 보이지만, 진실로 극락정토를 깨닫는 일은 깊지 않습니다. 만약 법상종의 교의에 의하면, 아미타불께서 건립한 극락정토를 헤아리는 일은 심오한 일이라고 하지만, 범부의 극락왕생을 일체 허용하지 않습니다. 이와 같이 여러 종파의 견해가 비록 다르다 하나, 결국 모든 범부의 극락왕생을 허용하지 아니하기 때문에 광명대사 선도 스님의 해석에 의해 정토종을 세웠을 때, 마침내 범부가 극락정토에서 왕생할 수 있는 가르침이 나타나게 되었습니다.

그렇기 때문에 '오직 선도 대사에게만 의지한다(偏依善導)'는 입장에 선 것이다. 여기 유식법상에서는 정토의 분석이 대단히 정치함을 보이고 있다. 이와 같이 유식은 불신·불토론에서도 상세한 분석을 한다. 이러한 대승 아비달마로서의 유식의 교의야말로 모든 대승불교 사상의 근저에 있는 것이다.

지금·여기·자기의 부처

이상 유식이 설한 부처를 살펴보았다. 한편 이들 논의에 비해 선의 부처에 대한 견해나 파악방식은 극히 단순하고 직절하다. 거기에 선불교 독자의 세계가 있다. 무엇보다도 선다운 부처의 파악은 이미 앞에서도 언급했지만, 다음과 같다.

한 스님이 운문 선사에게 여쭈었다.
"무엇이 부처입니까?"
운문 선사가 말했다.
"간시궐(乾屎厥, 똥 막대기)."

한 스님이 운문 선사에게 여쭈었다.
"어떠한 것이 청정한 법신입니까?"
운문 선사가 말했다.
"화약란(花藥蘭, 화장실 담벼락)."

똥 막대기는 마른 막대기 모양의 똥이다. 화약란은 화장실 담벼락이다. 도대체 이것은 어떤 의미인가? 부처에 대한 유식의 설명인 사지원명四智圓明의 존재와는 크게 다른 것이다. 하여튼 특히 법신(진여·법성)은 어떠한 것도 일관하는 궁극의 보편이다. 그것은 화장실에도 똥에도 일관되지 않으면 안 된다. 그러므로 화장실에도 똥에도 부처를 보아야만 한다. 혹은 또한 다음과 같은 문답도 있다.

어떤 스님이 동산 화상에게 여쭈었다.
"무엇이 부처입니까?"
동산 화상이 말했다.
"마삼근."[11]

아마도 같은 도리를 제시한 것으로, 『벽암록』 제82칙에서는 대용 화상이 법신에 대한 견해를 다음과 같이 제시하고 있다.

어떤 스님이 대용大龍 화상에게 질문했다.
"색신色身은 부서지고 파괴되는데,
견고한 법신法身은 어떠한 것입니까?"
대용 화상이 말했다.
"산에 핀 꽃은 비단결 같고, 시냇물은 쪽빛처럼 맑다."[12]

---

11 洞山和尙. 因僧問. 如何是佛. 山云. 麻三斤.(『무문관』 제18칙)
12 擧. 僧問大龍, 色身敗壞, 如何是堅固法身. 龍云, 山花開似錦, 澗水湛如藍.(『벽암록』 제82칙)

그렇지만 비단이라든가 쪽빛이라든가를 기술하고 있다고 해서 깨끗함과 더러움, 아름다움과 추함으로 파악되어서는 안 된다. 어떠한 것이든 눈앞의 하나의 전체로서의 진실이 그대로 진여법성이며, 법신이다. 여기에는 유식과 같이 유위법과 무위법, 지혜와 진여를 절연하게 구별해 가는 것은 정합적인 설명의 세계에는 있을 수 있다고 해도, 사실 그것에는 이를 수 없다는 주장이 있을 것이다. 나아가 다음과 같은 문답도 있다.

대매가 마조에게 질문했다.
"어떠한 것이 부처입니까?"
마조가 답하였다.
"마음이 곧 부처이다(卽心是佛)."[13]

즉심의 논리에 의해 다름 아닌 이 마음이라는 의미가 제시되고 있다고 한다. 결국 선에서는 항상 지금·여기·자기 부처를 보는 것이다. 부처는 먼 미래의 무엇인가로 존재하는 것이 아니라 실로 '직지인심直指人心'하는 것이다.

도대체 여기에는 어떤 이치가 감추어져 있는가? 이 사정을 다소라도 이해하기 위해 이하 임제의 말을 음미해 보도록 하자. 임제는 할喝의 달인이라 말해지며, 방망이(棒)의 덕산과 함께 기봉이 예리한 것으로 유명하다. 따라서 그 제자들에 대한 응접도 단적으로 급소를 찌르는

---

13 馬祖因大梅問. 如何是佛. 祖云. 卽心是佛.(『무문관』 제30칙)

것이 많았을 것으로 생각된다. 그러나 적어도 『임제록』에서 보는 설법에는 상당히 교상敎相의 공부에 노력한 흔적이 보인다. 여기에 교상의 어구를 선적으로 파악하고 있음을 볼 수 있다. 약간 길긴 하지만, 임제의 언어를 충분히 이해하기 위해 굳이 번잡함을 무릅 쓰고 그 전후를 제시하면 다음과 같다.

선사가 대중에게 다음과 같이 말씀하셨다.

오늘날 불법을 배우는 이들은 반드시 바른 안목을 갖도록 해야 한다. 만약 바른 안목을 얻으면 나고 죽음에 물들지 않고, 가고 머무름에 자유로워 수승함을 구하려 하지 않아도 수승함이 저절로 온다.

도를 배우는 이들이여! 옛 큰스님들은 모두가 사람을 구해 내는 길이 있었다. 내가 사람들을 지도해 주는 것은 그대들이 남에게 속지 말라는 것이니, 쓰고자 하면 쓸 뿐 다시 의심하여 주저하지 말라.

오늘날 공부하는 이들이 그렇지 못하는 것은 그 병통이 어느 곳에 있는가? 그것은 스스로를 믿지 않는 데 있다. 그대들 스스로의 믿음이 부족하면, 망망하게 경계에 따라 전변하여 온갖 경계에 휩쓸려서 자유롭지 못할 것이다. 한편 생각생각 치달려 구하던 마음을 쉴 수만 있다면, 조사나 부처와 다름이 없을 것이다. 조사와 부처를 알고자 하는가? 바로 그대들 앞에서 법문을 듣고 있는 자이다. 공부하는 이들이 믿음이 부족하여 그저 밖으로 내달려 구하고자 하니, 설사 얻는다 하더라도 모두 번지레한 문자의 모습일 뿐, 결코 저 살아있는 조사의 뜻은 아니다. 참선하는 이들이여! 착각하지 말라. 지금 만나지 못한다면 천생千生과 만겁萬劫이 지나도록 삼계에 윤회하며 좋아하는 경계만을 따라서, 나귀나 소의 뱃속에 태어날 것이다.

도를 배우는 이들이여! 나의 견처로 말한다면 석가세존과 다름이 없으니, 오늘 이 많은 작용들에 무슨 모자람이 있는가? 여섯 갈래(육도)의 신령스러운 빛이 한순간 끊어진 적이 없으니, 만약 이렇게 볼 수만 있다면 그저 한평생 아무 일 없는 사람이다.[14]

임제는 자기를 믿는 것이 중요하다고 한다. 조사나 부처는 '다만 그대 면전에서 법을 들을 뿐' 지금 법을 듣고 있는 당신 그 자체이다. 육도의 신광이란 안·이·비·설·신·의의 활동, 지금 여기의 자기 활동에 석가불과 전혀 다르지 않는 존재가 있음을 자각하라는 것이다. 도대체 무엇을 결여하고 있는가라는 물음에 임제의 언어는 강력하다.

---

14 師乃云, 今時學佛法者, 且要求眞正見解. 若得眞正見解, 生死不染, 去住自由, 不要求殊勝, 殊勝自至. 道流. 祇如自古先德, 皆有出人底路. 如山僧指示人處, 祇要爾不受人惑. 要用便用, 更莫遲疑. 如今學者不得, 病在甚處. 病在不自信處, 爾若自信不及, 卽便忙忙地, 徇一切境轉, 被他萬境回換, 不得自由. 爾若能歇得念念馳求心, 便與祖佛不別. 爾欲得識祖佛麼. 祇爾面前聽法底是. 學人信不及, 便向外馳求, 設求得者, 皆是文字勝相, 終不得他祖意. 莫錯. 諸禪德. 此時不遇, 萬劫千生, 輪廻三界, 徇好境掇去, 驢牛肚裏生. 道流 約山僧見處, 與釋迦不別. 今日多般用處, 欠少什麼. 六道神光, 未曾間歇. 若能如是見得, 祇是一生無事人. (『임제록』)

대덕들이여! 삼계는 불타는 집과 같아서 오래 머물 곳이 못된다. 덧없는 죽음의 귀신이 한순간도 귀천과 노소를 가리지 않는다. 그대들이 조사나 부처와 다름이 없고자 한다면 밖으로 구하지 않기만 하면 된다. 그대들 한 생각 마음 위의 청정한 빛은 그대 집 속의 법신불이며, 그대들 한 생각 마음 위의 분별없는 빛은 그대 집 속의 보신불이며, 그대들 한 생각 마음 위의 차별 없는 빛은 그대 집 속의 화신불이다. 이 세 가지 부처는 지금 눈앞에서 법을 듣는 그 사람인데, 그것은 다만 밖으로 치달려 구하지 않기 때문에 그런 일이 있는 것이다. 교학승들은 이 삼신을 가지고 최고의 경지로 삼지만, 나의 견처로는 그렇지 않다. 삼신이란 말이며 세 가지 논리적 근거일 뿐이다. 옛 사람이 말하기를, '의미에 입각하여 불신을 말하고 정토를 논할 때도 그 바탕에 의거하여 논한다' 하니, 이렇게 볼 때 법성신과 법성토가 빛의 그림자인 줄을 분명히 알아야 한다.[15]

여기에 삼신불도 모두 자기 마음의 활동 그것이다. 요컨대 '그대, 지금 눈앞에서 법을 듣는 사람'이라고 말할 수 있다. 원래 삼신 등은 명언名言에 지나지 않으며 그 당체는 있을 수 없다. 그 명언에 구속되어

---

15 大德. 三界無安, 猶如火宅. 此不是儞久停住處, 無常殺鬼, 一刹那間, 不揀貴賤老少. 要與祖佛不別, 但莫外求. 儞一念心上, 淸淨光, 是儞屋裏法身佛. 儞一念心上, 無分別光, 是儞屋裏報身佛. 儞一念心上, 無差別光, 是儞屋裏化身佛. 此三種身, 是儞卽今目前聽法底人. 祇爲不向外馳求, 有此功用. 據經論家, 取三種身, 爲極則, 約山僧見處不然. 此三種身, 是名言, 亦是三種依. 古人云, 身依義立. 土據體論, 法性身法性土, 明知是光影.(『임제록』)

316

서는 안 된다.

대덕들이여! 이제 빛의 그림자를 희롱하는 정체를 알아내어라. 이는 모든 부처님의 본원이며, 모든 곳이 도 배우는 이들이 돌아갈 곳이다. 그대들의 사대四大로 된 몸은 법을 말하고 들을 줄 모르며, 오장육부도 법을 말하고 들을 줄 모르며, 허공도 법을 말하고 들을 줄 모른다. 그렇다면 법을 말하고 들을 줄 아는 것은 무엇인가? 그대들 눈앞에 뚜렷하면서 아무 형체도 없이 홀로 밝은 이것이 바로 법을 말하고 들을 줄 아는 것이다. 만약 이렇게 볼 수 있다면 조사나 부처와 다르지 않을 것이다. 다만 모든 시간 가운데서 더 이상 한순간도 끊임이 없으면 모든 보이는 바 그대로이겠지만, 정념이 생기면 지혜가 막히고 생각이 변하면 자체가 달라진 것이니, 그러므로 삼계에 윤회하여 가지가지 고통을 받는다. 그러나 내가 보기에는 모두 심오하여 해탈하지 않은 것은 없다.[16]

자기의 핵심은 오로지 '그대들 눈앞에 뚜렷하며 아무 형체도 없이 홀로 밝은 이것'이라는 것을 파악하지 않으면 안 된다고 한다. 보는 것, 듣는 것, 그 주체 그것, 게다가 즉금에 활동하고 있는 그것, 그것이

16 大德. 儞且識取弄光影底人. 是諸佛之本源. 一切處, 是道流歸舍處. 是儞四大色身, 不解說法聽法, 脾胃肝膽, 不解說法聽法, 虛空不解說法聽法. 是什麼. 解說法聽法. 是儞目前歷歷底勿一箇形段孤明, 是這箇, 解說法聽法. 若如是見得, 便與祖佛不別. 一切時中, 更莫間斷, 觸目皆是, 祇爲情生智隔, 想變體殊. 所以輪廻三界, 受種種苦. 若約山僧見處, 無不甚深, 無不解脫.(『임제록』)

자기이다. 그것은 반케이(盤珪, 1622~1693)의 불생不生의 불심佛心과
도 같은 것이다. 확실히 유식 수행의 핵심도 아집·법집을 끊고 대상적
파악을 철저히 하여 떠나는 것이 안목이기 때문에 이 즉금의 자기
그것으로 돌아가는 것에 궁극이 있다.

> 도를 배우는 이들이여! 마음 법은 형상이 없어 온 시방세계를
> 꿰뚫는다. 그것이 눈에 있을 때는 본다 하고, 귀에 있을 때는
> 듣는다 하며, 코에 있을 때는 냄새 맡는다 하고, 입에 있을 때는
> 이야기한다고 한다. 손에 있을 때는 잡는다 하고, 발에 있을 때는
> 다닌다고 한다. 본래 밝고 정묘한 한 덩어리가 나뉘어 6화합(六和合,
> 육근·육경·육식)이 되는 것이니, 한 마음이 없으면 가는 곳마다
> 해탈이다. 내가 이렇게 말하는 것은 그 뜻이 어디에 있겠는가?
> 도 배우는 사람들이 내달려 구하는 마음을 전혀 쉬지 못하여 저
> 옛 사람들이 부질없는 기연과 경계를 반연하기 때문이다.
> 도 배우는 이들이여! 나의 견처대로 말하자면 보신불·화신불을
> 앉은 자리에서 끊는다. 십지만심十地滿心을 성취한 보살도 날품팔
> 이하는 놈 같고, 등각·묘각도 칼 쓰고 족쇄 찬 꼴이며, 나한·벽지불
> 은 뒷간의 똥오줌과 같고, 보리·열반은 나귀 매는 말뚝과 같다.
> 어째서 그런가? 도 배우는 이들이 삼아승기겁이 비었음을 알지
> 못하기 때문에 이러한 장애가 있는 것이다.
> 진정한 도인이라면 결코 그렇지 않아 그저 인연 따라 묵은 업을
> 녹여낼 뿐이다. 자재하게 옷을 걸치고 가려면 가고 앉으려면 앉을
> 뿐, 한 생각이라도 부처님의 과를 바라지 않는다. 어째서 그런가?

318

옛 사람이 이르기를, '만약 업을 지어 부처를 구하고자 한다면
부처가 오히려 생사의 큰 조짐이다'고 하였다.[17]

여기서도 그 당체를 가리켜 간단히 '일정명一精明'이라 한다. 그러나
이것은 무엇인가 혼과 같은 것이 몸속에 있는 것이 아니다. 대상적으로
파악되지 않는 것을 이렇게 말한 것이다. 그것 자체가 부처임에도
불구하고 그것을 잊고 부처를 대상적으로 구하고 미래의 부처를 상정
하여 그것에 가까이 가려고 한다면, 오로지 생사윤회의 고통에 시달릴
수밖에 없을 것이다. 대상적으로 구하는 것 없이 주체 그것 속에
들어간다면, 다른 모든 권위도 간파할 수 있다. 다만 '가라고 명령하면
가고, 앉으라고 명령하면 앉을' 뿐이다.

그대들은 시간을 아껴야 하거늘, 바깥으로만 분주히 허둥대며
선을 배우고 도를 배운다. 명칭과 글귀로 잘못 알고 부처와 조사를
구하며 선지식을 찾아 뜻으로 헤아린다. 잘못을 범하지 말라.
도 배우는 이들이여! 다만 한 부모 있었으면 되었지 무엇을 더
구하는가? 그대들 스스로 돌이켜보라. 옛 사람이 이르기를, '연야

17 道流. 心法無形, 通貫十方, 在眼曰見, 在耳曰聞, 在鼻辨香, 在口談論, 在手執捉,
在足運奔. 本是一精明, 分爲六和合, 一心旣無, 隨處解脫. 山僧與麼說, 意在什麼
處. 祇爲道流, 一切馳求心, 不能歇, 上他古人閑機境. 道流. 取山僧見處, 坐斷報化
佛頭. 十地滿心, 猶如客作兒. 等妙二覺, 擔枷鎖漢. 羅漢辟支, 猶如厠穢. 菩提涅
槃, 如繫驢橛, 何以如此. 祇爲道流不達三祇劫空, 所以有此障礙 若是眞正道人,
終不如是, 但能隨緣消舊業, 任運著衣裳, 要行卽行, 要坐卽坐, 無一念心希求佛
果, 緣何如此. 古人云, 若欲作業求佛, 佛是生死大兆.(『임제록』)

달다演若達多가 머리를 잃어버려 찾다가 그 찾는 마음을 내려놓는
순간, 아무 일이 없어졌다'고 하였다. 또한 그대들이 평상 그대로이
기를 바란다면 모양을 짓지 말라. 좋고 나쁜 것을 알지 못하는
머리 깎은 무리들은 신령을 보고 귀신을 보며, 동쪽을 가리키고
서쪽을 구분하며, 갠 날을 좋아하고 비 오는 날을 좋아하는데,
이와 같은 무리들은 모두 빚을 지고 염라대왕 앞에서 뜨거운 쇳덩이
를 삼킬 날이 있을 것이다. 좋은 집안의 남녀들이 이들 여우 도깨비
에 홀려서 괴이한 짓들을 한다. 눈먼 바보들아, 밥값은 차곡차곡
추심해 받는 날이 있을 것이다.[18]

이렇게 밖으로 진실한 자기(부처)를 구하는 것의 착오를 엄하게
경계하는 것이다. 이와 같이 임제는 부처를 '그대는 지금 눈앞에서
법을 듣는 바로 그 사람'에서 보고 있다. 삼신의 구별도 구애되지
않고 오로지 인간인 주체 그 자체에서 보고 있다. 그것은 자기에게
대상적으로 관여하기 이전에 활동하고 있는 주체 그 자체이다. 우리는
보통 대상적으로 자아에 구애되어 그 자아를 보호하여 지니기 때문에
진실한 자기를 상실한다. 그 존재방식을 부정하여 자기 그 자체로
활동하는 바의 부처라고 이름할 수 있는 것이 존재한다는 것이다.

---

18 大德. 時光可惜. 祗擬傍家波波地, 學禪學道, 認名認句, 求佛求祖, 求善知識意度.
莫錯. 道流. 儞祇有一箇父母, 更求何物. 儞自返照看. 古人云, 演若達多失却頭,
求心歇處卽無事. 大德. 且要平常, 莫作模樣, 有一般不識好惡禿奴, 便卽見神見
鬼, 指東劃西, 好晴好雨. 如是之流, 盡須抵債, 向閻老前, 呑熱鐵丸有日. 好人家男
女, 被這一般野狐精魅所著, 便卽捏怪, 瞎屢生. 索飯錢有日在.(『임제록』)

아마도 임제는 선이 보는 부처를 가장 잘 설명하고 있다. 유식의 상세한 3신의 구별 등은 문제가 되지 않는다. 어디까지나 지금·여기·자기에게서 궁극의 진실을 구하는 것이다. 그것은 사지원명과 너무나도 다르다고도 생각된다. 그러나 선은 이와 같은 형태로 아집·법집을 떠나고, 번뇌장·소지장을 떠나는 것이며, 그 의미에서 실은 같은 지평에 도달한다고도 볼 수 있을 것이다.

또한 여기서는 앞의 똥 막대기나 화장실 담벼락과는 다르다고 생각할지 모르겠다. 그러나 오히려 기술할 필요가 없다고 생각하지만 똥 막대기나 화장실 담벼락은 결코 대상이 아니다. 그것들은 모두 임제의 언어로 말하면 '지금 눈앞에서 법을 듣는' 그 존재 그 자체인 것이다.

이상과 같은 선의 입장에서, 선은 나아가 '평상심이 도'라고 말해지기도 한다. 그 외에도 이와 같은 언어는 적지 않을 것이다. 그러나 이들 언어를 읽는다고 해도, 가령 『임제록』 등을 주의 깊게 참조해야만 한다.

시정에 유희하다

끝으로 『십우도』에서는 포대의 모습이 제10도圖, 즉 궁극이었다. 불도의 궁극은 사지원명四智圓明이라기보다 저잣거리에 숨는 것(一市隱)에 지나지 않는다는 이 이해도 너무나 선적이며 매력으로 가득 차 있다. 유식에도 무주처열반無住處涅槃 등에서 그 사상을 말하지 않을 수 없다. 그러나 선은 그것을 존재의 완전함으로 구현한다. 그것은 좌선에서 공을 개념으로가 아니라 마음의 근저에서 체득하기 때문일 것이다. 아집·법집을 철저히 하여 앉아서 끊기 때문이다. 그렇게 해야만 똥 막대기에도 또한 부처를 볼 수 있는 것이다.

결국 그 선도禪道인 보살도의 궁극에서는 포대화상과 같이 오로지 현실세계의 한복판에 있으면서, 고뇌하는 사람들을 위해 활동을 멈추지 않고, 게다가 그것에 구애되지도 않는 삶의 방식이 저절로 전개되어 갈 것이다. 진실로 그 삶의 방식 그것을 실제로 살아가며, 게다가 교리적 설명에 이르지 않고 오히려 경계로 나타내는 그곳에 선의 세계가 있다. "물에 비친 달의 도량에 앉아 허공 꽃의 만행을 닦는다"는 것이다. 그 세속에서 세속을 초월한 풍광은 저절로 시적 경지가 되는 것이다. 이 책을 마무리함에 있어 그 점을 예리하게 지적한 다이세츠의 글 한 줄을 음미하고자 한다. 이것은 다이세츠가 '자유'에 관해 논하는 것 가운데 있는 한 구절이다.

그러나 지금은 이것을 언급하지 않고, 자유의 활동은 허공의 장소 에서 비로소 가능하다는 것을 한마디 해두고 싶다. 『법화경』의 어느 품인가 기억이 나지 않지만, 다음과 같은 말이 있다.

"부처는 자비의 방에 머물고, 무한한 인욕과 정진을 옷으로 삼아 공이라는 방석에 앉아 있다."

라고. 부처는 다만 아무 생각 없이 앉아 있는 분이 아니다. '자비'의 방에서 '공'이라는 방석 위에 '인욕' 즉 인내와 굴욕의 옷을 입고 그것에 '정진'의 (일에 전심전력하는) 옷을 입고, 단정히 앉아 움직이지 않는 것이 아니다. 자비는 행동의 원리이기 때문에 결코 사람으로 하여금 한가롭게 앉아 있게 하는 것이 아니다. 사고팔고四 苦八苦의 사바세계 한복판으로 날아 들어가 감내하기 어려운 것을 감내하고, 인욕하기 어려운 것을 인욕하고, 각고·정려하여 인간을 위해 세계를 위해 무엇인가 대자대비의 자비행을 행하는 것이다. 그래서 행동은 과보를 구하는 행동이 아니며, 무목적의 목적으로 행하는 것이다. 이것을 무공용행이라 한다. 자유성의 발동이다. 소나무는 그 자신 소나무인 까닭을 자각하지 않는다. 대나무도 마찬가지로 그 자신 대나무인 이유를 의식하지 않고, 소나무는 소나무가 되고 대나무는 대나무가 되듯, 부처나 보살은 달마의 '무공용無功用'과 '불식不識'이며 자비행삼매이다. 이것을 창조의 생애라 하는 것이며, 시적인 경지이기도 하며, 일행삼매라고도 한다. 신통유희라고도 부른다. '물을 긷고 장작 나르는' 신통묘용이 라고도 한다. 이것은 언제나 '공'이라는 방석에 앉아 있을 수는 없는 것이다. 그렇지 않으면 정진도 인욕도 무한한 시간 속에서 움직일 수밖에 없다. 인연 없는 자비이며 청하지 않는 벗이다. '없다'라든가 '아니다'와 같은 부정구를 사용하기 때문에 소극성을 가진 듯이 생각할 지도 모른다. 여기서 불교나 동양사상을 오해하 게 하는 난점이 있다. 진실은 소극이 적극이며, 부정이 긍정이다. 이것을 '절대모순의 자기 동일'이라고 하는 것이다. 부정 그것을 긍정으로 하는 활동, 여기에 동양적인 것의 정수에 다가가는 것이 가능하게 된다. 니시다의 논리는 실로 이것을 설파하여 유감이 없다. "A는 비A이기 때문이다. 그러므로 A이다"라고 하는 것까지 철저하지 않고서는 불교 및 그 밖의 동양적인 것의 깊은 곳까지 미칠 수가 없을 것이다.[19]

고뇌에 가득 찬 세계로 되돌아와 대자대비의 자비행을 행하고 게다가 과보를 구한 적이 없다. 그것은 자기 본성의 근저에 공이라는 것이 있기 때문이다. 이 공성에 철저할 때 그것으로부터 일어나는 묘한 작용은 무공용·무보수가 되는 것이다. 그것을 『법화경』의 「법사품」은 '부처의 가르침을 널리 알리는 세 가지 원칙(弘敎의 三軌)'으로 제시된다. 그것은 본래 보살 활동의 궤범이라는 형태로 말해지지만 다이세츠는 오히려 부처 스스로의 활동이 거기에 제시되고 있다고 읽었던 것이다.

게다가 그 자비행삼매慈悲行三昧를, "창조의 생애라는 것이며, 시적인 경지이다. 일행삼매一行三昧라고도 한다. 신통유희神通遊戲라고도 말한다"라고 밝히고 있는 것은, 다이세츠라는 선사 그 '사람'을 충분히 말하는 것이다. 이것이야말로 선사의 진공묘용의 본질이다. 『십우도』의 제10도에는 그 시심詩心이 제8도의 공·제9도의 여시의 모습과도 일체인 것을 포함하여 표현되고 있었던 것이다.

---

19 영목대졸전집 20, 『동양적 사고방식』, 235~236쪽.

후기

선과 유식에 관해 쓸 것을 대법륜각大法輪閣의 편집자인 야수모토코(安元 剛) 씨로부터 의뢰를 받은 것은 대략 3년 정도 전의 일이다. 이 과제를 주셨지만, 처음에는 무엇을 써야 할지 대략 망막했다. 생각해 보면 나의 젊은 시절은 불안하고 불안정한 나날이었지만, 한편으로는 선도에 참여하고 다른 한편으로는 유식학에 몰두했다. 그 둘 다 나의 마음의 기층에 침전했던 것이어서 그 과제에 친숙하다는 생각은 금할 수 없었다. 그러나 선은 오로지 깨달음의 길에 대한 체험만을 말하는 것에 혼신의 힘을 기울이고, 유식은 전적으로 세계의 논리적인 기술에 전념한다. 둘 다 대승불교이지만, 마치 하늘과 땅만큼 다른 양상을 보인다. 이 양자의 틈을 어떻게 묘사하면 좋을까, 길이 보이지 않았다.

   그러나 이 무렵 마감에 쫓겨 글을 시작하는 가운데 기본적인 시점이 정해졌다. 선과 유식은 유가행으로서 기본적으로 하나의 사유체계라는 것, 체험의 직절한 표현과 그 논리적 체계화란 실로 상보적이라는 것, 이 두 개의 좌표축을 정한 뒤, 논술의 진행이 누에고치가 실을 자아내듯 하였다. 뒤에는 그 둘 다 종교의 본래로 '기사구명己事究明'의 길임을 중심에 두는 것을 잊지 않았다. 이렇게 서장 및 8장까지 써 나갈 수 있었다.

   '기사구명'이란, 자기란 무엇인가, 자기의 존재는 어디에 있는가, 하는 것을 규명하는 것이다. 선도 유식도 실로 그것에 관한 것이다.

선은 원래 단순한 마음의 안정제가 아니다. 유식은 결코 단순한 형이상학이 아니다. 그 둘 다 불도로 '생사의 일은 크고, 무상하며 신속하다(生死事大, 無常迅速)'를 응시하는 신심을 포함한 구도의 세계인 것이다. 대상적 실체로 파악된 자아의 허망성을 배제하고 진실한 자기에게 계합하게 하는 길인 것이다. 물론 나는 선의 『십우도』로 말하면, 아직 제1의 심우尋牛의 단계에 있다고 할 수 있다. 유식의 5단계 과정으로 말하면, 최초의 자량위資糧位에 해당할 것이다. 다만 이 책은 어디까지나 그와 같은 '생을 밝히고 죽음을 밝힌다'고 하는 주제에 맞닿아 있는 나 자신의 선과 유식의 이해를 기술한 것이라고 보아도 좋다.

이 책에서 유식에 관해서는 거의 『성유식론』에 의거하고 있다. 그 정치하고 면밀한 논의는 실로 깊은 것을 드러내고 있기 때문이다. 선에 관해서는 한정된 어록밖에 참조하지 않았지만, 유식과의 대비라는 점에서는 흥미 깊은 공안公案 등도 어쩔 수 없이 생략할 수밖에 없었다. 그런데도 양자를 대조해 가며 종교적 실존을 둘러싼 주요한 문제를 약간은 논구하였다고 생각한다. 그것을 한마디로 말하면 '동양적 개체의 자각과 논리'의 규명이다.

또한 이 책에서 『성유식론』은 신도본, 『벽암록』·『무문관』·『정법안장』에 관해서는 이와나미(岩波)문고에 의거했다. 다만 읽기 쉬움 등을 고려해 일부 변경하기도 했다. 그러나 기본적으로 그들 훈독 방법을 각각 그대로 채용하였다. 그 결과 통일성이 약간 결여된 듯이 보이지만 그 점은 양해해 주기를 바란다. 다만 논지를 드러내는 데 별 지장은 없다고 생각한다.

나는 지금까지 유식에 관한 몇 권의 책을 출간했다. 그중에서도 가장 쉽다고 여겨지는 책은『지의 탐구(知の探究)-미혹을 초월하는 유식의 매커니즘』(佼成出版社)이다. 그 밖에 춘추사에서도 두서너 권의 책을 출판했다. 한편 선에 관해서는 이 책의 자매편으로『선의 철학-자기의 진실을 찾다』(沖積社. 講談社 現代新書.『시작으로의 선』을 제목을 바꿔 출판)가 있다. 특히 위의 책들을 참조한다면 실로 감사할 따름이다. 그 외에 최근『서전기다랑西田幾多郎과 영목대졸鈴木大拙』(대동출판사)이나『정법안장 강의-현성공안 마하반야바라밀』(大法輪閣) 등도 이 책과 깊은 관련을 갖는 것이다. 이상 참고로 소개해 두고자 한다.

  이 책의 의뢰가 있고 나서 언젠가 하고 생각하는 사이에 어느새 유예가 허락되지 않은 상황이 되어, 하여간 정리해 본 것이 이 책이다. 그렇지만 편집자의 뛰어난 교정에 의해 한 권의 책을 만들 수가 있었고, 스스로 추구해 왔던 것을 재확인할 수 있었다는 것은, 나로서는 너무나 행운이라고 생각한다. 야수모토(安元) 씨와 대법륜각에 깊은 사의를 드리고 싶다.

2004년 1월 5일
쯔꾸바시 고도암에서
다케무라 마키오(竹村牧男) 쓰다.

328

[유식의 계보]

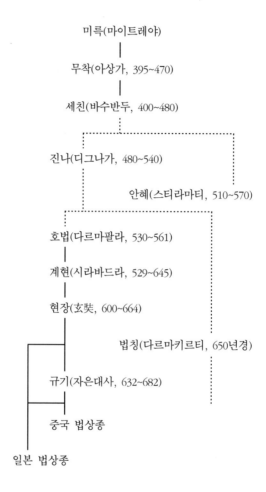

미륵(마이트레야)

무착(아상가, 395~470)

세친(바수반두, 400~480)

진나(디그나가, 480~540)

안혜(스티라마티, 510~570)

호법(다르마팔라, 530~561)

계현(시라바드라, 529~645)

현장(玄奘, 600~664)

법칭(다르마키르티, 650년경)

규기(자은대사, 632~682)

중국 법상종

일본 법상종

[선의 계보]

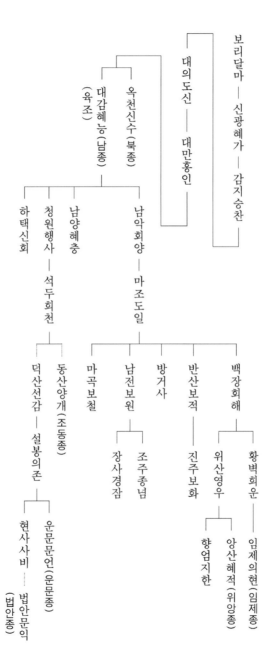

[임제종의 계보]

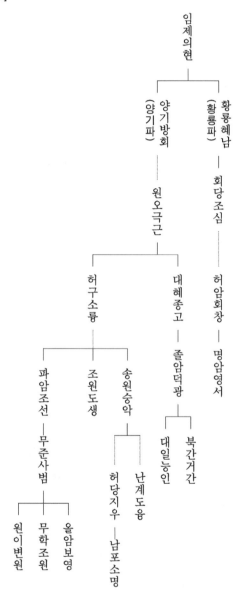

[조동종의 계보]

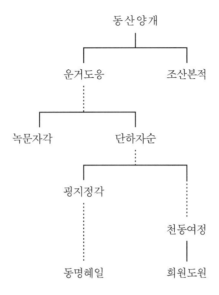

찾아보기

역자 후기

불교는 고정된 종교가 아니라 '생성 중인 과정'의 종교이다. 기원전 5세기에 인도의 고타마 붓다에 의해서 생성된 불교는 2,500년이 지난 오늘날 전 세계인의 종교가 되었다. 2,500년의 시간 동안 인도에서 전 세계로 널리 퍼진 불교는 일의적인 가르침의 양태로 전개된 것이 아니라 다의적인 가르침의 양태로 전변되어 왔기 때문에 이를 다양한 방식으로 분류할 수 있다. 우선 지역적으로는 인도불교, 중국불교, 티베트불교, 한국불교, 일본불교, 동남아불교 등으로 나눌 수 있으며, 다음으로 깨달음의 실현의 방식으로는 교학불교敎學佛敎와 선불교禪佛敎로 나눌 수 있으며, 마지막으로 자리이타自利利他의 관점으로는 소승불교小乘佛敎와 대승불교大乘佛敎로 나눌 수 있다.

유식불교唯識佛敎는 인도불교이자 교학불교이며 대승불교이다. 선불교는 중국불교이자 선불교이며 대승불교이다. 유식불교와 선불교는 대승불교라는 공통분모를 갖는다. 소승불교는 말 그대로 작은 수레의 종교이며, 대승불교는 큰 수레의 종교이다. 작은 수레는 자리自利와 상구보리上求菩提만을 지향하는 수행자가 탄 수레인 반면, 큰 수레는 자리리타自利利他와 상구보리하화중생上求菩提下化衆生을 서원하는 수행자가 탄 수레이다. 또한 교학불교는 언어문자나 사유분별을 통해 깨달음을 성취하고자 한다면, 선불교는 언어문자나 사유분별을 넘어 깨달음을 체득하고자 한다.

유식불교는 중관불교中觀佛敎와 함께 인도 대승불교의 두 기둥 가운데 하나이자 두 개의 법륜法輪 가운데 하나이다. 유식불교는 미륵彌勒에 의해서 정초되고 세친(世親, 316~396)에 의해서 완성된 인도 교학불교의 최종적 열매이다. 유식이란 일체는 '오직 식, 즉 마음의 현현에 지나지 않을 뿐 인식되는 대상이란 존재하지 않는다'는 것을 핵심으로 하는 사유체계이다. 이때 식은 아뢰야식(阿賴耶識, ālayavijñāna)을 말한다. 식의 본질은 분별分別이다. 분별은 번뇌를 낳고 번뇌는 고통을 낳는다. 아뢰야식으로 인해 고통이 발생하는 것이 유전연기流轉緣起이며, 이 식을 지혜로 되돌려 고통을 소멸하는 것이 환멸연기還滅緣起이다. 이 환멸연기를 유식에서는 전식득지轉識得智라 한다. 즉 분별을 본질로 하는 식識을 무분별을 본질로 하는 지智로 전변하는 것이다. 전식득지가 곧 해탈이며 부처인 것이다. 그런데 전식득지의 길은 돈오頓悟가 아니라 지난한 점수漸修이다. 삼대아승기겁의 수행을 거쳐야만 도달할 수 있기 때문이다.

그런데 선불교는 전식득지의 길, 해탈의 길, 성불의 길을 지난한 점수의 과정이 아니라 견성성불見性成佛의 돈오의 과정으로 제시한다. 견성성불이란 자신을 보는 것이 바로 부처가 되는 것이라는 의미이다. 즉 견성이 곧 성불인 것이다. 선불교는 언어문자에 대해 비판적 입장을 갖기 때문에 유립문자有立文字가 아니라 불립문자不立文字라 했으며, 이교전교以敎傳敎가 아니라 이심전심以心傳心이라 했던 것이다. 선불교는 더욱 더 직절하게 마음이 곧 부처, 심즉불心卽佛이라 선언한다.

선불교는 초조인 달마達磨로부터 육조 혜능(惠能, 638~713)에 의해 완성된 깨달음의 가르침이다. 혜능은 일자무식으로 장작을 시장에

내다팔면서 호구지책으로 삼았던 가난한 사람이었다. 어느 날 문득 『금강경』의 '응당 머무는 바 없이 그 마음을 내야 한다'는 응무소주이생기심應無所住而生其心을 듣고 출가한, 명실상부한 선불교의 초조라고 해도 과언이 아니다. 혜능에 의해 회양(懷讓, 677~744), 회양에 의해 마조(馬祖, 709~788), 마조에 의해 백장(百丈, 749~814), 백장에 의해 임제(臨濟, ?~867)로 전법되어 임제종이 형성되었으며, 이 임제에 의해 지눌(知訥, 1158~1210), 지눌에 의해 보우(普愚, 1301~1382)로, 보우에 의해 서산(西山, 1520~1604)으로, 서산에서 경허(鏡虛, 1849~1912)로 전법되었던 것이 한국의 선불교이다.

그렇다면 선과 유식은 전혀 다른 것인가, 아니면 불교라는 큰 바다의 파도에 지나지 않는 것인가? 아니면 모두 부처님의 가르침인 것인가? 모를 일이다. 서산의 『선교석』에는 다음과 같은 교와 선의 문답이 있다.

교: 정혜 등을 배워 불성을 밝게 본다는데 이것은 무슨 뜻인가?
선: 우리 집에는 안 종도 바깥 종도 없느니라.
교: 보살이 중생의 고통을 보시고 자비심을 일으키신다 하니 이 무슨 뜻인가?
선: 자慈란 이를 부처가 있는 줄로 보지 않는 것이며, 비悲란 제도할 중생이 있는 줄로 보지 않는 것이니라.
교: 그렇다면 여래의 말씀하신 법이 중생을 제도할 수 없단 말인가?
선: 여래께서 말씀하신 바가 있다고 말하면 그것은 부처를 비방하

는 것이요, 그렇다고 여래께서 말씀하신 바가 없다고 말하면 법을 비방하는 것이라, 진실한 부처는 입이 없으니 설법할 수가 없고, 참으로 듣는 것은 귀가 없거늘 그 누가 듣겠는가?

교: 그렇다면 일대장교—大藏敎는 모두 쓸데없단 말이요?

선: 일대장교란 달을 보라고 가리킨 손가락에 지나지 않는 것이니, 참으로 밝은 사람이면 바로 달을 볼 것이요, 우둔한 자는 그 손가락을 볼 것이다. 그러므로 밝은 자는 사자와 같고 우둔한 자는 한나라의 개와 같으니라.

유식불교든 선불교든 부처가 되는 것이 궁극이다. 유식불교는 무명無明에서 명明을 깨닫게 하는 상향의 길을 추구한다면, 선불교는 명明에서 무명無明을 자각케 하는 하향의 길을 추구한다고 할 수 있다. 전자의 길은 삼대아승기겁의 수행을 요구하는 점수漸修의 길이라면, 반면 후자의 길은 한 생각 일어나기 전에 깨닫는 돈오頓悟의 길이다. 눈을 뜨고 길을 갈 것인가? 길을 가면서 눈을 뜰 것인가? 이렇게 나누게 되면 돈오와 점수의 논쟁은 끝이 없을 것이며, 유식과 선의 차이만을 강조할 따름이다. 하지만 눈을 뜨는 것이 길을 가는 것이며, 길을 가는 것이 눈을 뜨는 것이라 하여 점수와 돈오, 유식과 선을 둘이 아니면서 또한 하나도 아니라는 불이불일不二不一의 중도적 관점에서 이해하는 지혜가 필요하다.

이 책의 저자 다케무라 마키오는 유식불교 전공이면서 최근에는 화엄과 여래장 사상의 정화인『대승기신론』의 연구까지 그 폭을 넓혀가고 있다. 몇 년 전에 도반과 함께 그의 또 다른 저서인『인도불교의 역사』를 번역한 적이 있다. 사실 인도불교는 대단히 철학적이면서 종교적인데, 철학적 깊이가 부족하고 종교적 신앙심도 얕은 역자로서는 접근하기가 여간 어려운 것이 아니었다. 그런데 다케무라 선생님의 저서들은 어려운 개념들을 너무나 쉽게 그리고 현대적 언어로 풀어내기 때문에 역자가 인도불교를 이해하는 데 큰 도움을 받았다. 지금은 선생님이 쓴 『철학으로서의 불교』를 읽고 있다.

이 책은 대한불교진흥원의 지원에 의해 이루어진 것이다. 대한불교진흥원은 학자들에게 매년 많은 지원을 하고 있다. 그 성과물이 축적되어 다수의 책으로 출판되고 있을 뿐만 아니라 불교의 전 분야에 걸친 우수한 도서들이어서 불교교학의 질적 수준을 높이고 있다. 감사드린다. 그리고 어려운 출판 여건임에도 불구하고 이 책의 출판을 맡아주신 운주사 김시열 대표님께도 심심한 감사의 마음을 전한다. 이 책은 선과 유식을 종합적으로 이해하고자 하시는 분들에게는 많은 도움이 될 것이라고 생각한다.

2024년 11월

권서용

지은이 **다케무라 마키오**(竹村牧男)

1948년, 동경에서 태어났다. 동경대학교 문학부 인도철학과를 졸업하고 삼중대학 조교수, 궁파대학 교수를 거쳐 현재는 동양대학 교수로 재직하고 있다. 전공은 대승불교사상, 일본불교사상, 서전西田의 종교철학 등이며, 유식연구로 박사학위를 받았다. 학생 때부터 추월용민秋月龍珉 노사의 문하에서 참선을 배웠다.
저서로『유식삼십송의 연구』,『유식의 탐구』,『화엄이란 무엇인가』(춘추사),『정법안장 강의』,『친란과 일편』,『대승불교입문』,『양관선생과 읽는 법화경』,『불교는 참으로 의미가 있는 것인가?』,『반야심경을 읽고』,『인도불교의 역사』,『선의 철학』등이 있다.

옮긴이 **권서용**

부산대학교에서 불교인식 논리학의 대가인 다르마키르티 인식론 연구로 박사학위를 취득하였다. 부산대학교 등에서 철학과 윤리를 강의하고 있다. 현재 '다르마키르티사상연구소'를 열어 다르마키르티 사상을 국내에 알리는 데 매진하고 있다.
저서로『다르마키르티와 불교인식론』,『깨달음과 자유』,『다르마키르티의 인식론 평석: 종교론』등이, 역서로『무상의 철학』,『인도불교의 역사』,『대승기신론』,『유마경』,『불교인식론과 논리학』,『근대일본과 불교』,『티베트논리학』,『불교인식론』,『다르마키르티의 철학과 종교』,『인도인의 논리학』,『아포하』등이 있다.

대원불교 학술총서 22 **선과 유식**

초판 1쇄 인쇄 2024년 11월 27일 | 초판 1쇄 발행 2024년 12월 4일
지은이 다케무라 마키오 | 옮긴이 권서용 | 펴낸이 김시열
펴낸곳 도서출판 운주사

(02832) 서울시 성북구 동소문로 67-1 성심빌딩 3층

전화 (02) 926-8361 | 팩스 0505-115-8361

ISBN 978-89-5746-859-3 93220 값 23,000원
http://cafe.daum.net/unjubooks 〈다음카페: 도서출판 운주사〉